“十四五”高等职业教育轨道交通类专业系列教材

接触网运行与维护

金丽斯　张再利◎主　编
刘　欢◎副主编

中国铁道出版社有限公司
CHINA RAILWAY PUBLISHING HOUSE CO., LTD.

内 容 简 介

本书根据教育部高等职业教育铁道供电技术专业教学标准和教学改革实际，采用了新型活页式的编写方式。体例新颖，配套课程资源丰富，突出“学”与“练”的结合。

本书结合铁道供电技术专业和接触网工所必备的专业知识，精选巡视检查作业标准及流程、检修作业项目标准及流程，共两大模块七个任务进行系统阐述，同时为提高学生的职业素养，融入接触网事故案例、拓展案例等内容。

本书适合作为高等职业教育铁道供电技术专业教材，也可作为铁路企业管理人员、专业技术人员、技能人员岗位培训和业务学习参考书。

图书在版编目（CIP）数据

接触网运行与维护/金丽斯，张再利主编. —北京：中国铁道出版社有限公司，2024.6
“十四五”高等职业教育轨道交通类专业系列教材
ISBN 978-7-113-30283-2

Ⅰ. ①接… Ⅱ. ①金…②张… Ⅲ. ①电气化铁道-接触网-运行-高等职业教育-教材②电气化铁道-接触网-维修-高等职业教育-教材 Ⅳ. ①U226.8

中国国家版本馆 CIP 数据核字（2024）第 097875 号

书　　名：**接触网运行与维护**
作　　者：金丽斯　张再利

策　　划：王文欢
责任编辑：李中宝　张家畅　　**编辑部电话**：（010）83527746　　**电子邮箱**：578399731@qq.com
封面设计：刘　颖
责任校对：安海燕
责任印制：樊启鹏

出版发行：中国铁道出版社有限公司（100054，北京市西城区右安门西街 8 号）
网　　址：https://www.tdpress.com/51eds/
印　　刷：北京联兴盛业印刷股份有限公司
版　　次：2024 年 6 月第 1 版　2024 年 6 月第 1 次印刷
开　　本：787 mm×1 092 mm　1/16　**印张**：12.75　**字数**：309 千
书　　号：ISBN 978-7-113-30283-2
定　　价：49.00 元

前言

本书是黑龙江省第二轮高水平高职学校和专业群建设项目成果之一，根据教育部高等职业教育铁道供电技术专业教学标准和教学改革实际，采用了新型活页式的编写方式，体例新颖，配套课程资源丰富，突出“学”与“练”的结合。

党的二十大报告明确提出：“深入实施人才强国战略。”大国工匠、高技能人才是国家战略人才力量的重要组成部分。本书对接铁路供电部门的生产实际，参考铁路特有工种(接触网工)技能培训规范，充分依据现行基本规章和作业标准，融入新技术、新设备、新工艺、新规章等“四新”知识，采用“模块—任务”的编写架构，将实际检修工作任务转化为学习任务；引用供电设备检修的操作流程、技术标准、工艺规范及故障案例，遵循技术技能人才成长规律，强化学生职业素养养成和专业技术积累；将专业精神、职业精神和工匠精神融入教材内容，满足铁路供电设备检修、维护、运行岗位人才培养的需求。书中采用大量的实物图片，易学易懂，方便教学和学习。

为了使学生更加直观地理解和学习，也方便教师教学讲解，针对“接触网运行与维护”课程特点，本书配套有在线开放课程(学习者可登录学银在线网站搜索“接触网运行与维护”课程进行在线学习)、二维码数字资源，能够实现纸质教材与移动终端互动，支持多终端的在线学习和测试，使教、学、考的形式更加灵活，从而提升教师团队的信息化教学水平。

本书由哈尔滨铁道职业技术学院金丽斯、张再利任主编，哈尔滨铁道职业技术学院刘欢任副主编，中国铁路哈尔滨局集团有限公司职工培训中心姚远、中国铁路哈尔滨局集团有限公司牡丹江供电段李昊岩参编。具体编写分工如下：金丽斯负责模块一，模块二任务一、任务二学习情境一至学习情境五的编写；张再利负责模块二任务二学习情境六至学习情境十、任务三、任务四、任务五学习情境一的编写；刘欢负责模块二任务五学习情境二至学习情境五、任务六的编写。姚远、李昊岩提供了本书中的事故案例，金丽斯负责本书的统稿工作。

编者在编写本书的过程中，参考了许多专家的研究成果和有关文献资料，并借鉴了相关企业的技术数据和图片，在此谨向各位相关专家、作者表示衷心的感谢。

由于编者水平有限，书中难免存在疏漏之处，恳请广大读者批评指正。

编　者

2023 年 9 月

目录

模块一

巡视检查作业标准及流程

接触网的巡视检查是接触网维修岗位人员应具备的一项基本技能。巡视检查是对接触网外观、绝缘部件状态、外部环境,以及电力机车、动车组取流情况进行目视检查,分为步行巡视检查和登乘巡视检查。

为培养高素质、高技能的接触网工,本模块紧密结合现场作业实际,充分依据现行基本规章和作业标准,从工学结合的角度出发,介绍巡视检查作业的流程、岗位标准和检查项目。

学习目标

知识目标

(1)掌握巡视检查流程。

(2)掌握巡视检查岗位标准。

(3)掌握巡视检查项目及标准。

(4)掌握巡视检查作业中的安全风险点及防控措施。

技能目标

(1)能按照巡视检查流程进行作业。

(2)能以现场负责人、驻站联络员、行车防护人员和巡视人员身份进行巡视检查作业。

素质目标

(1)培养按章作业、按标准作业的意识。

(2)培养爱国精神、劳模精神、工匠精神。

(3)团结协作、以人为本。

(4)增强法治观念和法律意识。

任务　巡视检查作业

学习情境描述

某供电工区在进行巡视作业时,发现一棵危树,工长私自安排人员进入客运专线对危树进行处理,该职工进入下行线内顺行车方向行走,与晚点的某次动车组列车相撞后死亡。

事故的主要原因:一是供电工区工长在无作业计划、未在车站登记、未设置防护的情况下违章指挥;二是作业人员违章作业,臆测天窗作业时间。

想一想：作为接触网工，你应该如何避免此类事故的发生？

学习目标

通过本任务的学习，掌握巡视检查作业标准、流程以及作业过程中的安全风险点和防控措施，能够按标准作业、按流程作业。

任务书

巡视检查作业任务书，见表1-1-1。

表1-1-1 巡视检查作业任务书

作业任务		日　期	
班　组		计划作业时间	
组　长		计划完成时间	
作业地点			
作业内容			
安全风险点			
防控措施			
作业过程督查意见			

任务分组

学生任务分配表见表1-1-2。

表1-1-2 学生任务分配表

班　级			日　期	
班　组			组　长	
班组成员	姓　名	任务角色	任务分工	

工作实施

巡视检查作业实施流程见表1-1-3。

表 1-1-3　巡视检查作业实施流程表

安全风险点	作业步骤	作业内容及标准
车间主管干部未审核点外维修计划	编制点外维修计划	①工区根据巡视周期编制点外维修计划，明确巡视日期、巡视区段、巡视类型； ②将点外维修计划报车间主管干部审核无误后签字并加盖“车间公章”后，方可安排巡视作业
巡视人员安全等级不符合要求	填写分工单	①现场负责人及作业组成员的人数和条件符合规定； ②根据作业人员安全等级、业务素质合理搭配组成巡视小组（步行巡视人员每组不少于 2 人，其中 1 人的安全等级不低于三级）
未按规定戴安全帽、穿反光防护服；通信工具及照明灯具状态不良	出工前准备	巡视人员应戴安全帽、穿反光防护服、带齐个人证件与个人工具，携带望远镜和通信工具，夜间及隧道巡视还要有照明灯具。通信工具及照明灯具确保状态良好、电量充足
未组织工前点名；季节性防护措施不到位；未进行安全讲话	工前点名	①作业组成员接到现场负责人“工前点名”通知后，迅速在指定地点集合完毕； ②现场负责人对作业组全体成员进行点名，宣读点外维修计划及分工单，并对作业组成员进行提问； ③安全员根据作业环境、内容、天气等有针对性地进行安全讲话，并检查作业人员证件、作业所需工具、备品齐全合格； ④作业组成员认真听读点外维修计划、分工单及安全讲话内容，回答现场负责人提出的问题，积极配合现场负责人及安全员对着装、备品、劳保用品状态检查（冬季做好防寒措施，夏季携带防暑药品）；齐全合格后，乘车前往作业现场，驻站联络员到达指定车站行车室，做好防护工作
抢越线路、钻车；未征得驻站联络员或现场负责人同意上线	到达现场	①从指定防护栅栏门进入，严禁翻越防护栅栏；横越线路时“一站、二看、三指、四通过”，严禁抢越、钻车，列车接近提前下道避让； ②上线路前各巡视组相互进行试通话，并与驻站联络员取得联系，保持联络畅通。征得驻站联络员与现场负责人同意后方可上线路进行巡视作业
列车接近未按要求下道避车；巡视过程中攀登支柱	开始巡视	①巡视时必须面向来车方向（复线区段）在路肩走行，注意车辆运行情况，避车不得侵入限界，严禁在两线间避车；在桥上、挡风墙或隧道内应进入避车台（洞）避车；下道避车横向距离距钢轨头部外侧不得小于相应线路速度等级规定安全距离（$120\ \text{km/h} < v_{\max} \leq 160\ \text{km/h}$ 时，不小于 2 m）； ②任何情况下巡视，对接触网都必须以有电对待，巡视人员不得攀登支柱并时刻注意避让列车； ③巡视过程中发现可能影响行车的设备故障或外部环境因素，应立即向相邻车站值班员、现场负责人以及供电调度汇报，并采取防护措施； ④巡视检查发现暂不影响行车安全的设备缺陷或环境因素，应记录在手账本中或拍照留档
撤除防护后人员再次上道	巡视结束	①工作领导人确认所有巡视组员已巡视完毕并撤至防护栅栏外，方可通知驻站联络员离开车站行车室，现场巡视组员锁闭防护栅栏门，乘车返回工区； ②将巡视发现的隐患问题应在巡视记录本中进行登记、纳入设备问题库。接触网工区按照缺陷等级提报维修计划进行处理

评价反馈

巡视检查流程评价记录见表 1-1-4。

表 1-1-4　巡视检查流程评价记录表

评价项点	评价标准	配分	得分	扣分原因
巡视检查流程	复述巡视检查流程，缺 1 项扣 2 分	14		
技术要求	按标准进行点外维修计划编制	6		
	按标准进行分工单填写	10		

续表

评价项点	评价标准	配分	得分	扣分原因
技术要求	出工前准备工具和设备选择正确无缺失	10		
	按标准进行工前点名	10		
	按标准到达现场	10		
	按标准进行设备巡视	10		
安全及规范操作	①车间主管干部未审核点外维修计划扣 2 分； ②巡视人员安全等级不符合要求扣 2 分； ③未按规定戴安全帽、穿反光防护服扣 2 分； ④通信工具及照明灯具状态不良扣 1 分； ⑤未组织工前点名、季节性防护措施不到位或未进行安全讲话扣 3 分； ⑥抢越线路、钻车扣 5 分； ⑦列车接近未按要求下道避车扣 5 分； ⑧巡视过程中攀登支柱扣 5 分； ⑨撤除防护后人员再次上道扣 5 分	30		
合计	作业时间：　　分　　秒	100		

知识链接

一、风险防控措施

1. 巡视检查岗位风险防控措施

(1)分工时要与现场实际情况相结合，确认所采取的防护措施正确。

(2)分工会上安全预想不到位，现场负责人、安全员及作业组成员应及时补充。

(3)乘车途中系好安全带，安全监督岗帮助司机瞭望，提醒司机控制车速；时刻监控乘车人员坐、立是否稳妥；车内人员不得与司机闲聊。

(4)到达作业现场人员、机具不得侵入限界，接到现场负责人可以上道防护、巡视通知后，方准设置行车防护，未接到现场负责人撤除防护命令严禁擅自撤除行车防护。

(5)按要求开展巡视作业，巡视人员应互相监控。

(6)巡视过程中，如通信不畅应立即停止巡视作业，各小组成员应立即下道避车。

2. 巡视检查项目风险防控措施

(1)工前点名时工作领导人及安全员应对巡视人员着装、备品、劳保用品状态进行检查(冬季做好防寒措施，夏季携带防暑药品)，确保状态良好，作业人员安全等级符合要求。

(2)巡视人员接到列车接近通知后及时下道避车，下道避车横向距离距钢轨头部外侧不得小于相应线路速度等级规定安全距离($120\ \text{km/h} < v_{max} \leqslant 160\ \text{km/h}$ 时，不小于 2 m)。

(3)上道观察设备时，一人检查设备、一人担任行车防护。

(4)任何情况下巡视，对接触网都必须以有电对待，巡视人员不得攀登支柱并时刻注意避让列车。

(5)登乘巡视时，上下机车要手把牢靠、脚踏稳准，严禁飞乘、飞降，上车主动向机车司机出示证件，登乘期间不得做干扰司乘人员作业的事。

二、巡视检查岗位标准

巡视检查岗位标准见表 1-1-5。

表 1-1-5　巡视检查岗位标准

安全风险点	作业步骤	作业内容及标准
车间主管干部未审核点外维修计划	编制点外维修计划	①工区根据巡视周期编制点外维修计划，明确巡视日期、巡视区段、巡视类型； ②将点外维修计划报车间主管干部审核无误后签字并加盖“车间公章”后，方可安排巡视作业
人员不齐召开分工会；未进行安全预想；作业人员分工不明确；作业人员提出疑问未解答	现场负责人	①根据点外维修计划结合现场情况进行作业人员分工，所配备的作业组成员的人数和条件符合规定，根据作业人员安全等级、业务素质合理搭配组成巡视小组（步行巡视人员每组不少于 2 人，其中 1 人的安全等级不低于三级）； ②召开分工会：对作业人员进行分工，根据分工内容随机对作业人员进行提问，检查其是否掌握本岗位作业内容、安全预想、作业准备的工具材料；现场负责人应对作业组成员提出的疑问进行解答； ③组织工前点名：宣读点外维修计划和分工单，与安全员共同检查作业组成员着装、安全帽、个人工具、劳保用品及有关标志是否符合要求； ④到达现场：与驻站联络员、行车防护员再次试通话，保持联络畅通； ⑤作业中：接到驻站联络员可以上道的通知后，方准通知防护人员设置防护，防护设置完毕后，通知作业组进行巡视
严禁脱岗、串岗，不得做与工作无关的事	驻站联络员	①参加分工会：分工会上认真听读计划、分工单等，熟记本次作业范围及登记站，对有关本次作业特殊事项做好记录，对作业相关资料及分工有疑问应及时提出，并进行安全预想； ②参加工前点名：遵从安全员根据当日作业内容、环境、天气等有针对性提出的安全注意事项，积极配合现场负责人及安全员对着装、备品、劳保用品状态检查（冬季做好防寒措施，夏季携带防暑药品），齐全合格后，乘车前往登记站； ③到达行车室：驻站联络员提前 40 min 到达车站行车室，按照点外维修计划完成登记，并通知现场负责人； ④作业中：每 3 ~5 min 与现场负责人或防护人员试通话，及时、准确、清晰地向作业组通报列车信息；坚守岗位，不得擅自离开车站行车室，时刻与车站值班员保持联系，观察列车运行情况
擅自移动、撤除行车防护；本线及邻线来车时未及时向巡视人员汇报	行车防护人员	①参加分工会：分工会上认真听读点外维修计划、分工单等，熟记本次作业分工及作业范围，对有关本次作业的特殊事项做好记录，对分工会内容有疑问应及时提出，并进行安全预想； ②参加工前点名：遵从安全员根据当日作业内容、环境、天气等有针对性提出的安全注意事项，积极配合现场负责人及安全员对着装、备品、劳保用品状态检查（冬季做好防寒措施，夏季携带防暑药品）；齐全合格后，乘车前往作业地点； ③到达作业现场：到达作业现场再次检查防护所需备品是否齐全，状态是否良好，及时向现场负责人汇报；在田野侧（安全地带）等待命令，接到现场负责人通知后方可上道防护； ④作业中：每 3 ~5 min 与现场负责人或驻站联络员试通话，及时、准确、清晰地向巡视人员通报列车信息；督促及时下道避车，坚守岗位，不得擅自撤除防护，时刻观察列车运行情况

续表

安全风险点	作业步骤	作业内容及标准
未及时下道避车；未征得防护人员同意上道观察设备	巡视人员	①参加分工会：分工会上认真听读点外维修计划、分工单等，熟记本次作业分工及作业范围，对有关本次作业的特殊事项做好记录，对分工会内容有疑问应及时提出，并进行安全预想； ②参加工前点名：遵从安全员根据当日作业内容、环境、天气等有针对性提出的安全注意事项，积极配合现场负责人及安全员对着装、备品、劳保用品状态检查（冬季做好防寒措施，夏季携带防暑药品），齐全合格后，乘车前往作业地点； ③到达作业现场：到达作业现场及时向现场负责人汇报；在田野侧（安全地带）等待命令，接到现场负责人防护已设置可以开始巡视的通知后，开始巡视作业； ④作业中：认真按照巡视项目对设备进行巡视，对发现的隐患问题做好记录。接到防护人员要求下道的通知应及时下道避车；必须上道观察设备时应征得防护人员同意
工具、备品遗漏现场侵入行车限界	作业结束	①巡视人员巡视完毕及时通知现场负责人，现场负责人经确认作业组成员、机具已撤至安全地带方可通知防护人员撤除行车防护；防护撤出后人员不得再次上道，作业组全体成员携带各自工具、备品列队点名，清点工具、备品齐全后返回工区； ②返回接触网工区后，对照出库单归还防护备品、工具，按定置管理标准进行摆放，并做好入库登记（材料员做好监督）；损坏的工具、备品要及时上报材料员，并做好相关记录； ③召开收工会：作业组全体成员对当天巡视作业情况进行分析总结，重点分析作业中存在问题、作业程序的执行情况、呼唤应答和 3 ~ 5 min 通话情况及巡视发现的设备隐患问题； ④填写相关台账：按照技术台账填写标准，将当日巡视发现的设备隐患问题填入技术台账中；工区值班人员将当日工作完成情况写入日志

三、巡视检查项目及标准

巡视检查项目及标准见表 1-1-6。

表 1-1-6　巡视检查项目及标准

安全风险点	作业步骤	作业内容及标准
巡视人员安全等级不符合要求；未按规定戴安全帽、穿反光防护服；通信工具及照明灯具状态不良；未组织工前点名；季节性防护措施不到位；未进行安全讲话	巡视前准备	①编制点外维修计划，报车间主管干部审核无误后签字并加盖“车间公章”后，方可安排巡视作业； ②根据作业人员安全等级、业务素质合理搭配组成巡视小组； ③作业人员标准着装，进行工前点名。安全员根据作业环境、内容、天气等有针对性地进行安全讲话，并检查作业人员证件、作业所需工具、备品齐全合格
抢越线路、钻车；巡视人员未按要求下道避车；巡视过程中攀登支柱；巡视时未做好防护，通信工具、防护措施落实不到位	昼间步行巡视项点	①线索； ②吊弦； ③定位及支持装置； ④软（硬）横跨； ⑤绝缘部件； ⑥中心锚结； ⑦交叉线岔； ⑧电连接； ⑨分段绝缘器； ⑩电分相及分相绝缘器； ⑪锚段关节； ⑫隔离（负荷）开关； ⑬补偿装置；

续表

安全风险点	作业步骤	作业内容及标准
抢越线路、钻车；巡视人员未按要求下道避车；巡视过程中攀登支柱；巡视时未做好防护，通信工具、防护措施落实不到位	昼间步行巡视项点	⑭避雷器； ⑮支柱、拉线和基础； ⑯外部环境； ⑰接地装置； ⑱弓网关系
	线索	①接触线无偏磨、扭面、硬弯、烧伤或损坏现象； ②承力索无锈蚀、断股、散股现象；上跨桥、隧道、渗水点处应安装绝缘套管；承力索交叉处有防磨措施；中心锚结绳范围内承力索没有接头和补强； ③各种附加导线（包括供电线、回流线、正馈线、保护线、加强线、架空地线、吸上线和软横跨的线索等）无烧损、松脱、偏移等情况；检查附加导线对地面及其他带电线索的净空安全距离
	吊弦	①观察整体吊弦没有散股、断股，弛度满足要求； ②观察吊弦线夹应无倾斜打弓现象； ③顺线路方向的偏移值不得大于吊弦长度的1/3； ④刚性吊弦无弯曲变形，吊弦回头没有脱离尼龙套，尼龙套没有破损，开口销齐全
	定位及支持装置	①观察定位器坡度、偏移及定位管状态符合要求； ②用望远镜观察定位线夹没有偏磨、打弓，腕臂各连接部位良好，各部位螺母无松动、脱落现象； ③承力索支座受力良好，承力索防磨条应居中； ④腕臂偏移在任何情况下不得超过腕臂垂直投影长度的1/3； ⑤定位器应与腕臂顺线路偏移的方向、角度相一致
	软（硬）横跨	软横跨： ①软横跨横向承力索（双横承力索为其中心线）和上、下部固定绳应布置在同一个铅垂面内，双横承力索两条线的张力应相等； ②上下部固定绳应水平并处于拉紧状态，允许有平缓的负弛度，5股道及以下不超过100 mm，5股道以上不超过200 mm； ③上、下部固定绳弹簧补偿器处于固定绳受力小的一侧，张力符合设计规定； ④横向承力索和上、下部固定绳不得有接头、断股和补强，其机械强度安全应符合相关规定； ⑤软横跨直吊线、斜拉线应采用不绣钢等防腐性能好的材质； ⑥软横跨直吊线应保持铅垂，吊线呈拉紧状态，上端永久固定，无松弛，横向承力索与上部固定绳在最短吊线处距离为400～600 mm； ⑦检查接触线、承力索与上下部固定绳的间隙应满足要求，间隙不够的处所应按规定加装电连接或等位线； ⑧利用望远镜观察下部固定绳定位环与定位器定位钩处应无载流烧伤痕迹； ⑨检查杵头杆螺纹外露长度、调整螺栓的螺杆外露长度应符合要求 硬横跨： ①硬横梁应呈水平状态，允许向上微拱；硬横梁与支柱、硬横梁各梁段之间结合密贴，连接牢固可靠； ②硬横梁（角钢）不得变形和开焊，锈蚀面积不得超过20%，焊接处不得锈蚀； ③吊柱不得扭曲，宜向受力反方向倾斜不大于1°

续表

安全风险点	作业步骤	作业内容及标准
抢越线路、钻车;巡视人员未按要求下道避车;巡视过程中攀登支柱;巡视时未做好防护,通信工具、防护措施落实不到位	绝缘部件	①绝缘部件不得有裂纹和破损,瓷釉剥落面积不大于300 mm^2,连接件不松动; ②横向承力索和上、下部固定绳的电分段绝缘子串应在同一垂直面内。位于站台上方绝缘子带电裙边应尽量与站台对齐,股道间横向电分段绝缘子应位于两股道中间
	中心锚结	①检查中心锚结辅助绳两侧张力、弛度应一致; ②观察中心锚结辅助绳没有散股、断股现象; ③中心锚结线夹应安装牢固,在直线上保持铅垂状态,在曲线上与接触线的倾斜度一致; ④承力索中心锚结绳: a. 中心锚结绳范围内承力索不得有接头和补强; b. 中心锚结绳的弛度应等于或略高于该处承力索的弛度; ⑤接触线中心锚结绳: a. 中心锚结绳所在的跨距内接触线不得有接头和补强; b. 中心锚结绳范围内不得安装吊弦和电连接;中心锚结绳两端距相邻的吊弦或电连接距离不得小于500 mm
	交叉线岔	①检查限制管无卡滞且安装状态良好,固定限制管的定位线夹无偏斜、变形或松脱; ②利用望远镜观察两支接触线交叉点处应有间隙,交叉点非支接触线无烧伤痕迹; ③观察线岔两端电连接应按规定安装; ④检查线岔始触区范围内不得安装任何线夹
	电连接	①检查电连接安装。重点检查以下处所:锚段关节、线岔、链形悬挂与简单悬挂的衔接处、加强线(载流承力索)的终端、车站电力机车(动车组)经常起动处的股道之间等; ②检查电连接线无断股、散股,弛度、偏移应满足要求; ③利用望远镜观察电连接线夹上粘贴的示温贴片没有变色
	分段绝缘器	①观察分段绝缘器应无倾斜打弓现象,各部零部件及吊索受力状态良好; ②分段绝缘器主绝缘应完好,其表面放电痕迹应不超过有效绝缘长度的20%,主绝缘严重磨损应及时更换; ③观察分段绝缘器两端承力索没有烧伤、断股; ④分段绝缘器应位于受电弓中心,一般情况下偏差不超过100 mm; ⑤分段绝缘器导线接头,导流滑道端头处过渡平滑
	电分相及分相绝缘器	①检查分相标志牌安装牢靠、字迹清楚; ②观察分相两端带电侧承力索有无烧伤断股情况; ③地面感应装置没有松脱、丢失,表面没有破损、脏污; ④关节式电分相内电连接线良好,电连接线夹没有歪斜,接触线不存在扭面情况; ⑤利用望远镜观察电连接线夹上粘贴的示温贴片没有变色; ⑥检查接触悬挂与定位支撑带电体各部分应满足空气绝缘间隙要求; ⑦检查各部位线索、零部件距离符合要求,不存在距离过近或相磨、卡滞现象
	锚段关节	①检查锚段关节两端电连接应按规定安装,状态良好; ②检查下锚绝缘子应无破损、脏污或放电烧伤痕迹; ③检查接触线、承力索终端下锚线夹没有抽脱现象; ④绝缘锚段关节处应检查隔离开关引线弛度不得低于接触线; ⑤观察承力索、接触线下锚绝缘子串应对齐; ⑥观察机车受电弓通过锚段关节时应过渡顺畅

续表

安全风险点	作业步骤	作业内容及标准
抢越线路、钻车；巡视人员未按要求下道避车；巡视过程中攀登支柱；巡视时未做好防护，通信工具、防护措施落实不到位	隔离（负荷）开关	①隔离（负荷）开关触头接触面应平整、光洁无损伤，并涂有导电介质； ②触头间密贴； ③隔离开关操作机构应完好无损并加锁； ④检查隔离开关引线弛度应满足温度变化要求，引线无烧伤断股，开关引线对地绝缘净空距离应满足要求； ⑤支持绝缘子应呈竖直状态，清洁、无破损和放电痕迹，瓷釉剥落不大于300 mm^2； ⑥隔离开关接地线连接牢固； ⑦检查开关托架无明显倾斜、锈蚀严重、螺栓连接松动现象
	补偿装置	①检查棘轮或滑轮本体应无裂纹、变形，转动灵活无卡滞，人力用手托动坠砣观察应能上下自由移动； ②零部件及各部位螺栓无松脱、缺失； ③坠砣应完整，坠砣自上而下编号且叠码整齐，其缺口相互错开180°； ④补偿绳不得有散股、断股、接头现象，且不得扭绞，不得与其他部件、线索相摩擦； ⑤定滑轮槽应保持铅垂状态，动滑轮偏转角度不大于45°； ⑥同一补偿装置的两补偿滑轮的间距，任何情况下不小于500 mm； ⑦a、b 值应符合要求（任何情况下不小于200 mm）。 ⑧检查补偿装置上无异物
	避雷器	①检查避雷器本体无脏污、放电和炸裂情况； ②脱离器状态良好，无破损、裂纹，安装位置应满足动作后，引线不侵入限界并与带电体保持足够的绝缘间距； ③检查避雷器引线无断股、散股，弛度应满足温度变化要求； ④检查支持绝缘子应呈竖直状态，倾斜角度不超过2°，表面清洁，安装牢固，无裂纹、破损及放电痕迹； ⑤检查接地引线无断股、散股，固定螺栓无松动、锈蚀、丢失现象； ⑥检查避雷器托架无明显倾斜、锈蚀严重、螺栓连接松动现象； ⑦检查动作计数器完好，具备在线泄漏电流监测功能
	支柱、拉线和基础	①检查混凝土支柱应无破损、裂纹、倾斜，钢支柱无锈蚀，主角钢无弯曲变形； ②检查基础无积水、杂物、下沉、破损； ③检查下锚拉线受力状态和防腐应良好，检查拉线基础没有被杂草和泥土掩埋，检查拉线基础没有塌陷现象； ④轨面标准线清晰； ⑤检查支柱标示牌无掉角、丢失现象
	外部环境	①检查接触网设备附近的树木不得危及供电和行车安全； ②检查上跨铁路的电力线运行状态良好； ③检查上跨铁路建筑物附挂物应绑扎牢固； ④检查隧道口上方、临近接触网边坡、跨线桥等位置防护网栅应牢固可靠； ⑤检查隧道内、上跨建筑物应无漏水或结冰情况； ⑥检查邻近营业线施工不得影响供电设备运行安全； ⑦检查铁路附近不得有接触网废旧路料或垃圾袋等易挂接触网杂物； ⑧检查周边环境不得存在塌方、落石、山洪水害等危及接触网供电和行车安全的现象

续表

安全风险点	作业步骤	作业内容及标准
抢越线路、钻车;巡视人员未按要求下道避车;巡视过程中攀登支柱;巡视时未做好防护,通信工具、防护措施落实不到位	接地装置	①检查供电设备的接地装置应安装牢固; ②检查隔离开关、避雷器、钢柱等设备应按规定安装接地; ③检查吸上线与钢轨、轭流变压器连接状态应良好; ④检查隧道口集中接地钢筋和支柱接地线接地状态应良好,损坏的接地线不得侵入限界
	弓网关系	观察电力机车受电弓运行情况,观察弓、网相互作用状态,不得存在拉弧、打火花及其他可使接触网剧烈晃动的情况
夜间巡视作业照明灯具电量不足;抢越线路、钻车;巡视人员未按要求下道避车;巡视过程中攀登支柱;巡视时未做好防护,通信工具、防护措施落实不到位	夜间步行巡视项点	①观察接触网主导电回路及零部件设备不应有发红等现象; ②观察绝缘部件不应有闪络; ③观察电力机车通过时受电弓运行情况(不得有拉弧、打火现象)
抢越线路、钻车;上下机车飞乘、飞降;违反登乘巡视规定	登乘机车巡视项点	①观察接触网支柱不得倾斜,拉线和基础状态良好; ②观察各类接触网标志标识应齐全、安装牢固可靠、字迹清晰; ③观察接触悬挂、定位及支持装置状态应良好,无松动、脱落、变形等异常情况,吊弦弛度正常; ④观察电连接线、供电线、回流线、架空地线等附加导线弛度应符合要求; ⑤观察各部位绝缘无脏污,无闪络放电痕迹; ⑥观察补偿装置坠砣 b 值无超限,限制架状态良好; ⑦观察接触网及附加导线附近树木、隧道口植物藤蔓、上跨电力线、上跨建筑物及附属物、隧道漏水不得影响接触网运行安全; ⑧观察机车仪表上接触网供电臂首、末端网压应正常; ⑨观察邻线接触网无异常拉弧现象,机车受电弓过分相及分段绝缘器时无异响或异常晃动情况; ⑩检查机车应能自动过分相; ⑪检查接触网设备附近不得有影响接触网运行安全的施工,检查施工路料堆放不得影响供电设备正常运行
驻站联络员离开车站行车室后现场巡视人员再次上线	巡视结束	①步行巡视结束:工作领导人确认所有巡视组员已巡视完毕并撤至防护栅栏外,方可通知驻站联络员离开车站行车室,现场巡视组员锁闭防护栅栏门,乘车返回工区; ②登乘巡视及步行巡视作业组员返回工区,将巡视发现的隐患问题应在巡视记录本中进行登记并纳入设备问题库,接触网工区按照缺陷等级提报维修计划进行处理

巩固练习

判断题

1. 巡视检查时检查支持绝缘子是否呈竖直状态,瓷釉剥落不大于300 mm^2。 ( )
2. 巡视人员应戴安全帽、穿反光防护服、带齐个人证件和个人工具。 ( )
3. 任何情况下巡视检查补偿装置时 a、b 值均应小于200 mm。 ( )
4. 巡视检查时可不检查附加导线对地面及其他带电线索的净空安全距离。 ( )
5. 任何情况下巡视,对接触网都必须以有电对待。 ( )
6. 在桥上、挡风墙或隧道内应进入避车台(洞)避车。 ( )

7. 巡视时必须背向来车方向(复线区段)在路肩走行,注意车辆运行情况。 ( )

8. 下道避车横向距离距钢轨头部外侧不得大于相应线路速度等级规定安全距离。 ( )

9. 巡视时避车不得侵入限界,严禁在两线间避车。 ( )

10. 遇到危及行车安全的情况时巡视人员可以攀登支柱。 ( )

知识拓展

“全国劳动模范”“全路首席技师”“铁路工匠”、享受政府特殊津贴的黑龙江省第一代高铁司机邢云堂,2019 年,46 岁的他,火车驾龄已有 24 年。从时速 80 km 的货车,到时速 300 km 的高铁动车组,他驾驶过的车型不下 10 种。对标停车一把闸,误差不超过 20 cm,他成为业内传奇。24 年来,他安全走行 400 余万公里,相当于绕地球赤道 100 多圈。

邢云堂主持编写了《CRH380B 动车组司机作业指导书》《哈大高铁应急处置指导书》《CRH380 型动车组故障处理指导书》等教材,填补了高寒地区高铁司机作业标准空白,成为高寒地区高铁司机必修书目。

模块二

检修作业项目标准及流程

铁路接触网设备检修工作专业性强，职业技能要求高，“铁路特有工种技能培训规范”《接触网工》明确了接触网工岗位的培训要求。培养高素质、高技能的接触网工是接触网安全稳定运行的关键保障。

高速铁路接触网、普速铁路接触网的基本构成和整体结构并无明显差异，设备检测、维修的方法也基本相同。但高速铁路对接触网几何参数、电气参数及机械性能的要求更高，其维修规则对相关设备的参数标准也更为严格。接触网从业人员必须掌握设备检测、维修标准和方法，以及常见缺陷处理措施，从而保障接触网设备安全稳定地运行。

本模块结合接触网运行维修规则中的检修作业标准以及运营维护经验，以现场案例为引导，介绍接触网各项设备的检修标准、检修方法和流程。

学习目标

知识目标

(1)掌握接触网检修作业的流程、岗位标准。

(2)掌握接触网运行维护的检修标准。

(3)掌握接触网各项设备检修作业的方法和流程。

(4)掌握常见缺陷的处理措施。

(5)掌握接触网检修作业中的安全风险点及防控措施。

技能目标

(1)能按照检修作业流程进行检修作业。

(2)能以工作票签发人、工作领导人、驻站联络员、现场行车防护员、地线监护及操作人员、高处检修人员、区间电话员身份进行检修作业。

(3)熟练使用接触网作业相关工具。

(4)能说出接触网设备和零部件的名称。

(5)能按作业标准要求完成接触网的检修作业。

素质目标

(1)在思想上敬畏规章、敬畏职责。

(2)在业务上熟知本岗位应知应会知识，熟练掌握操作技能。

(3)在作业过程中严格执行作业纪律、劳动纪律和各项有关作业标准，切实做到“在岗一分钟、负责六十秒”，让执行标准成为习惯，让作业行为符合标准。

任务一　认识检修作业流程

学习情境描述

某年某接触网工区进行锚段关节非支抬高调整及下锚补偿跳线加固工作。7 时 09 分，作业组到达第一作业地点，根据供电调度下达的停电作业命令，作业组在 85#、95#支柱处装设好接地线后，开始进行作业，7 时 50 分作业完毕。8 时 02 分，轨道车和作业组成员到达第二个作业地点，对 135#～141#锚段关节补偿跳线进行加固作业。8 时 10 分，有人发现一名接触网工被安全带吊在接触网上，马上组织人员进行现场抢救并联系救护车送往医院，但抢救无效死亡。

事故主要原因是，作业组违反检修作业流程的规定，在第二个作业地点两端供电线路上未验电且未装设接地线的状况下，盲目安排作业人员上网检修作业，使接触网工在跨越下锚绝缘子时接触网感应电通过人体造成触电。

想一想： 作为接触网工，你应该如何避免此次事故的发生？

学习目标

通过本任务的学习，掌握检修作业标准、流程以及作业过程中的安全风险点和防控措施，做到按标准作业、按流程作业。

任务书

认识检修作业流程任务书，见表 2-1-1。

表 2-1-1　认识检修作业流程任务书

作业任务		日　　期	
班　　组		计划作业时间	
组　　长		计划完成时间	
作业地点			
作业内容			
安全风险点			
防控措施			
作业过程督查意见			

任务分组

学生任务分配表见表 2-1-2。

表 2-1-2　学生任务分配表

<table>
<tr><td>班　级</td><td colspan="2"></td><td>日　期</td><td></td></tr>
<tr><td>班　组</td><td colspan="2"></td><td>组　长</td><td></td></tr>
<tr><td rowspan="5">班组成员</td><td>姓　名</td><td>任务角色</td><td colspan="2">任务分工</td></tr>
<tr><td></td><td></td><td colspan="2"></td></tr>
<tr><td></td><td></td><td colspan="2"></td></tr>
<tr><td></td><td></td><td colspan="2"></td></tr>
<tr><td></td><td></td><td colspan="2"></td></tr>
</table>

工作实施

检修作业流程工作实施过程见表 2-1-3。

表 2-1-3　检修作业流程工作实施过程表

安全风险点	作业步骤	作业内容及标准
维修计划影响范围、行车限制编写错误	提报天窗计划	①提前一周将下周维修计划上报段供电调度、供电处进行审核； ②待铁路电子电报下发，提前三天将下周维修计划录入施工调度管理系统
未进行修前调查；未确认地线装设位置	修前调查	①对计划作业范围内的设备进行一次全面巡视，若有隐患问题及时记录以便在天窗点内进行消除； ②对作业现场地形地貌进行踏勘，确认地线装设位置，并拍照； ③确定作业车解体、连挂位置；车梯上道位置；进出防护栏门位置，当作业现场受条件限制要提前做好安全防护措施
工作票内容错误、安全防护措施不完善、超范围作业	签发工作票	①工作领导人于每日 17:00 前查看施工调度管理系统确认次日工作计划； ②待计划批复后，安排工作票签发人签发工作票。工作领导人审核工作票无误后签字
人员不齐召开分工会；未进行安全预想；作业人员分工不明确；作业人员提出疑问未解答；轨道车司机不清楚作业内容	召开分工会	①由工作领导人主持，参加作业的车间干部及全体作业组成员参加。对涉及本人和相关配合人员的作业项点及安全措施，要详细记录在手账本中； ②进行各岗位安全预想，抽查作业组成员对各自任务和有关安全措施是否明确，确保作业组成员熟知作业地点、作业内容、设备分界、供电方式及安全注意事项等，并对作业组成员提出的疑问进行解答；对危及人身、行车安全的作业条件要有具体的防范措施； ③轨道车司机必须清楚停车及解体连挂位置，针对作业内容制定相关安全卡控措施，填入车网联控卡
工具、材料携带错漏；绝缘工具出库时未进行检查、未进行绝缘摇测	准备料具	①分工会召开完毕，作业组员按照作业分工领取所需工具、材料，保证状态良好、数量齐全，并登记； ②安全用具保证在安全有效期内，绝缘靴、绝缘手套应在试验周期内，检查外观无破损，气密性良好；绝缘杆应在试验周期内，外观无破损，连接部位（导体段、接地端）良好；接地线护套无破损，无断股散股现象；验电笔应在试验周期内，外观无破损，并进行声光试验

续表

安全风险点	作业步骤	作业内容及标准
未组织工前点名；季节性防护措施不到位；工作领导人、安全员未检查工具、材料及劳保用品；未进行安全讲话	工前点名	①作业组成员按分工会上明确的时间集合完毕，标准着装，证件携带齐全； ②工作领导人对作业组全体成员进行点名，再次宣读工作票及分工单，并对作业组成员进行提问； ③安全员根据作业环境、内容、天气等有针对性地进行安全讲话，并检查作业人员证件、作业所需工具、材料齐全合格
“天窗”点提前，人员、机具未到达作业现场；接触网作业车出车前未确认限位闭锁装置状态	前往现场	①工作领导人确认所有作业组成员均已到齐，材料、工具均已装车，在“天窗”点前 1 h 到达作业现场； ②工作领导人出发前与各监护人员、防护人员试验通信工具，与驻站联络员保持联系，防止“天窗”点提前而影响作业； ③轨道车司机检查接触网作业车车况良好，并启动接触网作业车待命，及时与车站进行联控，按照车站要求按时出动； ④接触网作业车出车前司乘人员与作业组监护人确认限位闭锁装置正确，状态良好
误传达封锁、停电命令	申请封锁命令	①驻站联络员至少距施工开始前 40 min 到达车站行车室，并在行车登记簿上进行登记，确认准备工作完毕，人员及机具到达指定位置（护网外），已具备停电条件； ②在工作领导人通知驻站联络员现场准备工作完毕后，由驻站联络员通知车站值班人员“现场准备完毕，可以申请要令”
未核对、复诵命令批复时间、开始封锁时间、开通时间、封锁时长及命令编号	封锁命令下达	①驻站联络员得到车站值班员递交的线路封锁命令后通知工作领导人； ②工作领导人与驻站联络员对命令内容进行复诵确认
未按规定设置移动停车信号牌，错插、漏插；安装接地靴时，钢轨打磨、除锈不彻底；未按规定试验验电器	设置行车防护	①工作领导人通知行车防护人员设置防护，防护人员将防护设置完毕及时回复工作领导人； ②工作领导人确认防护设好后通知地线监护人设置移动停车信号牌，移动停车信号牌设置完毕后地线监护及时回复工作领导人； ③地线监护人监护操作人在有电设备上试验验电器，并装设接地靴
作业组成员到达作业现场后未接到工作领导人命令侵入行车限界；未得到停电命令接挂地线	申请停电作业命令	①驻站联络员向铁路局集团公司供电调度申请停电作业命令； ②几个作业组同时作业时，每一个作业组必须分别设置安全防护措施，分别向供电调度申请停电命令
未接到停电作业命令开始作业	牵引变电所停电作业	①牵引变电所值班员按照铁路局集团公司供电调度的命令进行停电作业； ②铁路局集团公司供电调度确定已停电向驻站联络员下达停电作业命令
作业组成员到达作业现场后未接到工作领导人命令侵入行车限界；未得到停电命令接挂地线	停电命令下达	①驻站联络员接到铁路局集团公司供电调度的停电命令，确认无误后，如实填写“停电作业命令票”； ②驻站联络员及时将命令内容通知工作领导人，并进行复诵确认； ③V 形天窗时： a. 驻站联络员与铁路局集团公司供电调度在 V 形天窗作业前 10 min，确认断开上下行线并联的断路器及并联隔离开关，分区所开环运行； b. 驻站联络员与变电所值班员确认撤除邻线重合闸，断开相应所、亭可能向作业线路送电的开关，确认在分位

续表

安全风险点	作业步骤	作业内容及标准
接地人员未穿戴绝缘手套、绝缘靴;未按顺序接挂地线;未接到工作领导人的通知接挂地线	验电接地	①工作领导人接到驻站联络员停电作业命令下达通知后,通知地线监护人员对接触网验电; ②地线监护人员监护地线操作人员先验电后接挂地线; ③在装设接地线时,先确认接地端安装牢固,再接导体端; ④装设接地线时,人体不得触及接地线,接好的接地线做好防风摆措施并不得侵入建筑限界,绝缘杆要保持清洁、干燥; ⑤地线接挂完毕后,地线监护人员立刻汇报工作领导人
未接到工作领导人通知进行作业;未执行"5分钟通话制度";高处作业未把稳踏牢、将安全带挂在牢靠的地方	开始作业	①工作领导人接到所有地线监护人员汇报地线接挂完毕后方可向作业组下达开始作业的命令; ②车梯作业:检查车梯的车体、轮轴状态良好,冬季做好防滑措施(注意导电轮应与两端地线接地靴钉在同一侧钢轨,防止短接钢轨产生红光带)。车梯推扶速度不得大于5 km/h,车梯平台不得放置工具、材料,车梯内作业人数不得超过2人。车梯作业时设置一名车梯负责人,地面车梯负责人负责与高空作业人员进行呼唤应答,使用标准用语; ③轨道车作业:检查轨道车状态良好,作业平台升、降、转向操作机构灵活。人员不得从未封锁侧线路上下,V形天窗作业平台限位确认,严禁向邻侧线路转向; ④登杆作业:登杆人员检查脚扣、安全带及需攀登的支柱与基础。登杆时选好攀登条件和方向,手把牢靠、脚踏稳准,做好自控、互控、联控,严禁上下抛扔工具材料; ⑤挂梯作业:检查梯子是否牢靠,要有专人扶梯,梯脚放稳固,严防滑移,梯子上只准1人作业
作业完毕,未确认人员、机具撤至安全地带,人员、机具再次上道	高处作业结束	①工作领导人通知作业组成员停止作业,作业车平台归位(梯车下道); ②工作领导人确认高处检修人员已全部撤至安全地带后,通知地线监护人员拆除地线
未得到工作领导人拆除地线的命令擅自拆除地线;拆除地线顺序相反	拆除地线	①地线监护人员得到工作领导人拆除地线的命令后,监护地线操作人拆除地线; ②拆除地线时先拆导体端再拆接地端; ③地线拆除完毕后,地线监护人立刻汇报工作领导人
错误消令	消除停电作业命令	①工作领导人确认具备送电开通条件后,通知驻站联络员消令; ②驻站联络员得到工作领导人允许消除牵引停电命令的通知后,通知牵引变电所值班员准备接令并向供电调度申请消除停电作业令; ③命令消除后,及时通知工作领导人
错误消令	消除封锁作业命令	①工作领导人确认作业组成员及携带的料具全部撤至安全地带后通知现场防护人员撤除防护; ②驻站联络员得到工作领导人线路具备开通条件后填写"行车设备施工登记簿",向车站值班员请求消除线路封锁命令; ③驻站联络员命令消除后及时通知工作领导人
工作领导人未清点人员、机具	收工返回	工作领导人接到驻站联络员封锁命令已消除后,必须列队清点人员,检查机具全部装车,同时通知驻站联络员返回接触网工区
工具、材料未入库	工具、材料入库	返回接触网工区后,各作业组成员将携带的工具、材料入库,与材料员作好登记签认;材料员及时补充消耗的材料
对作业中存在的问题未认真进行分析和制定整改对策	召开收工会	①由工作领导人组织召开收工会,作业组成员要对自己当日作业情况及存在的问题进行汇报; ②工作领导人对当天工作情况从人员组织、安全卡控、作业效率、作业质量及现场存在的问题进行全面总结,针对存在的问题制定整改措施

续表

安全风险点	作业步骤	作业内容及标准
作业相关票据未按规定进行保存	天窗作业结束	①收工会结束后，工作领导人在工作票“结束时间”栏内填写时间并加盖“已执行”章；将工作票、分工单、命令票、5 min 通话记录及安全风险点卡控表等票据收回装订后，交工区统一保管； ②按照技术台账填写标准，认真填写当日工作任务量完成情况；工作领导人向车间汇报当日工作完成情况；工区值班人员将当日工作完成情况写入日志

评价反馈

检修作业流程评价记录见表2-1-4。

表 2-1-4　检修作业流程评价记录表

评价项点	评价标准	配分	得分	扣分原因
检修作业流程正确	复述检修作业流程，缺1项扣1分	23		
技术要求	工作票填写正确	10		
	安全用具检查方法正确	6		
	封锁命令申请和下达正确	6		
	行车防护设置正确	6		
	验电接地方法流程正确	6		
	车梯作业方法正确	6		
	登杆作业方法正确	6		
	地线接挂和拆除方法正确	6		
安全及规范操作	①高处坠物1次扣5分； ②材料工具上下抛掷，1次扣5分； ③工器具及零部件损坏扣5分； ④接触网上或线路上有遗留物件，每件扣5分； ⑤作业过程中发生危及人身安全情况，1次扣5分； ⑥劳动保护用品不齐或未按要求使用，每项扣1分	25		
合计	作业时间：　　分　　秒	100		

知识链接

一、检修作业流程风险防控措施

(1)发票时要与现场实际情况相结合，确认所采取的安全措施正确而完备。

(2)分工会上安全预想不到位，工作领导人、安全员及作业组成员应及时补充。

(3)乘车途中系好安全带，安全监督岗帮助司机瞭望，提醒司机控制车速；时刻监控乘车人员坐、立是否稳妥；车内人员不得与司机闲聊。

(4)到达作业现场人员、机具不得侵入限界，接到工作领导人线路封锁命令后，方准设置行车防护，未接到工作领导人撤除防护命令严禁擅自撤除行车防护。

(5)验电接地、撤除地线必须听从工作领导人指挥，操作人与监护人、监护人与工作领导人之间做好呼唤应答和复诵制度，按顺序操作，戴绝缘手套穿绝缘靴。

(6)高处作业应将安全带系在安全可靠的地方,锁好保险扣,安全带严禁低挂高用。

(7)高处作业使用的小型工具、材料应放置在工具材料袋内。作业中应使用专门的用具传递工具、零部件和材料,不得抛掷传递。

(8)进行高处作业时,人员不得位于线索受力方向的反侧,并采取防止线索滑脱的措施。在曲线区段进行接触网悬挂调整工作时,要有防止线索滑跑的后备保护措施。

二、检修作业岗位风险防控措施

检修作业岗位风险防控措施见表2-1-5。

表2-1-5　检修作业岗位风险防控措施

岗位	防控措施
工作票签发人	①工作票签发人安全等级必须符合《高速铁路接触网安全工作规则》《普速铁路接触网安全工作规则》要求,熟悉作业区段设备、环境、供电方式,参加修前调查; ②同一张工作票的签发人和工作领导人必须由两人分别担当; ③发票时要与现场实际情况相结合,确认所采取的安全措施正确而完备; ④在设备较复杂的区段作业,应附页画出作业区段简图,标明停电作业范围、接地线位置,并用红色标记带电设备; ⑤当变更作业方式、内容、地点时,必须废除原工作票,签发新的工作票; ⑥所配备的工作领导人及作业组成员的人数和条件符合规定
工作领导人	①工作领导人安全等级不低于四级,熟悉作业区段设备、环境、供电方式,作业前进行修前调查; ②分工会上明确各自分工,安全措施分解落实到人,对作业组成员提出的疑问进行解答,作业组员安全预想不到位进行补充; ③出工前检查落实工具、材料准备,与安全员(安全监护人)共同检查作业组成员着装、工具、劳保用品齐全合格; ④安全防护措施采取完毕,方可通知作业人员开始检修工作,时刻在场监督作业组成员作业安全; ⑤作业完毕确认作业组所有人员均撤至安全地带,安全措施全部撤除完毕,方可通知驻站联络员申请消令送电
驻站联络员	①接受命令时认真接听,并复诵命令内容,有疑问时要求发令人复诵命令,向工作领导人传达时,要求工作领导人复诵确认无误; ②作业中不得做与工作无关的事,时刻监控列车运行状态,3~5 min与工作领导人或防护人员试通话,确保联系畅通; ③距要求完成时间剩60 min、40 min、30 min、25 min、20 min、15 min、10 min、5 min时向工作领导人通报,防止晚消令; ④做好作业现场与车站、供电调度及牵引变电所值班员之间的沟通,如遇特殊情况及时做好协调
现场行车防护员	①到达作业现场接到工作领导人线路封锁命令后,方准设置行车防护,未接到工作领导人撤除防护命令严禁擅自撤除行车防护; ②设置行车防护前再次确认行别是否与本次作业行别相同; ③作业中不得做与工作无关的事,及时、准确、清晰地传递行车信息和信号,每3~5 min与工作领导人或驻站联络员试通话,确保联系畅通; ④撤除行车防护后,清点工具、备品确认齐全方可返回作业组; ⑤作业过程中时刻保持距钢轨头部外侧距离:120 km/h $< v_{max} \leqslant$ 160 km/h时,不小于2 m
地线监护及操作人员	①出库时由监护人监护操作人认真检查绝缘工具状态良好,并对绝缘工具进行摇测,且试验合格; ②线路未封锁禁止上道做地线下部连接工作,监护人与操作人做好互控; ③验电接地、撤除地线必须听从工作领导人指挥,操作人与监护人、监护人与工作领导人之间做好呼唤应答和复诵制度; ④装设地线时先接接地端、后接导体端,撤除时先拆导体端、后拆接地端,监护人做好监督工作; ⑤验电、接挂、撤除地线必须戴绝缘手套穿绝缘靴,绝缘手套、绝缘靴使用前应进行外观检查,绝缘手套不得有漏气现象

续表

岗位	防控措施
推扶车梯人员	①在路肩上组装车梯时保持距钢轨头部外侧距离：120 km/h < v_{max} ≤160 km/h 时，不小于 2 m，当列车接近时作业人员必须按规定提前避车，路肩组装车梯困难时应在路肩下进行组装； ②当接到工作领导人线路封锁命令后车梯方可上道，接到“安全措施采取完毕可以开始作业”命令后方可竖起车梯； ③当 4 人竖起车梯有困难时，应请高处作业人员协助，防止侵入邻线线路； ④推扶车梯过程中应呼唤应答、配合妥当，车梯上有人时推动车梯速度不得超过 5 km/h，并不得发生冲击、急剧起停。当车梯遇坡道应采取防滑移措施、曲线区段或大风时应采取防倾倒措施； ⑤车梯上道时，禁止金属部分将钢轨短接
高处作业人员	①在路肩做准备工作，必须保持距钢轨头部外侧距离：120 km/h < v_{max} ≤160 km/h 时，不小于 2 m，当列车接近时作业人员必须按规定提前避车； ②进行高处作业必须设专人监护，高空作业人员安全等级不低于三级。监护人认真履行职责，未接到工作领导人开工命令禁止检修人员攀登高处，作业组员之间做好自控、互控； ③高处作业应将安全带系在安全可靠的地方，锁好保险扣，安全带严禁低挂高用； ④高处作业使用的小型工具、材料应放置在工具材料袋内。作业中应使用专门的用具传递工具、零部件和材料，不得抛掷传递； ⑤进行高处作业时，人员不得位于线索受力方向的反侧，并采取防止线索滑脱的措施。在曲线区段进行接触网悬挂的调整工作时，要有防止线索滑跑的后备保护措施

三、检修作业岗位标准

检修作业岗位标准见表 2-1-6 至表 2-1-12。

表 2-1-6　工作票签发人作业标准

安全风险点	作业步骤	作业内容及标准
发票人安全等级不符合要求；发票人不熟悉供电方式、设备分布	发票前准备	①发票人和工作领导人的安全等级不低于四级。同一张工作票的发票人和工作领导人应由两人分别担当； ②发票人必须熟悉作业区段设备分布、牵引供电设备供电方式、站场及区间行车方式等
计划导出时错误	导出计划	查阅施工调度管理系统，流程跟踪是否已成为“正式维修计划”，确认后导出计划
平面图与现场实际情况不符	查阅平面图	根据维修计划中提供的作业区段、范围，查阅平面图，选择合适地线装设位置，明确公里标并对特殊设备做好记录
未进行修前调查；未确认地线装设位置	参加修前调查	①对作业范围内设备进行一次全面巡视，发现隐患问题天窗点内进行消除； ②对作业现场地形地貌进行踏堪，确认地线装设位置是否满足要求，并拍照；确定作业车解体、连挂位置；车梯上道位置；防护栅栏门位置；根据作业现场实际情况制定相关安全防护措施
工作票内容错误、超范围作业、安全防护措施不完善	签发工作票	①填写内容必须执行标准用语。手工填写时要字迹清楚、正确，需填写的内容不得涂改或用铅笔书写； ②所配备的工作领导人及作业组成员的人数和条件符合规定； ③工作票 1 式 2 份，1 份由发票人保管，1 份交给工作领导人
安全等级与作业岗位不符、安排业务不熟练人员担当检修工作	填写分工单	会同工作领导人，根据作业人员安全等级、身体状况、业务技能等有针对性的进行分工
平面揭示图与工作票及分工单不符、未用红色标记带电设备	绘制平面揭示图	根据当日作业组员分工、检修范围绘制出平面揭示图，平面图上应有停电单元编号、具体作业时间、防护和地线具体位置及检修人员分工、作业车解体、连挂具体位置等，并用红色标记带电设备

续表

安全风险点	作业步骤	作业内容及标准
车网联控卡内容与工作票不符，解体、连挂位未明确	编制车网联控卡	根据作业区段，会同司乘人员编制完善的车网联控卡，明确司乘人员、作业范围、解体、连挂具体位置及相应安全应急措施
资料不齐、检修标准与现场设备不相符；安全防护措施不完善	准备技术、安全交底材料	①技术交底：将本区段设备安装图、平面图收集齐全，针对检修作业特殊部位明确检修标准； ②安全交底：梳理修前调查写实情况，会同安全员根据作业环境、内容、天气等制定出安全防护措施
工作票未按要求签字盖章；工作票未按时传至铁路局集团公司供电调度	打印工作票	①将计划、工作票、分工单、平面揭示图、车网联控卡、风险控制写实表等相关票据全部打印； ②将打印好的工作票签字后交工作领导人签字，并在右上角盖章后，将工作票传真至铁路局集团公司供电调度

表 2-1-7　工作领导人标准化作业标准

安全风险点	作业步骤	作业内容及标准
工作领导人安全等级不符合要求；不熟悉供电方式、设备分布	作业准备	①工作领导人安全等级不低于四级。每次作业一名工作领导人同时只能接受一张工作票； ②确认作业内容、地点、时间、作业组成员等均应符合工作票提出的要求
未参加修前调查；未确认地线装设位置	参加修前调查	①对作业范围内设备进行一次全面巡视，发现隐患问题天窗点内进行消除； ②对作业现场地形地貌进行踏堪，确认地线装设位置是否满足要求，并拍照；确定作业车解体、连挂位置、车梯上道位置、防护栅栏门位置，根据作业现场实际情况制定相关安全防护措施
未审核工作票，对工作票有疑问未向工作票签发人提出	审核工作票	根据计划内容、设备平面图及修前调查情况审核工作票，确认作业范围、安全防护措施内容齐全，对工作票中有疑问的应立即向工作票签发人提出
安全等级与作业岗位不符、安排业务不熟练人员担当检修工作	填写分工单	会同工作票签发人，根据作业人员安全等级、身体状况、业务技能等有针对性地进行分工
人员不齐召开分工会；未进行安全预想；作业人员分工不明确；作业人员提出疑问未解答	组织召开分工会	①对作业组全体成员进行点名，宣读计划、工作票、分工单，讲解平面揭示图，进行安全交底和技术交底，通报修前调查写实情况，宣读车网联控卡； ②组织进行各岗位安全预想，抽查作业组成员对各自任务和有关安全措施是否明确，确保作业组成员熟知作业地点、作业内容、设备分界、供电方式及安全注意事项等，并对作业组成员提出的疑问进行解答
未检查作业人员安全用具及劳保用品状态	组织工前点名	①组织作业组成员（含作业车司机）进行列队点名，宣读工作票和分工单，布置安全措施，对重点或容易混淆的作业内容应抽查询问，以确保作业组员完全掌握作业内容及检修标准； ②与安全员共同检查作业组成员着装、安全带、安全帽、个人工具、劳保用品及有关标志是否符合要求
未提前到达作业现场影响作业	前往现场	①工作领导人确认所有作业组成员均已到齐，材料、工具均已装车，在“天窗”点前 1 h 到达作业现场； ②工作领导人出发前与各监护人员、防护人员试验通信工具，与驻站联络员保持联系，防止“天窗”点提前而影响作业
通信联络不畅；提前上道做准备工作	到达现场	与驻站联络员、行车防护员、地线监护人再次试通话，并通知作业组成员进行作业前准备工作，保持联络畅通

续表

安全风险点	作业步骤	作业内容及标准
未得到封锁命令指挥设置防护；行车防护人员错插、漏插移动停车信号牌	指挥设置防护	①接到驻站联络员线路封锁命令后，方可通知行车防护员插设移动停车信号牌，进行行车防护； ②与行车防护人员核实确认移动停车信号牌设置地点
未确认接触网停电，指挥接挂地线	指挥装设地线	接到驻站联络员接触网已停电的命令后，方准通知地线监护人进行验电接地，确认所有地线设置完毕后，方准通知作业组进行作业
防护人员未执行 3 ~ 5 min 通话时未及时提醒；对于作业过程中存在安全隐患未及时制止；未确认修后设备质量；"天窗"结束预留时间不足造成晚消令	盯控作业	①作业过程中，时刻监护作业组成员作业安全，正确使用各种工具，并按工艺流程、质量标准进行作业； ②严格执行标准用语及呼唤应答复诵制度，与驻站联络员、行车防护员保持 3 ~ 5 min 通话，控制"天窗"时间，掌握作业进度，盯控作业质量，"天窗"结束前预留足够时间进行安全措施的撤除和牵引变电所送电，避免晚送电、晚消令
检修作业人员未撤离到安全地带指挥撤除接地线	指挥拆除地线	检修完毕，确认作业人员及机具全部撤离到安全地带后，通知地线监护人撤除接地线
未及时通知要令人消令造成晚送电；安全措施未撤除自行消令	消除停电命令	消令送电前，认真检查作业区段设备质量、参数、料具等可能影响列车运行安全的关键环节，确认所有接地线全部撤除后，通知驻站联络员消除接触网停电作业命令
人员机具未下道指挥撤除行车防护	指挥撤除防护	确认全体作业组成员、机具、材料全部撤离作业区域后，通知防护人员拆除移动停车信号牌、撤除行车防护
机具、材料遗留线路；撤除防护后人员再次上道	指挥清理现场	①作业结束，列队点名，确认作业人员、机具、材料齐全后返回工区； ②确认作业车返回车站，作业地点具备开通条件后，通知驻站联络员消除区间(站场)封锁命令
收工会未点名；作业中存在问题未制定整改措施	召开收工会	①返回工区后，召集作业组人员召开总结会，各岗位对当天作业情况进行分析总结，重点分析作业中存在问题、作业程序的执行情况、作业机具使用情况等，并制定整改措施； ②工作领导人将工作票等相关资料及检修作业记录交回工区保管，保存时间不低于 12 个月并及时填写当日作业内容相关台账记录资料

表 2-1-8　驻站联络员作业标准

安全风险点	作业步骤	作业内容及标准
安全等级不符；培训不合格上岗；安全预想不全面时，工作领导人、安全员未补充；分工会内容有疑问时未及时提出	参加分工会	①凡从事可能影响列车正常运行的作业均需设驻站联络员，其安全等级不低于三级； ②分工会上认真听读计划、工作票、分工单等，熟记本次作业范围及登记站，有关本次作业特殊事项做好记录，对作业相关资料及分工有疑问应及时提出； ③根据作业分工及作业环境进行安全预想，对作业过程中可能发生的安全隐患要提前做好防范措施
备品携带不齐全影响作业	准备备品	备品包括对讲机、区间电话机、录音笔、计划、工作票、停电作业命令票、驻站联络员流程表、行车防护通话记录本
未参加工前点名；季节性防护措施不到位；工作领导人、安全员未检查备品、劳保用品	参加工前点名	①按接触网工标准化着装穿戴整齐，带齐相关证件，按时在指定地点列队点名，认真听读工作票及分工单，回答工作领导人提出的问题； ②听从安全员根据当日作业内容、环境、天气等有针对性提出的安全注意事项，积极配合工作领导人及安全员对着装、备品、劳保用品状态检查(冬季做好防寒措施，夏季携带防暑药品)；用具备品齐全合格后，乘车前往登记站

续表

安全风险点	作业步骤	作业内容及标准
未按时到达登记站行车室办理登记手续；驻站联络员流程不清楚	到达行车室	①提前 40 min 到达指定车站行车室，填写相关单具，并报告工作领导人； ②向车站值班员报到，向供电调度报到并核对当日工作票，办理相关登记手续。进行作业车出库登记时，做好轨道车司机与车站值班员双向联系； ③根据当日维修计划登记“运统-46”，请求当日车站值班员审核
误传达封锁、停电命令	申请命令	①当日车站值班员审核无误后，由车站值班员向行调申请封锁命令，待封锁命令下达后迅速通知工作领导人，并通知相关牵引变电所做好倒闸准备； ②向供电调度报告线路已封锁及封锁起、止时间，申请停电，待停电命令下达后记录在“停电作业命令票”中，并将停电命令内容迅速通知工作领导人
邻线来车未及时通报作业组；未执行 3 ~ 5 min 试通话；对施工进度不掌握	开始作业	①坚守岗位，不得擅自离开车站行车室，时刻与车站值班员保持联系，观察列车运行情况，避免值班员误将电力机车从有电区放入无电区，或将其他车辆放入施工区段； ②3 ~ 5 min 与工作领导人或防护人员试通话，及时、准确、清晰地向作业组通报列车信息，随时掌握施工进度，遇作业组不能在批准时间内结束工作时，须提前 15 min 向供电调度申请延长作业时间，经批准后方可延长，并在命令票上注明原因； ③距要求完成时间剩 60、40、30、25、20、15、10、5 min 时向工作领导人通报，做好消记准备
未接到工作领导人通知提前消令；未及时消令	消除命令	①接到工作领导人“作业完毕，安全措施已全部撤除，可以消除停电命令”后，及时向供电调度申请消令，停电命令消除后向工作领导人报告消令时间； ②接到工作领导人“人员、机具已撤至安全地带，防护措施已撤除可以消除封锁命令”后，及时向车站值班员申请消令，封锁命令消除后向工作领导人报告消令时间，驻站联络员消令完毕后要等待接触网恢复供电命令、线路开通命令，确认接触网是否恢复供电、线路是否开通，并及时传达给工作领导人
未在相关登记薄上填写消令时间	作业结束	在相关登记薄上填写封锁消令时间及相关内容；完毕后填写行车室相关单具返回工区
对作业中存在问题不如实汇报	召开收工会	对当天作业情况进行分析总结，重点分析作业中存在问题、作业程序的执行情况、呼唤应答和 3 ~ 5 min 通话情况。收工会完毕将命令票及其相关资料交给工作领导人

表 2-1-9　现场行车防员护作业标准

安全风险点	作业步骤	作业内容及标准
安全等级不符；培训不合格上岗；安全预想不全面时，工作领导人、安全员未补充；分工会内容有疑问时未及时提出	参加分工会	①行车防护人员安全等级不低于三级； ②分工会上认真听读计划、工作票、分工单等，熟记本次作业分工及作业范围，有关本次作业特殊事项做好记录，对作业相关票据及分工有疑问应及时提出； ③根据作业分工及作业环境进行安全预想，对作业过程中可能发生的安全隐患要提前做好防范措施
备品携带不齐全影响作业	准备防护用具	防护用品包括：个人证件、对讲机、行车防护员通话记录本、移动停车信号牌、信号灯、信号旗、防护喇叭。工具、备品出库时认真进行检查，确保状态良好，并做好出库登记
未参加工前点名；季节性防护措施不到位；工作领导人、安全员未检查备品、劳保用品	参加工前点名	①按接触网工标准化着装穿戴整齐，带齐相关证件，按时在指定地点列队点名，认真听读工作票及分工单，回答工作领导人提出的问题； ②听从安全员根据当日作业内容、环境、天气等有针对性提出的安全注意事项，积极配合工作领导人及安全员对着装、备品、劳保用品状态检查（冬季做好防寒措施，夏季携带防暑药品）；齐全合格后，乘车前往作业现场

续表

安全风险点	作业步骤	作业内容及标准
未得到工作领导人命令提前插设移动停车信号牌、设置防护	到达现场	①从指定防护栏门进入，严禁翻越防护栏；横越线路时“一站、二看、三指、四通过”，严禁抢越、钻车，列车接近提前下道避让； ②作业前到达指定防护地点后，确认作业行别及公里标，检查防护所需备品是否齐全，状态是否良好，及时向工作领导人汇报。在田野侧（安全地带）等待命令
错插、漏插移动停车信号牌；擅自移动、撤除行车防护	设置防护	①当接到工作领导人“封锁命令已下达，插设移动停车信号牌上道防护”的通知，在距作业组 20 m 处插设移动停车信号牌，执行远端行车防护，完毕后立即报告工作领导人； ②作业中不得做与工作无关的事，每 3 ~5 min 与工作领导人或驻站联络员试通话，本线或邻线来车及时通知作业组避让，及时准确、清晰地传递行车信息和信号，并认真填写行车防护通话记录本。未得到工作领导人撤除行车防护的通知，严禁擅自撤除行车防护，发现本线来车时，展开红旗（夜间红色信号灯）拦车
移动停车信号牌遗留在作业线路上	撤除防护	当接到工作领导人“作业组人员、机具已撤至安全地带可以撤除行车防护”命令后，立即拆除移动停车信号牌，携带工具、备品返回作业组，列队点名并清点工具、备品齐全返回工区
工具、备品丢失、损坏未上报	防护用具入库	作业完毕返回接触网工区后，对照出库单归还防护备品、工具，按定置管理标准进行摆放，并做好入库登记（材料员做好监督）；损坏的工具、备品要及时上报材料员，并做好相关记录
对作业中存在问题不如实汇报	召开收工会	对当天作业情况进行分析总结，重点分析作业中存在问题、作业程序的执行情况、呼唤应答和 3 ~5 min 通话情况。收工会完毕将行车防护通话记录本交给工作领导人

表 2-1-10　地线监护及操作人员作业标准

安全风险点	作业步骤	作业内容及标准
安全等级不符；培训不合格上岗；安全预想不全面时，工作领导人、安全员未补充；分工会内容有疑问时未及时提出	参加分工会	①地线监护人安全等级不低于三级、操作人安全等级不低于二级； ②分工会上认真听读计划、工作票、分工单等，熟记本次作业分工及作业范围；有关本次作业特殊事项做好记录，对作业相关票据及分工有疑问应及时提出； ③根据作业分工及作业现场环境进行安全预想，对作业过程中可能发生的安全隐患要提前做好防范措施
工具、材料携带错漏；绝缘工具出库时未进行检查、未进行绝缘摇测	准备工具材料	根据作业分工内容带齐验电器、接地线、安全用具、登杆工具、个人工具等，出库时由监护人认真进行检查确保在合格期内，绝缘工具应使用 2 500 V 兆欧表分段测量（电极宽 2 cm，极间距 2 cm）有效绝缘部分的绝缘电阻，不得低于 100 MΩ，或测量整个有效绝缘部分的绝缘电阻不低于 10 000 MΩ；确保状态良好，并做好出库登记
未参加工前点名；季节性防护措施不到位；工作领导人、安全员未检查工具、材料及劳保用品	参加工前点名	①按接触网工标准化着装穿戴整齐，带齐相关证件，按时在指定地点列队点名，认真听读工作票及分工单，回答工作领导人提出的问题； ②听从安全员根据当日作业内容、环境、天气等有针对性提出的安全注意事项，积极配合工作领导人及安全员对着装、工具、劳保用品状态检查（冬季做好防寒措施，夏季携带防暑药品），齐全合格后，乘车前往作业现场
线路未封锁提前上道做准备工作；接触网未停电擅自接挂地线	到达现场	①从指定防护栏门进入，严禁翻越防护栏；横越线路时“一站、二看、三指、四通过”，严禁抢越、钻车，列车接近提前下道避让； ②到达作业现场后，确认作业行别及支柱号，再次检查作业所需工具、材料是否齐全，安全用具状态是否良好，展开接地线后，在田野侧（安全地带）集中待命

续表

安全风险点	作业步骤	作业内容及标准
未验电接挂地线;验电、接地操作未戴绝缘手套穿绝缘靴;接挂地线时顺序错误;接挂或拆除地线时,未执行呼唤应答制度	开始作业	①接到工作领导人“线路已封锁可以进行验电器自检及地线下部连接工作”通知后,监护人监护操作人,对验电器进行自检并在同等级电压设备上进行试验,确认良好后打磨钢轨做地线下部连接,完毕由监护人向工作领导人报告(接地线应可靠接在钢轨上,两端地线接地靴钉在同一侧钢轨,防止短接钢轨产生红光带。且不应跨接在钢轨绝缘两侧、道岔尖轨处,必须跨接在钢轨绝缘两侧时,应封闭线路); ②接到工作领导人接触网已停电命令,监护人监护操作人进行验电,验明无电后由监护人向工作领导人报告; ③接到工作领导人接触网已验明无电可以接挂地线命令,监护人监护操作人进行地线导体端装设,完毕由监护人向工作领导人报告××支柱地线已装设完毕; ④验电及装、拆地线时,操作人应戴绝缘手套穿绝缘靴,装设接地线时,人体不得触及接地线,接好的接地线做好防风摆措施并不得侵入建筑限界。作业过程中必须执行呼唤应答制度
未接到工作领导人撤除地线命令擅自撤除地线;撤除地线时未戴绝缘手套穿绝缘靴	作业结束	①当监护人接到工作领导人“作业人员撤至安全地带可拆除接地线”命令后,监护人指挥操作人戴绝缘手套穿绝缘靴,先拆除导体端、后拆除接地端。确认地线全部拆除后,由监护人向工作领导人报告××支柱地线已拆除完毕; ②地线拆除后人员不得再次上道。监护人和操作人共同将接地线缠绕、捆绑紧密;携带工具、材料统一从防护栅栏门离开,列队点名、清点料具齐全返回工区
工具、备品丢失、损坏未上报	工具材料入库	返回接触网工区后,对照工具、材料出库单归还料具,按定置管理标准进行摆放,并做好入库登记(材料员做好监督);消耗的材料、损坏的工具要及时上报材料员,并做好相关记录
对作业中存在问题不如实汇报	召开收工会	对当天作业情况进行分析总结,重点分析作业中存在问题、作业程序的执行情况、呼唤应答和复诵制度执行情况

表 2-1-11　推扶车梯人员作业标准

安全风险点	作业步骤	作业内容及标准
安全预想不全面工作领导人、安全未补充;作业票据有疑问未及时提出	参加分工会	①分工会上认真听读计划、工作票、分工单等,熟记本次作业分工及作业范围,有关本次作业特殊事项做好记录,对作业相关票据及分工有疑问应及时提出; ②根据作业分工及作业现场环境进行安全预想,对作业过程中可能发生的安全隐患要提前做好防范措施
车梯配件不齐全,导致现场无法组装	准备料具	根据作业分工及现场检修需要,带齐相关工具、材料(车梯配件齐全),出库时由车梯长认真检查,确保状态良好,并做好出库登记
未参加工前点名;季节性防护措施不到位;工作领导人、安全员未检查工具、材料及劳保用品	参加工前点名	①按接触网工标准化着装穿戴整齐,带齐相关证件,按时在指定地点列队点名,认真听读工作票及分工单,回答工作领导人提出的问题; ②听从安全员根据当日作业内容、环境、天气等有针对性提出的安全注意事项,积极配合工作领导人及安全员对着装、料具、劳保用品状态检查(冬季做好防寒措施,夏季携带防暑药品);齐全合格后,乘车前往作业现场
组装车梯时侵入限界;线路未封提前上道	到达现场	①从指定防护栅栏门进入,严禁翻越防护栅栏;横越线路时“一站、二看、三指、四通过”,严禁抢越、钻车,列车接近提前下道避让; ②到达作业现场后,选择好车梯上道位置,检查作业所需工具、材料齐全,由车梯长指挥推扶车梯人员在限界外进行车梯组装工作,组装完毕车梯长进行检查,线路未封锁前在田野侧(安全地带)集中待命

续表

安全风险点	作业步骤	作业内容及标准
车梯金属部分短接钢轨造成红光带；竖起车梯时侵入邻线线路；岔区未确认道岔导致车梯掉道	开始作业	①车梯长接到工作领导人线路封锁的通知后，指挥推扶车梯人员将梯车抬至封锁线路上，保持梯车水平放置，车梯金属部分不得短接钢轨；当接到工作领导人开工作业的通知后，指挥推扶车梯人员将车梯竖起； ②推车梯人员要时刻注意和保持车梯的稳定状态。当车梯在曲线上或遇大风时，对车梯要采取防止倾倒的措施；当车梯在大坡道上时，要采取防止滑移的措施；车站岔区，确认道岔正反位，防止车梯掉道； ③作业中推动车梯应服从工作台上人员指挥。当车梯工作台面上有人时，推动车梯的速度不得超过 5 km/h，并不得发生冲击和急剧起、停；车梯停止时，车梯负责人及推扶车梯人员要用脚踩住车梯四个轮子；工作台上作业人员和车梯负责人要呼唤应答，配合妥当
机具、材料遗留在线路上；撤除防护后人员再次上道	作业结束	检修完毕，推车梯人员听从车梯长指挥，将车梯抬至不影响行车的地方，再将车梯进行拆卸后，统一从防护栅栏门离开。列队点名、清点料具齐全返回接触网工区
工具、备品丢失、损坏未上报	工具材料入库	返回接触网工区后，对照工具、材料出库单归还料具，按定置管理标准进行摆放，并做好入库登记(材料员做好监督)；消耗的材料、损坏的工具要及时上报材料员，并做好相关记录
对作业中存在问题不如实汇报	召开收工会	对当天作业情况进行分析总结，重点分析作业中存在问题、作业程序的执行情况、与平台人员呼唤应答配合情况

表 2-1-12　高处作业人员作业标准

安全风险点	作业步骤	作业内容及标准
安全等级不符；培训不合格上岗；安全预想不全面时，工作领导人、安全员未补充；分工会内容有疑问时未及时提出	参加分工会	①高处作业人员安全等级不低于三级；不拆卸零部件的高空作业可由安全等级为二级的人员担当； ②分工会上认真听读计划、工作票、分工单等，熟记本次作业分工及作业范围，有关本次作业特殊事项做好记录，对作业相关票据及分工有疑问应及时提出； ③根据作业分工及作业现场环境进行安全预想，对作业过程中可能发生的安全隐患要提前做好防范措施
未根据检修需要准备工具、材料	准备工具材料	根据作业分工及现场检修需要带齐相关工具、材料，出库时认真进行检查，确保状态良好，并做好出库登记
未参加工前点名；季节性防护措施不到位；工作领导人、安全员未检查工具、材料及劳保用品	参加工前点名	①按接触网工标准化着装穿戴整齐，带齐相关证件，按时在指定地点列队点名，认真听读工作票及分工单，回答工作领导人提出的问题； ②听从安全员根据当日作业内容、环境、天气等有针对性提出的安全注意事项，积极配合工作领导人及安全员对着装、工具、劳保用品状态检查(冬季做好防寒措施，夏季携带防暑药品)，齐全合格后，乘车前往作业现场
线路未封锁提前上道做准备工作；未接到开工命令提前作业	到达现场	①从指定防护栅栏门进入，严禁翻越防护栅栏；横越线路时“一站、二看、三指、四通过”，严禁抢越、钻车，列车接近提前下道避让； ②到达作业现场后，确认作业行别及支柱号，再次检查作业所需工具、材料是否齐全，安全用具状态是否良好，并在田野侧(安全地带)集中待命
违反安全规章发生高坠伤害；高处坠物、抛物造成人员伤害；安全带使用不当造成的高坠伤害；受力工具使用不当造成人员伤害	开始作业	①接到工作领导人或监护人安全措施已采取完毕可以开始作业的命令后方可开始作业； ②高处作业人员作业时将安全带系在安全可靠的地方，并做好等电位措施，人员不宜位于受力方向的反侧，并采取防止线索滑脱的措施； ③高处作业使用的小型工具、材料应放置在工具袋内，作业中应使用专门用具传递工具、材料，不得抛掷传递

续表

安全风险点	作业步骤	作业内容及标准
违反安全规章发生高坠伤害；高处坠物、抛物造成人员伤害；安全带使用不当造成的高坠伤害；受力工具使用不当造成人员伤害	开始作业	④登杆检修作业人员，攀登支柱前要选好攀登方向和条件，攀登时要手把牢靠，脚踏稳准，系好安全带，尽量避开设备并与带电设备保持足够的安全距离； ⑤利用车梯检修作业时，工作台的人员不得超过 2 人，所有的零件、工具等均不得放置在工作台的台面上。工作台上人员和车梯负责人要呼唤应答配合妥当； ⑥利用作业车作业时，出车前与司乘人员确认限位闭锁装置正确，状态良好。作业车移动或平台升降、转向时严禁人员上、下。上、下作业平台应征得平台操作人或监护人同意。所有人员严禁从未封锁侧上下作业车。作业车移动中应防止接触网设备碰刮伤人； ⑦检修人员严格按照检修标准对接触网设备进行检调，检调方法和步骤参见单项检修标准
机具、材料遗留线路；撤除防护后人员再次上道	作业结束	①作业结束下支柱、车梯、作业车时要手把牢靠，脚踏稳准，防止高空坠落； ②携带工具材料，统一从防护栅栏门离开。列队点名、清点料具齐全返回接触网工区
工具、备品丢失、损坏未上报	工具材料入库	作业完毕返回接触网工区后，对照工具、材料出库单归还料具，按定置管理标准进行摆放，并做好入库登记（材料员做好监督），消耗的材料、损坏的工具要及时上报材料员，并做好相关记录
对作业中存在问题不如实汇报	召开收工会	对当天作业情况进行分析总结，重点分析作业中存在问题、作业程序的执行情况、作业不正常的原因、作业机具使用情况及工作量完成情况

巩固练习

判断题

1. 驻站联络员至少距施工开始前 1 h 到达车站行车室，并在行车登记簿上进行登记，确认准备工作是否完毕。 (　　)

2. 地线监护人监护操作人在有电设备上检验验电器状态，并装设接地靴。 (　　)

3. 工作领导人确认作业组成员及携带的料具全部撤至安全地带后通知现场防护人员撤除防护。 (　　)

4. 工作领导人接到所有地线监护人员汇报地线接挂完毕后方可向作业组下达开始作业的命令。 (　　)

5. 注意导电轮应与两端地线接地靴钉在同一侧钢轨，防止短接钢轨产生红光带。 (　　)

6. 车梯推扶速度不得小于 5 km/h，车梯平台不得放置工具，材料。 (　　)

7. 车梯内作业人数不得超过 2 人。 (　　)

8. 轨道车作业时人员可从未封锁侧线路上下。 (　　)

9. 登杆时选好攀登条件和方向，可以上下抛扔工具材料。 (　　)

10. 挂梯作业时检查梯子是否牢靠，要有专人扶梯，梯脚放稳固，严防滑移，梯子上只准 1 人作业。 (　　)

知识拓展

蔡衡，中共党员，中国铁路广州局集团有限公司广州房建公寓段珠海高铁房建车间长隆房建工区工长。青春如朝日，岁月似流沙。2013 年入路以来，蔡衡在岗位上拼搏奋斗、建功立业。

十余年间，他在铁路房建系统电工职业技能竞赛中斩获第一名，获得了全路技术能手、全路青年岗位能手、全国铁路优秀共青团干部、火车头奖章和广州局集团公司“十杰青年”“最美广铁人”等多项荣誉。

蔡衡是长隆房建工区工长，也是不被旅客所看见的“隐身管家”。工区管内6个城际车站的站台层都位于地下，水泵运转状态关系着轨道设备安全和运输秩序。这6个站位于珠机城际铁路上，有广受游客喜爱的珠海长隆站，也有出站不远即可从横琴口岸到澳门的横琴站，客流量很大。这些站房不仅代表铁路，更是世界各地游客认识中国的窗口。

任务二　检修接触悬挂

学习情境一　接触线检修作业

学习情境描述

某次列车在行驶途中被大风刮起的彩钢板击中，事故发生后，该路段的接触网跳闸，列车自动紧急制动，导致部分列车晚点6 h以上。据现场勘查，接触网设备遭到破坏，接触线出现变形及损伤，铁路部门立即组织抢修。

想一想：作为接触网工，你应该如何顺利完成本次检修作业？

学习目标

通过本情境的学习，掌握接触线检修作业标准和流程，并能配合作业组成员完成接触线的检修作业。

任务书

接触网检修作业任务书见表2-2-1。

表2-2-1　接触网检修作业任务书

作业任务		日　期	
班　组		计划作业时间	
组　长		计划完成时间	
作业地点			
作业内容			
安全风险点			
防控措施			
作业过程督查意见			

任务分组

学生任务分配表见表2-2-2。

表2-2-2　学生任务分配表

班　级			日　期	
班　组			组　长	
班组成员	姓　名	任务角色	任务分工	

工作实施

接触线检修工作实施过程见表2-2-3。

表2-2-3　接触线检修工作实施过程表

安全风险点及防控措施	作业步骤	作业内容及检修标准	任务完成(检修方法)
①作业人员不宜位于线索受力方向的反侧,并采取防止线索滑脱的措施;在曲线区段进行接触网悬挂的调整工作时,要有防止线索滑脱的后备保护措施; ②作业平台严禁向未封锁的线路侧旋转; ③在分相中性区段进行接触线检修作业时,除在作业区段两端工作支接挂地线外,还应在中心区工作支上加挂一组地线,并对两断口加装短接封线; ④调整接触线高度时不应踩踏接触线,使用作业车时不能顶接触线; ⑤在给五轮校直器加力或卸力时,要逐步逐次进行,调节转盘每次旋转60°,避免加力过大或卸力过快产生新的波浪弯;在推动正弯器时,要保持正弯器运行角度一致;	检修前准备	到达作业现场,确认作业范围,检查作业所需工具、材料是否齐全,安全用具状态是否良好,在田野侧(安全地带)集中待命,接到工作领导人"安全措施采取完毕,可以开始作业"命令即可开始检修作业	填写工具、耗材和备品清单,见表2-2-4
	检查测量	拉出值→接触线高度→接触线偏角→接触线平直度→磨耗→接头线夹	填写检查(测量)数据记录单,见表2-2-5
	接触线拉出值、之字值检修	检修标准: 列车运行速度200 km/h及以上区段,标准值:设计值。标准状态:标准值±30 mm。警示值:400 mm。限界值:450 mm	检修方法: ①根据测量数据确定调整方向和调整量,用记号笔在定位管上标记出调整位置; ②一人松开定位支座螺母,一人向拉出值调整方向轻轻推动接触线,将定位支座调整至标记位置,再对定位支座螺栓进行紧固至支座与定位管件密贴为止; ③复核拉出值,当拉出值仍未满足设计要求时重复以上操作,直至达到设计标准值,作业人员对定位支座连接螺栓紧固至设计力矩

续表

安全风险点及防控措施	作业步骤	作业内容及检修标准	任务完成(检修方法)
⑥使用五轮校直器时,任何人都不要用手碰触接触线,防止挤伤人手; ⑦锯断接触线时,辅助人员一定要扶住线索,防止线断时弹起伤人; ⑧做接头时,应采取防滑措施,紧线后一定要确认手扳葫芦和紧线器的工作状态;接头完成后,确认线夹安装牢固后,方可缓慢卸载手扳葫芦,不得发生冲击。在卸载手扳葫芦时要注意接头线夹状态,发现异常立即停止工作并进行处理	接触线高度检修	检修标准: 列车运行速度 200 km/h 及以上区段,标准值:设计值。标准状态:标准值 ±30 mm。警示值:标准值 ±60 mm。限界值:标准值 ±100 mm 且小于 6 500 mm	检修方法: 对于可调式吊弦可松开回头,将导线置于合适位置,重新制作回头。对于整体吊弦,应视具体情况在允许范围内调整吊弦位置或予以更换
	接触线坡度检修	检修标准: 标准值:$v\leqslant 250$ km/h 时,坡度≤1‰,$v>250$ km/h 时,坡度为 0。 标准状态:$v\leqslant 250$ km/h 时,坡度≤1‰,$v>250$ km/h 时,坡度≤0.5‰。 警示值:$v\leqslant 250$ km/h 时,坡度≤1‰,$v>250$ km/h 时,坡度≤0.5‰。 限界值:$v\leqslant 250$ km/h 时,坡度≤1.5‰,$v>250$ km/h 时,坡度≤1‰	检修方法: 对于可调式吊弦可松开回头,将导线置于合适位置,重新制作回头。对于整体吊弦,应视具体情况在允许范围内调整吊弦位置或予以更换。以上方法仍不能符合标准,可调整腕臂的安装高度或结构高度
	接触线偏角检修	检修标准: 标准值:设计值。标准状态:标准值 ±1°且≤4°。警示值:6°。限界值:8°	检修方法: 检查偏转原因,若因线夹影响,则调整线夹即可。若导线发生扭面,使用两个扭面器(一个用于固定导线,一个往偏角相反方向扳动),调整至与线路垂直,曲线段与线路倾斜一致
	接触线磨耗、变形及损伤检修	检修标准: ①接触线局部磨耗达到或超出限界值,立即进行更换;达到或超出警示值,进行重点监控,纳入三级修(精测精修)更换;②检查接触线与检测尺之间的间隙,其间隙不得大于 0.1 mm/m;③接触线扭面角度标准值:0°。标准状态:5°。警示值:15°。限界值:20°	检修方法: 局部接触线磨耗偏大(未超过限界值),若只发生在一点,用导线接头线夹进行补强。若磨耗损伤为一个范围,在磨耗、损伤范围外两端用两个接头线夹及同材质副线进行补强。局部接触线磨耗超过限界值,更换该锚段接触线
	接触线接头制作程序	检修标准: 正线接触线不允许有接头。侧线一个锚段内接触线接头的总数量应符合以下规定(不包括分段、分相及下锚接头)标准值:0 处。标准状态:0 处。警示值:1 处。限界值:2 处	检修方法: 在需做接头的导线两侧适当位置,安装紧线器,用手扳葫芦连接→紧手扳葫芦使两紧线器中间段线索卸载,并留出适当长度→用钢锯或断线钳截断,保证两接头面对齐→安装接触线接头线夹并检查接头状态,确认安装牢固可靠→慢慢卸下手扳葫芦使导线受力后再次紧固各部螺栓→拆除手扳葫芦及紧线工具→检查接头部位是否平滑并予以打磨
	检修完毕	确认修后设备质量良好,清点机具、材料齐全后,下作业平台(支柱)撤至安全地带报告工作领导人。等待作业组全体成员列队点名	

表 2-2-4　工具、耗材和备品清单

序号	名称	单位	数量	备注
1				
2				
3				
4				
5				
6				
7				
8				
9				

表 2-2-5　检查(测量)数据记录单

序号	检查项目	测量数据	设计值(状态)	是否需要调整
1	拉出值			
2	接触线高度			
3	接触线偏角			
4	接触线平直度			
5	磨耗			
6	接头线夹			
7	螺栓紧固力矩			

接触线检修作业评价记录见表 2-2-6。

表 2-2-6　接触线检修作业评价记录表

评价项点	评价标准	配分	得分	扣分原因
工具材料准备	检查、挑选工具和材料，缺 1 项扣 2 分	5		
数据测量	拉出值、接触线高度、接触线偏角、接触线平直度、磨耗、接头线夹、螺栓紧固力矩，1 项数据测量错误扣 3 分	20		
技术要求	接触线拉出值、之字值调整方法流程正确	10		
	接触线高度调整方法流程正确	10		
	接触线坡度调整方法流程正确	10		
	接触线偏角调整方法流程正确	10		
	接触线磨耗、损伤及补强调整方法流程正确	10		
安全及规范操作	①高处坠物 1 次扣 5 分； ②材料工具上下抛掷，1 次扣 5 分； ③工器具及零部件损坏扣 5 分； ④接触网上或线路上有遗留物件，每件扣 5 分； ⑤作业过程中发生危及人身安全情况，1 次扣 5 分； ⑥劳动保护用品不齐或未按要求使用，每项扣 1 分	25		
合计	作业时间：　　　分　　　秒	100		

知识链接

一、接触网常用工具使用方法

1. 激光测量仪

(1)使用前准备工作

①核对编号:检查测量仪主机与测量架编号是否一致,二者编号不一致严禁使用,如图 2-2-1 所示。

②检查绝缘:检查测量架底部绝缘是否良好,测量架底部绝缘破损可能短接钢轨产生红光带时严禁使用,如图 2-2-2 所示。

③检查试验测量架锁紧旋钮状态,如图 2-2-3 所示。

④检查测量架轨距滑块状态,如图 2-2-4 所示。

⑤检查试验主机与测量架可靠连接并锁紧,如图 2-2-5 所示。

⑥安装测量仪主机电池,如图 2-2-6 所示。

⑦将电源键从"0"拨至"1"处,如图 2-2-7 所示。

⑧按下"启动"键,如图 2-2-8 所示。

⑨转动镜头:根据主机显示屏提示将主机镜头向右转动,如图 2-2-9 所示。

⑩检查电量:按"菜单"键检查电池电量,如图 2-2-10 所示。

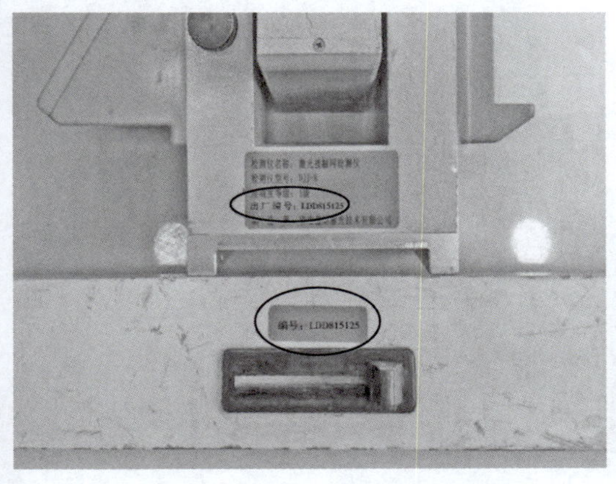

图 2-2-1　测量仪主机与测量架编号

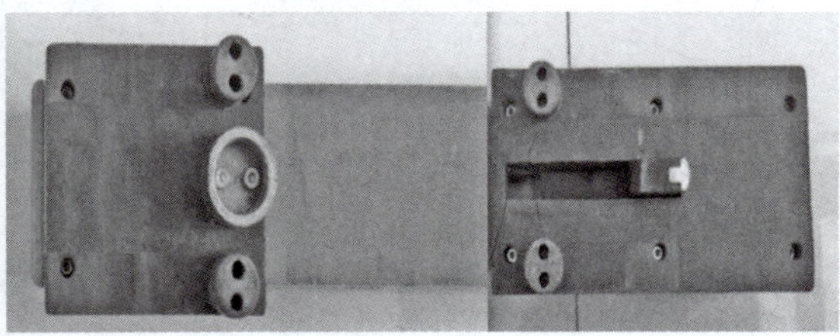

图 2-2-2　测量架底部绝缘

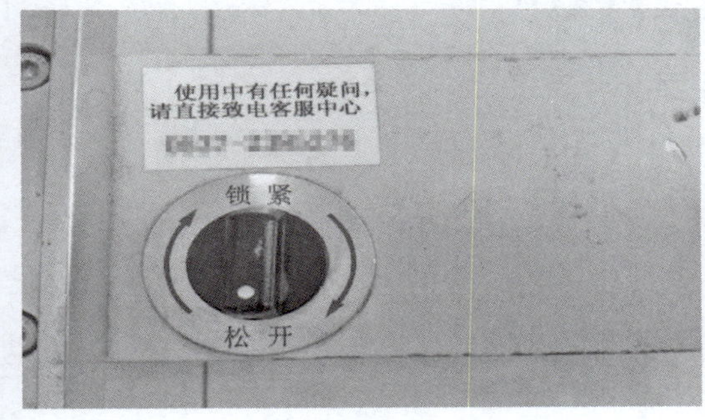

图 2-2-3　测量架锁紧

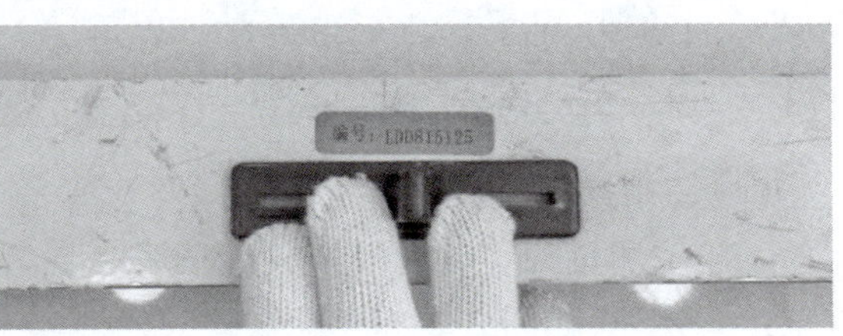

图 2-2-4　测量架轨距滑块

图 2-2-5　试验主机与测量架

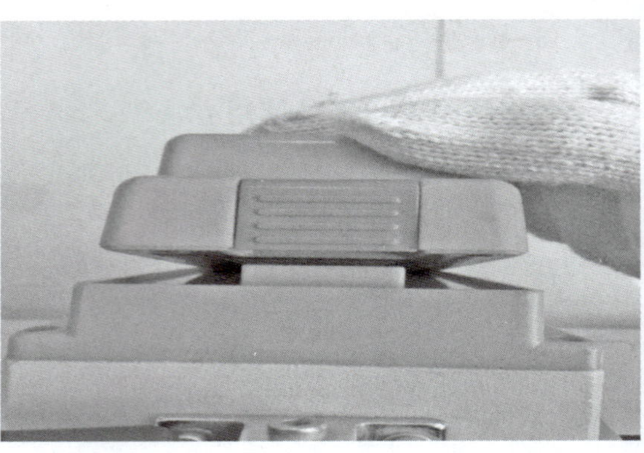

图 2-2-6　测量仪主机电池

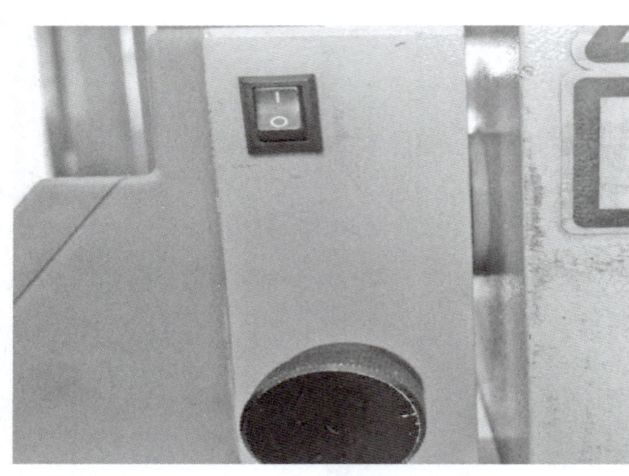

图 2-2-7　电源键

图 2-2-8　“启动”键

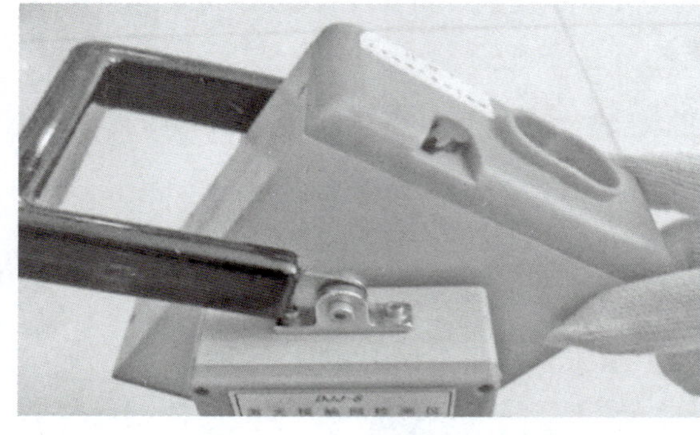

图 2-2-9　转动镜头

图 2-2-10　检查电量

（2）使用操作流程

①放置测量架。将测量架放置于钢轨上，先将左侧贴合到位，再将轨距滑块自左向右滑动直至顶紧钢轨，如图 2-2-11 所示。

②安装并开机。安装测量仪主机、锁紧后开机，如图 2-2-12 所示。

③正确放置激光测量仪。测量时，测量仪主机应位于靠近支柱侧，测量架轨距滑块应位于远离支柱侧。安装时测量仪主机在左手侧、主机显示屏朝向操作人员，测量架轨距滑块在右手侧，如图 2-2-13 所示。

④寻找测量目标。测量时可左右旋转主机镜头寻找目标，也可旋转“微调”旋钮寻找被测物，如图 2-2-14 所示。

⑤测量。测量仪主机显示屏中十字花对准被测物时即可开始测量作业，如图 2-2-15 所示。

⑥整理工具。作业结束，将激光测量仪装盒，如图 2-2-16 所示。

图 2-2-11　放置测量架

图 2-2-12　安装并开机

图 2-2-13　正确放置激光测量仪

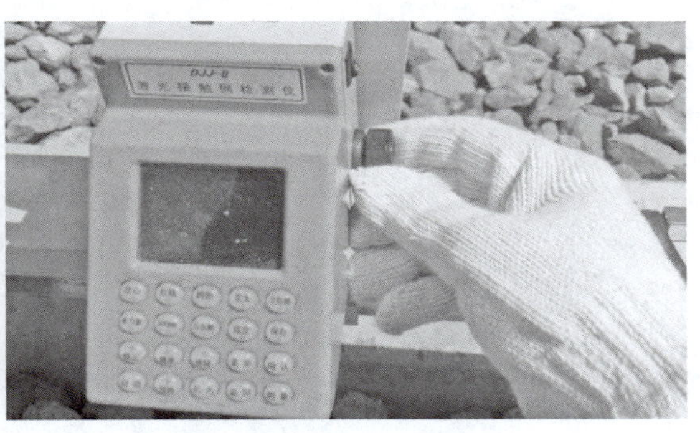

图 2-2-14　寻找测量目标

图 2-2-15　测量

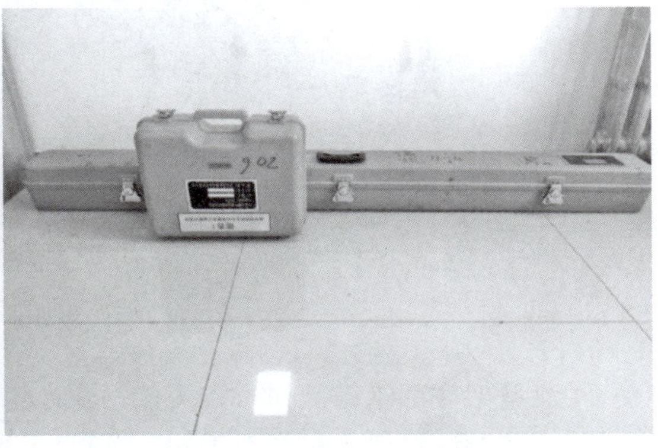

图 2-2-16　整理工具

(3)操作提示

①点亮长光。被测物不易在测量仪主机显示屏中观测时,可点按“长光”键,利用红外线进行定位,如图 2-2-17 所示。

②点亮背景灯。夜间无法看清按键时,可按住“长光”键唤起背景灯,再次按住“长光”键则关闭背景灯功能,如图 2-2-18 所示。

图 2-2-17　点亮长光

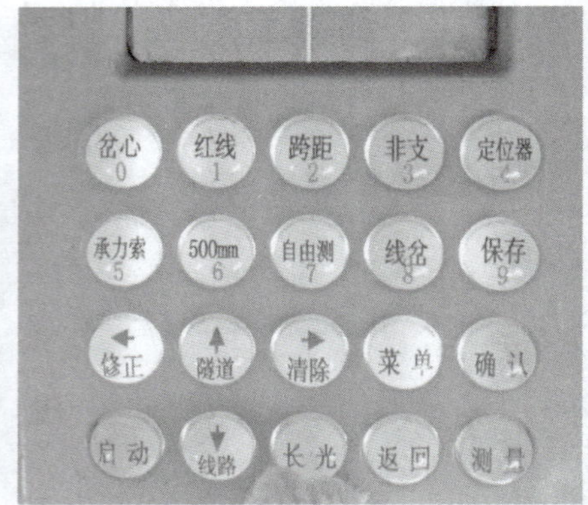

图 2-2-18　点亮背景灯

③安装遮光板。日间光线太强无法看清显示屏时,可安装遮光板,如图 2-2-19 所示。

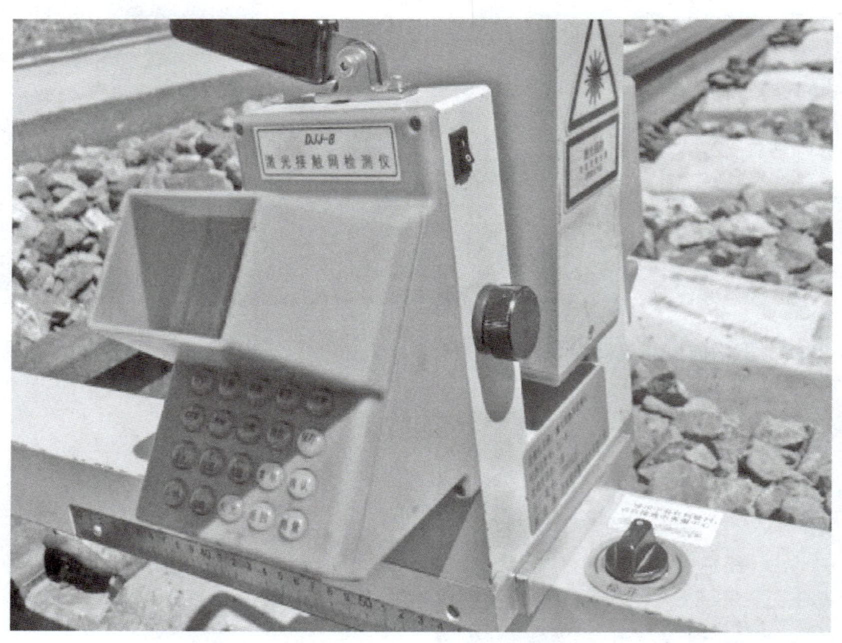

图 2-2-19　安装遮光板

④测量架底部绝缘破损可能短接钢轨产生红光带时严禁使用。

⑤安装时测量仪主机在左手侧、主机显示屏朝向操作人员,测量架轨距滑块在右手侧。

2. 手扳葫芦

(1)使用前准备工作

①使用前检查手扳葫芦量程，根据现场工作实际选取合适量程的手扳葫芦，如图 2-2-20 所示；图中手扳葫芦量程 1 $\frac{1}{2}$TON 代表手扳葫芦最大承载量为 1.5 t。

②检查手扳葫芦本体外观有无破损等明显缺陷，如图 2-2-21 所示。

③检查手扳葫芦链条有无破损、断裂，如图 2-2-22 所示。

④检查手扳葫芦制动保险是否卡在齿轮内，能否起到齿轮防脱作用，是否灵活无卡滞，如图 2-2-23 所示。

⑤检查手扳葫芦本体挂钩、链条挂钩有无破损、开裂，钩口处闭锁压板有无变形、弹簧失效现象，如图 2-2-24 所示。

⑥分别将摇把上方挡位调节销扳到 U(加载)挡、N(空)挡、D(卸载)挡进行扳动试验，观察摇把操作有无异常，如图 2-2-25 所示。

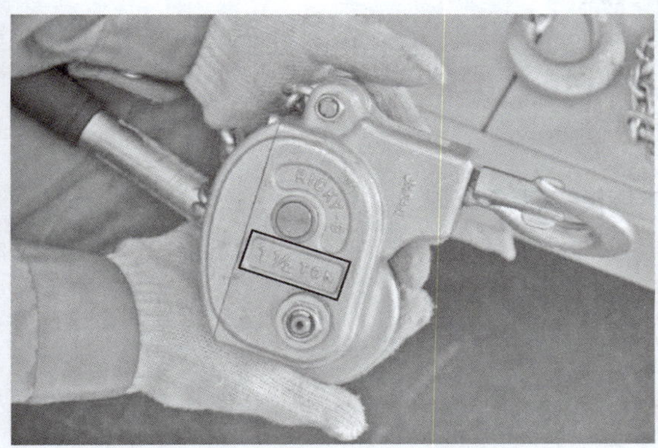

图 2-2-20　检查手扳葫芦量程

图 2-2-21　检查手扳葫芦本体

图 2-2-22　检查手扳葫芦链条

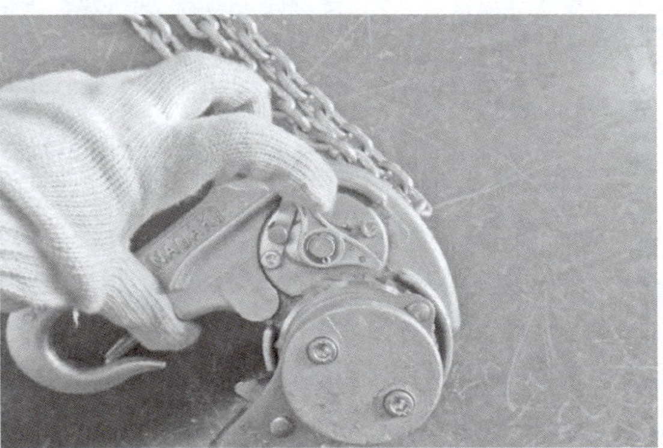

图 2-2-23　检查手扳葫芦制动保险

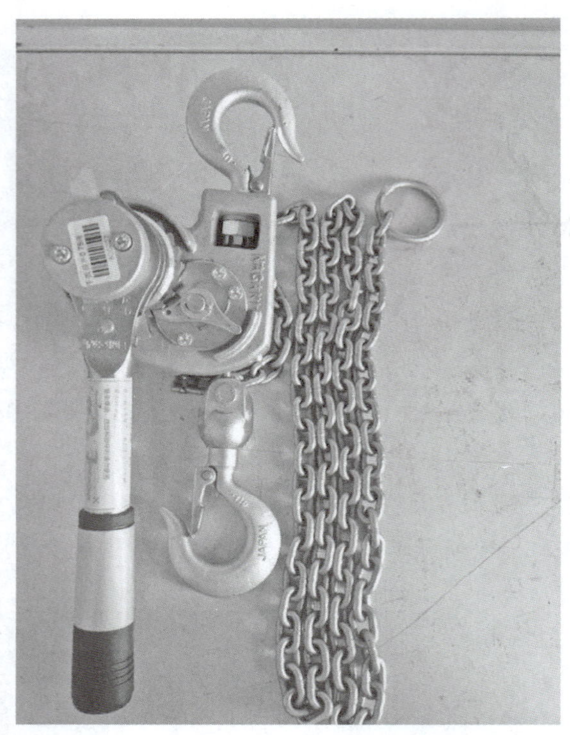

图 2-2-24　手扳葫芦本体挂钩、链条挂钩

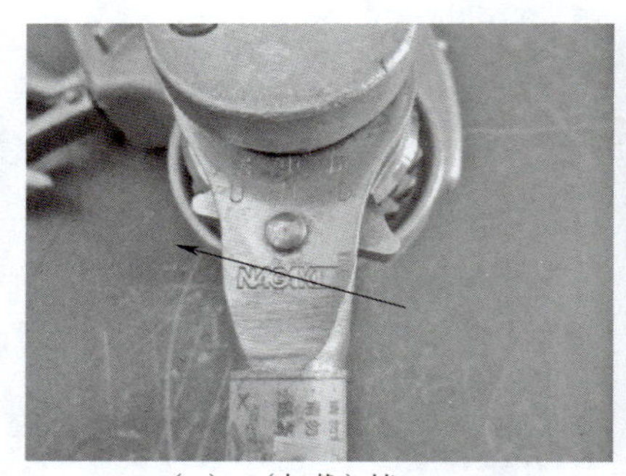

(a) U（加载）挡

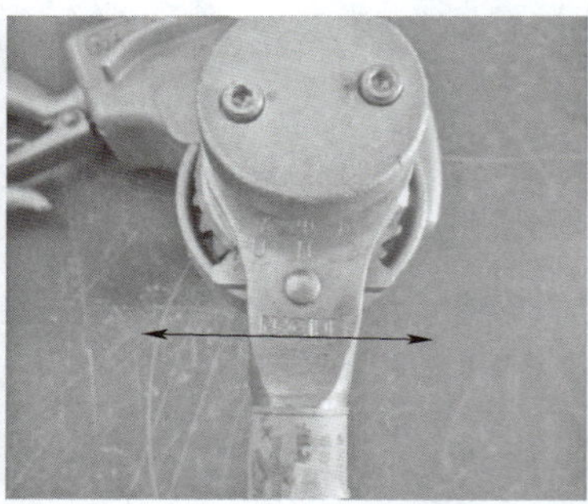

(b) N（空）挡

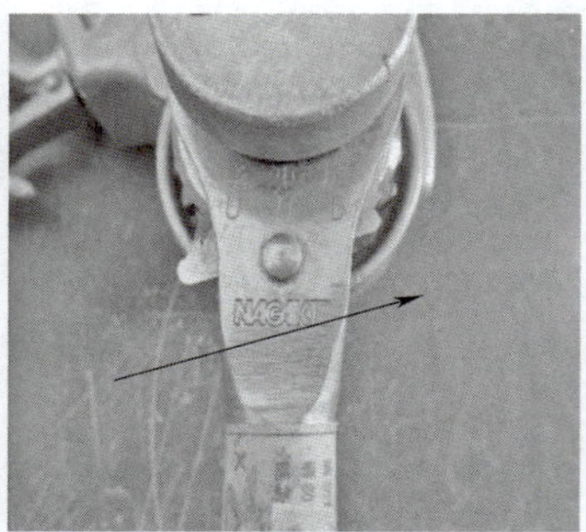

(c) D（卸载）挡

图 2-2-25　挡位调节

(2)使用操作流程

①调节手扳葫芦链条长度。将手扳葫芦挡位调节销调至N(空)挡,一人拿手扳葫芦本体扳动制动保险使制动保险离开齿轮;一人拉链条,将链条调至现场需要的长度,调节完成后松开制动保险卡住齿轮、将挡位调节销调至U(加载)挡,如图2-2-26所示。

②安装手扳葫芦两端挂钩。根据作业现场实际在需要卸载的设备两端安装紧线器或钢丝套后(图中以紧线器为例),将手扳葫芦本体挂钩、链条挂钩安装到位,如图2-2-27所示。

③加载。左右扳动手扳葫芦摇把,逐渐加力直至需卸载设备不受力,如图2-2-28所示。

④卸载。作业完成、无须手扳葫芦再受力时,将挡位调节销调至D(卸载)挡,左右扳动摇把

逐渐将手扳葫芦链条卸载，如图 2-2-29 所示。

⑤整理工具。作业结束，将手扳葫芦、紧线器（钢丝套）取下，整理归位，如图 2-2-30 所示。

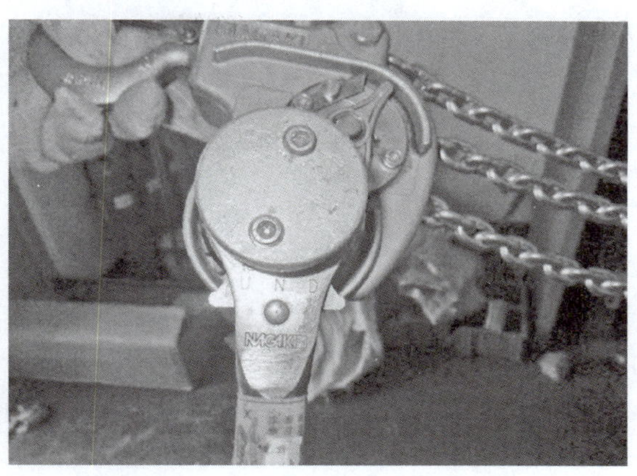

图 2-2-26　调节手扳葫芦链条长度

（a）安装手扳葫芦本体挂钩

（b）安装手扳葫芦链条挂钩

图 2-2-27　安装手扳葫芦两端挂钩

图 2-2-28　加载

图 2-2-29　卸载

图 2-2-30　整理工具

(3)操作提示

①调节时手扳葫芦本体侧的人员必须要握紧手扳葫芦摇把,防止摇把转动误伤自己。

②紧线时注意观察手扳葫芦链条状态,避免链条互相缠绕。

3. 高压绝缘电阻测试仪

(1)使用前准备工作

①准备数字高压绝缘电阻测试仪,如图 2-2-31 所示。

②检查主机外观无破损、检查电量充足、检查测试线数量正确、外观无破损,如图 2-2-32 所示。

③将红黑测试线分别插入到主机上对应颜色的孔位内,如图 2-2-33 所示。

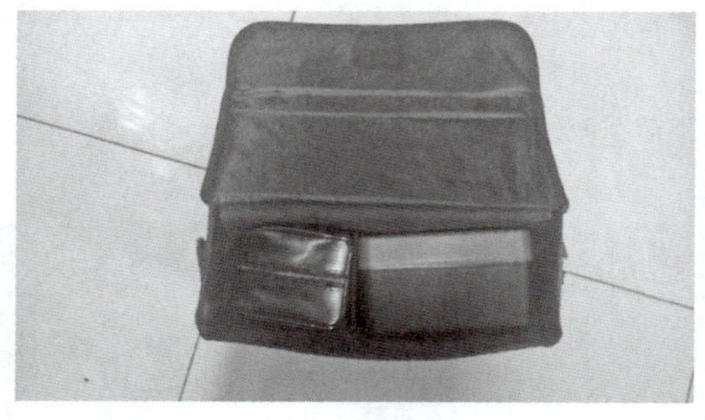

图 2-2-31　准备测试仪

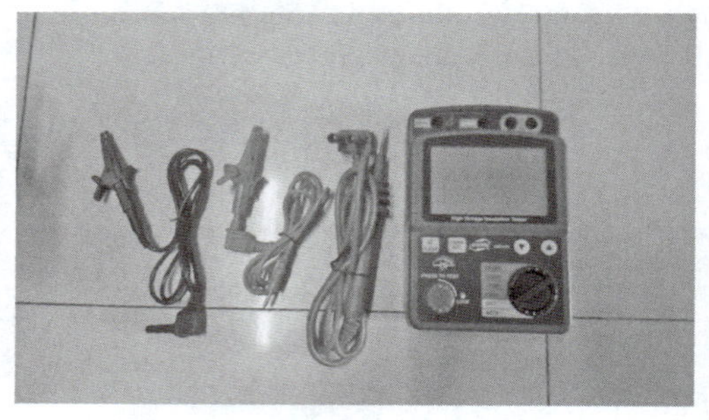

图 2-2-32　检测外观、电量及测试线

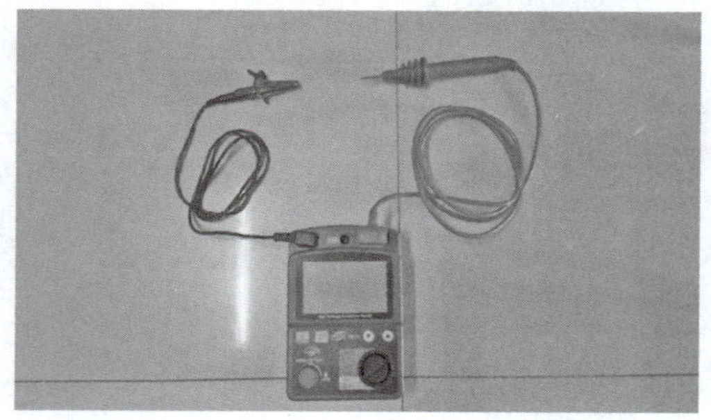

图 2-2-33　连接测试线

(2)使用操作流程

①把被测绝缘杆放置于对地绝缘的物体上,如图 2-2-34 所示。

②将黑色测试线夹在被测绝缘杆一端上,如图 2-2-35 所示。

③作业人员双手戴上绝缘手套,如图 2-2-36 所示。

④将绝缘电阻测试仪主机打到 2 500 V 挡位,如图 2-2-37 所示。

⑤作业人员手持红色测试笔贴于绝缘杆另一端,如图 2-2-38 所示。

⑥按住测试键,待读数稳定后松开测试键,数据稳定后显示数值即为被测绝缘杆的绝缘电阻值,若显示为"OL"则代表被测绝缘杆绝缘电阻值超出设备量程,即被测绝缘杆两极间绝缘电阻大于 100 GΩ,如图 2-2-39 所示。

⑦绝缘电阻测试仪测量完毕后需在仪器放电完成,屏幕显示"0 V"时方可拆除连接线,如图 2-2-40 所示。

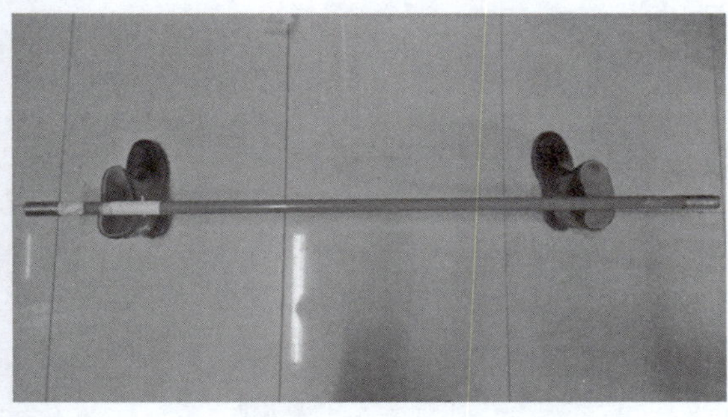

图 2-2-34　放置绝缘杆

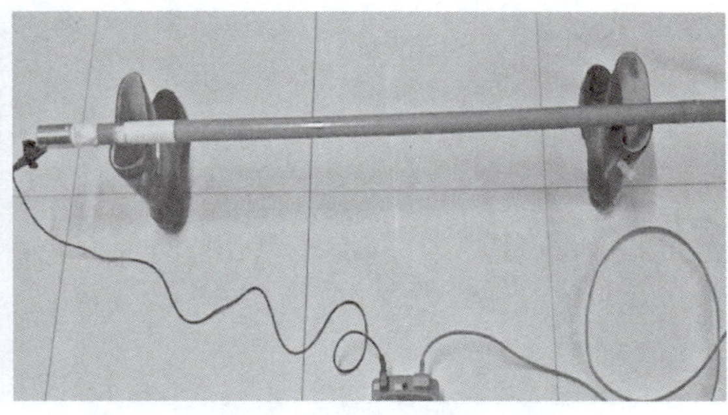

图 2-2-35　黑色测试夹连接

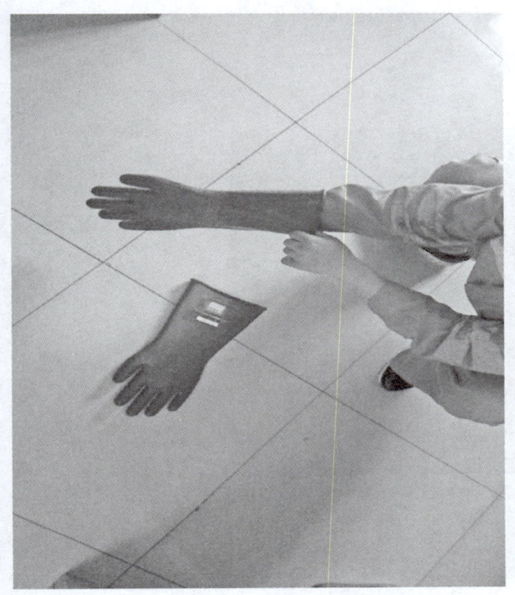

图 2-2-36　防护措施

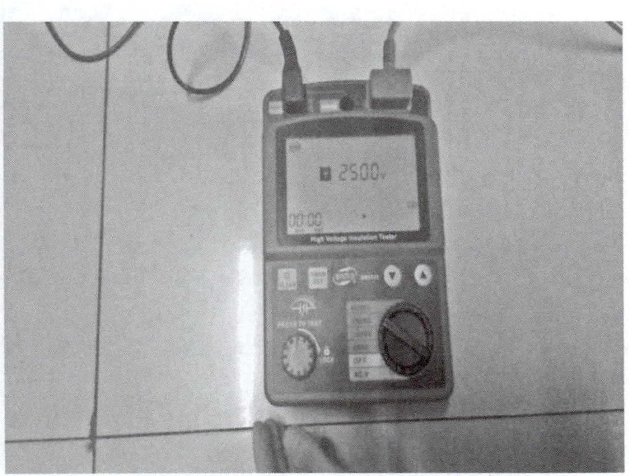

图 2-2-37　调节主机

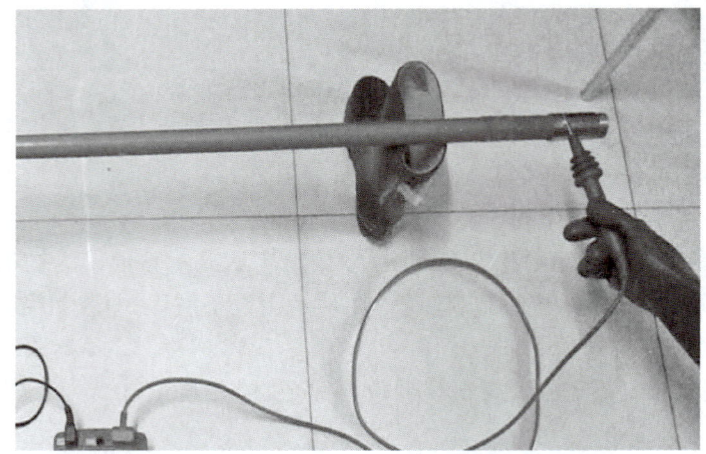

图 2-2-38　红色测试夹连接

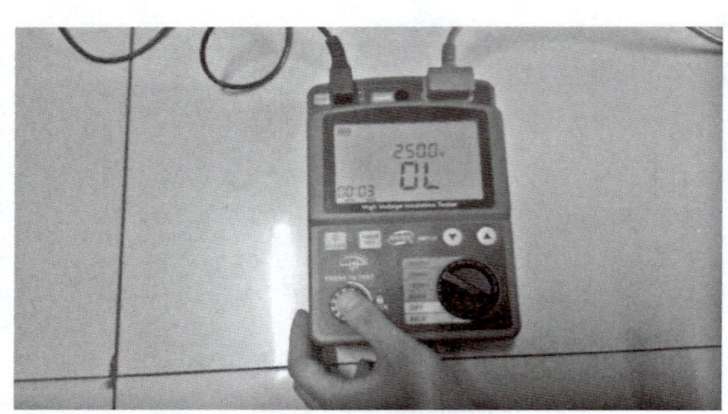

（a）开始测量

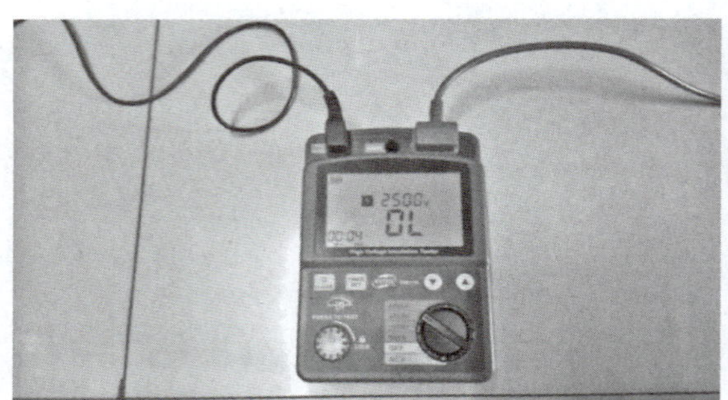

（b）测量结果

图 2-2-39　测量绝缘

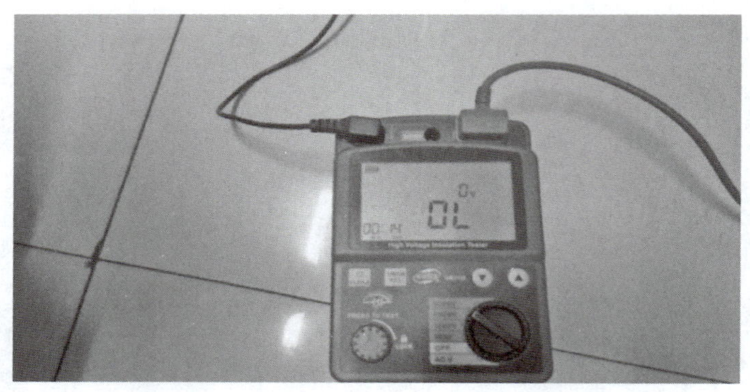

图 2-2-40　设备拆除

（3）操作提示

①测量电阻时待测电路必须完全放电，并且与电源电路完全隔离。

②绝缘工具每次使用前，须认真检查有无损坏，并用清洁干燥的抹布擦拭有效绝缘部分后，再用 2 500 V 兆欧表分段测量（电极宽 2 cm，极间距 2 cm）有效绝缘部分的绝缘电阻，不得低于

100 MΩ，或测量整个有效绝缘部分的绝缘电阻不低于 10 000 MΩ。

③绝缘电阻没有停止转动和被测物没有放电前不可触及被测物或进行拆除导线工作。

④使用绝缘电阻表需要对周围环境进行观察，不得在雷天或附近有高压、高温、易燃、易爆和强电磁场环境中存放或使用设备。

4. 紧线器

(1)使用前准备工作

①检查紧线器外观有无破损、裂纹，如图 2-2-41 所示。

②对紧线器进行开合试验，检查紧线器开合状态是否正常，如图 2-2-42 所示。

③检查紧线器夹持线材的锯齿面是否破损，如图 2-2-42 所示。

④检查紧线器保护锁是否损坏，闭锁过程有无影响使用安全的问题，如图 2-2-43 所示。

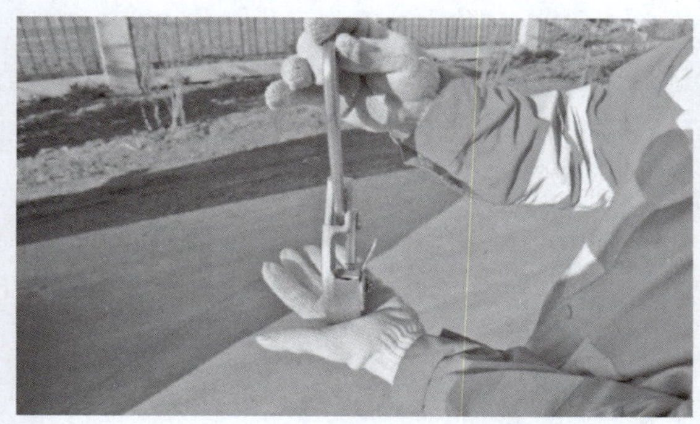

图 2-2-41　外观、开口检查

图 2-2-42　夹持口检查

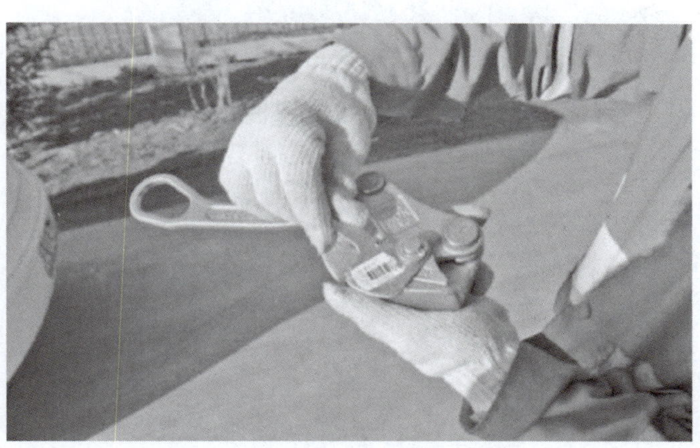

图 2-2-43　保护锁检查

(2)使用操作流程

①将紧线器与导线相连，如图 2-2-44 所示。

②检查连接是否牢固，有无横向滑移现象，如图 2-2-45 所示。

③转动保护锁，将导线与紧线器间的缝隙封住，如图 2-2-46 所示。

④打开保护锁、拆除紧线器。

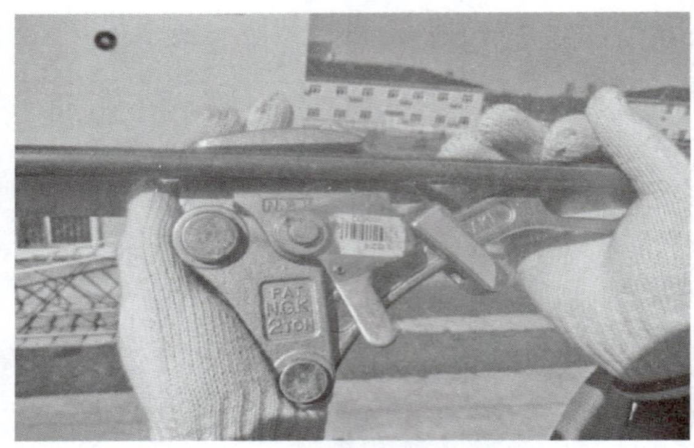

图 2-2-44　紧线器安装

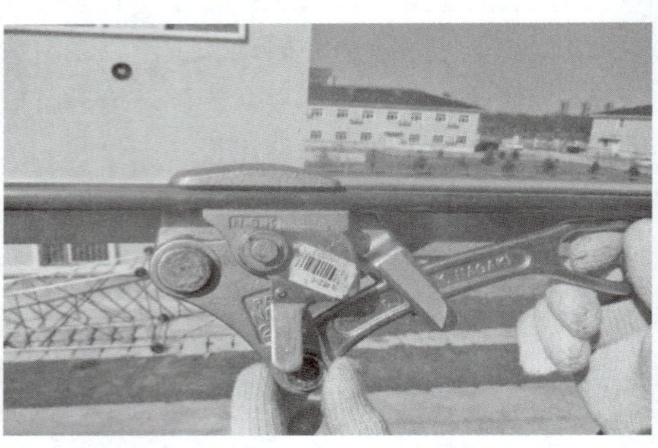

图 2-2-45　连接检查

图 2-2-46　启动保护锁

5. 力矩扳手

(1)使用前准备工作

①安装套筒,如图 2-2-47 所示。

②将旋钮逆时针旋转,调整到紧固位,如图 2-2-48 所示。

③力矩值调整至所需数值,如图 2-2-49 所示。

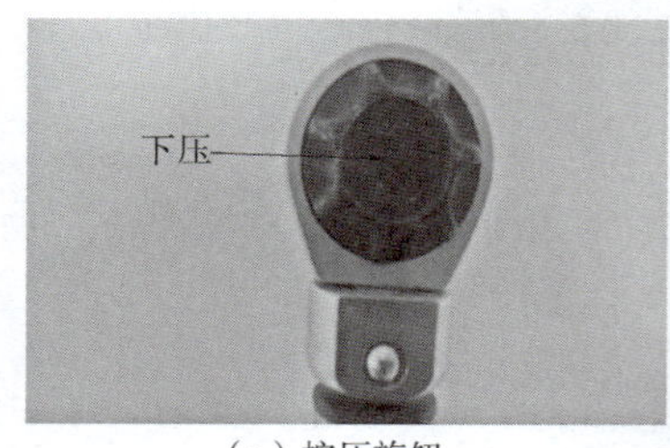

(a)按压旋钮

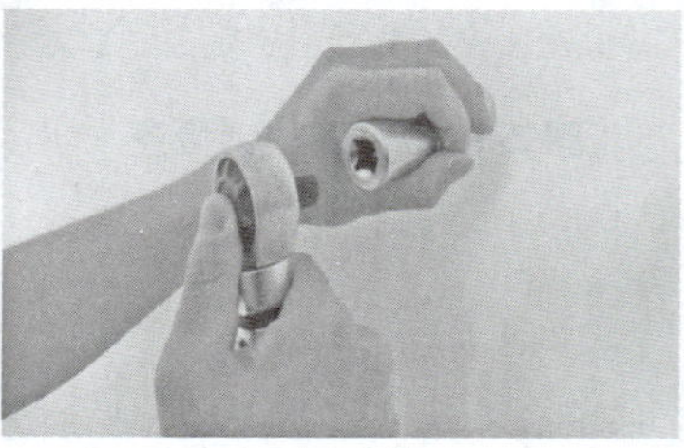

(b)对准套筒

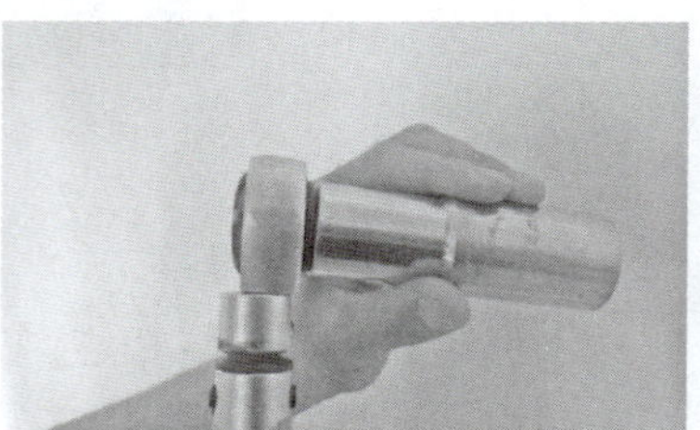

(c)连接套筒

图 2-2-47　安装套筒

（a）紧固

（b）松脱

图 2-2-48　调整旋钮

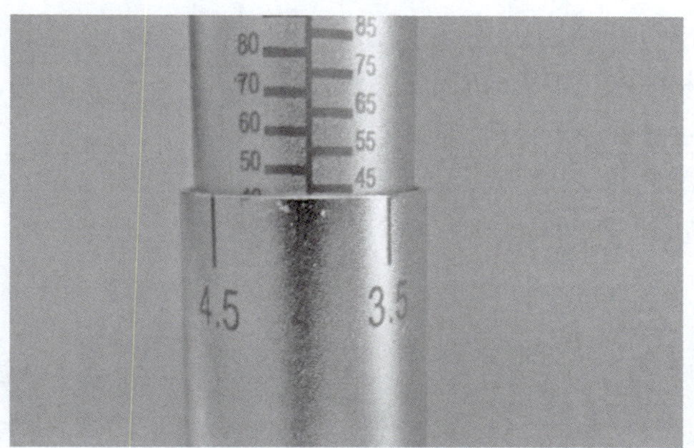

图 2-2-49　调整力矩值

（2）使用操作流程

①将套筒头套入需紧固的螺栓，如图 2-2-50 所示。

②顺时针旋转手柄，如图 2-2-51 所示。

③听到“咔哒”后，停止紧固，如图 2-2-52 所示。

图 2-2-50　套筒固定

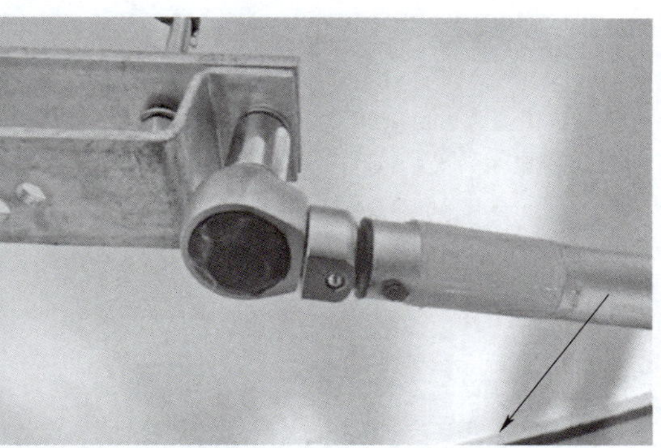
图 2-2-51　进行紧固

图 2-2-52　停止紧固

6. 验电器

(1)使用前准备工作

①选取与接触网相同电压等级的验电器验电,如图 2-2-53 所示。

②按下红色按钮进行验电器自检,如图 2-2-54 所示。

③有效绝缘部分测量,如图 2-2-55 所示。

④连接绝缘杆,如图 2-2-56 所示。

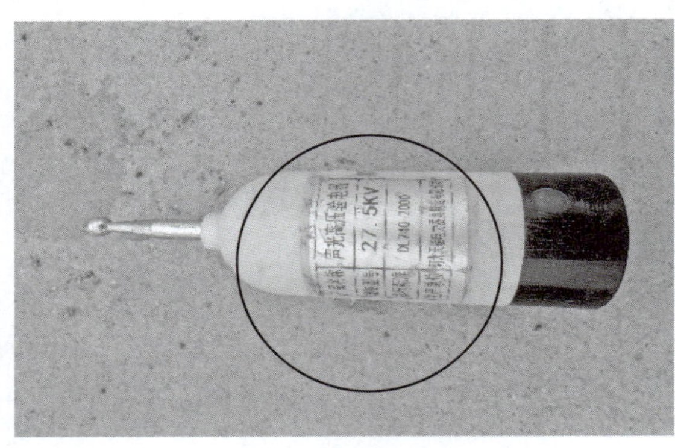

图 2-2-53　验电器选择(图中电压等级为 27.5 kV)

图 2-2-54　验电器自检

(a)有效绝缘部分擦拭

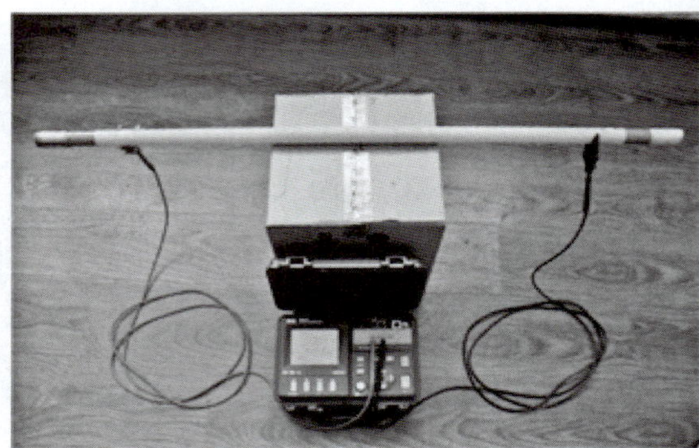

(b)测量绝缘电阻

图 2-2-55　有效绝缘部分测量

图 2-2-56　绝缘杆连接

(2)使用操作流程

①穿戴好绝缘靴、绝缘手套,如图 2-2-57 所示。

②将验电器顶端导体部分与被验电设备进行接触。如无声、光信号显示则表示无电,反之则表示被验电设备为带电设备,如图 2-2-58 所示。

图 2-2-57　绝缘防护

图 2-2-58　验电作业

二、常见缺陷及处理

1. 接触线弯曲、变形处理

接触线弯曲(见图 2-2-59):用接触线直弯器进行直弯,如图 2-2-60 所示。

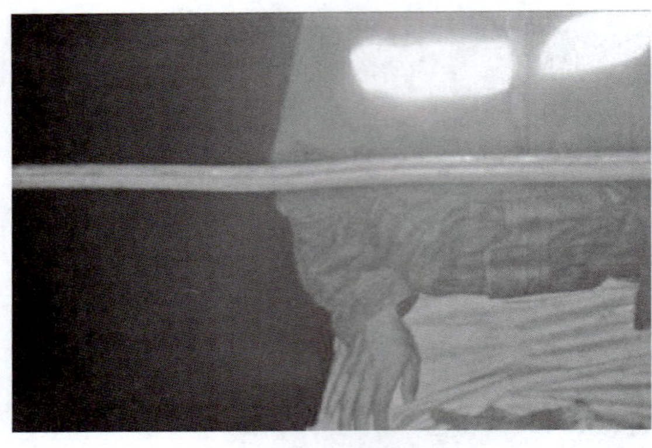

图 2-2-59　接触线弯曲图

图 2-2-60　接触线直弯器

(1)转动手轮打开接触线直弯器。

(2)在靠近弯曲接触线附近将接触线直弯器安装在接触线上,转动手轮关闭直弯器,直到将接触线推到和直弯器所有轮子接触,并使轮子方便移动即可。

(3)用手柄沿着要校直的接触线扭歪部位来回移动直弯器直至校直,如有必要,拧紧手轮重复操作,如图 2-2-61 所示。

图 2-2-61　接触线直弯器操作

(4)松开直弯器观察接触线平直状态,达不到要求时重复以上操作,直到接触线符合平直要求。

(5)操作完成后,打开手轮,从接触线上取下直弯器。

视频

接触线断线接头制作

2. 接触线接头制作方法

(1)在需做接头的导线两侧适当位置,安装紧线器,用手扳葫芦连接。

(2)操作手扳葫芦使两紧线器中间段线索卸载,并留出适当长度(注意当手扳葫芦受力加载的时候,需观察紧线器是否有滑动的迹象)。

(3)用钢锯或断线钳截断,保证两接头面对齐。

(4)安装接触线接头线夹并检查接头状态,确认安装牢固可靠。

(5)慢慢卸下手扳葫芦使导线受力后再次紧固各部位螺栓(见图 2-2-62)。

(6)拆除手扳葫芦及紧线工具。

(7)检查接头部位是否平滑并打磨,完成接头线夹安装(见图 2-2-63)。

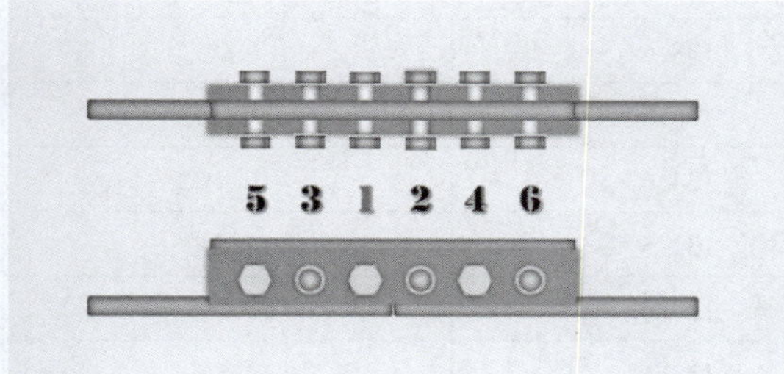

图 2-2-62　接触线接头线夹螺栓紧固顺序

图 2-2-63　接头线夹安装完的状态

3. 接触线补强方法

(1)导线磨耗测量标准(以 150 mm^2 导线为例),使用数显游标卡尺纵向垂直导线测量,测量 H 值(原始值为 14.4 mm),磨耗值 $A=14.4-H$,如图 2-2-64 所示。表 2-2-7 为 CTMH150 磨耗换算表。表 2-2-8 为接触线允许最大局部磨耗面积。

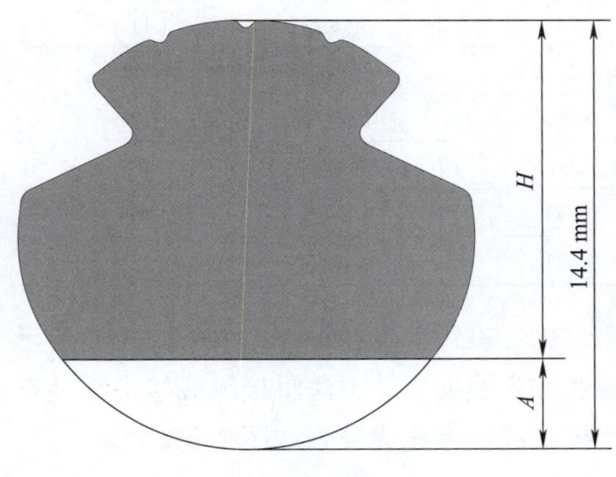

图 2-2-64　接触线磨耗测量

表 2-2-7　CTMH150 磨耗换算表

序号	磨耗 A 值(mm)	截面积 S(mm^2)	磨耗百分比(%)
1	0	150.3	0.0%
2	0.2	149.9	0.3%
3	0.4	149.1	0.8%
4	0.6	148	1.5%
5	0.8	146.8	2.3%
6	1	145.4	3.3%

续表

序号	磨耗 A 值(mm)	截面积 S(mm^2)	磨耗百分比(%)
7	1.2	143.9	4.3%
8	1.4	142.2	5.4%
9	1.6	140.5	6.5%
10	1.8	138.6	7.8%
11	2	136.6	9.1%
12	2.2	134.6	10.4%
13	2.4	132.5	11.8%
14	2.6	130.3	13.3%
15	2.8	128.1	14.8%
16	3	125.8	16.3%
17	3.2	123.4	17.9%
18	3.4	121	19.5%

表 2-2-8　接触线允许最大局部磨耗面积

设计速度(km/h)	导线材质	工作张力(kN)	标准值	警示值	限界值
200～250	CTS		无磨损	15%	20%
300～350	CTSH-150	28.5	无磨损	11%	15%
	CTMH-150	28.5	无磨损	17%	23%
	CTMH-150	30	无磨损	14%	19%
	CTCZ-150	31.5	无磨损	19%	25%
	CTCZ-150	33	无磨损	16%	21%
	RiM 120	27	无磨损	13%	17%

(2)当接触线局部磨耗、损伤面积≤20%,若只发生在一点,如图 2-2-65 所示,在此处加一个接触线接头线夹进行补强,根据接触线接头线夹安装方法将接触线接头线夹安装在接触线缺陷位置,按照设计力矩进行紧固。单个接触线接头线夹补强如图 2-2-66 所示。

图 2-2-65　接触线磨损

图 2-2-66　单个接触线接头线夹补强

(3)若磨耗损伤为一个范围,在磨耗、损伤范围外两端用两个接头线夹及同材质副线进行加强,如图 2-2-67 所示,补强方法如下:

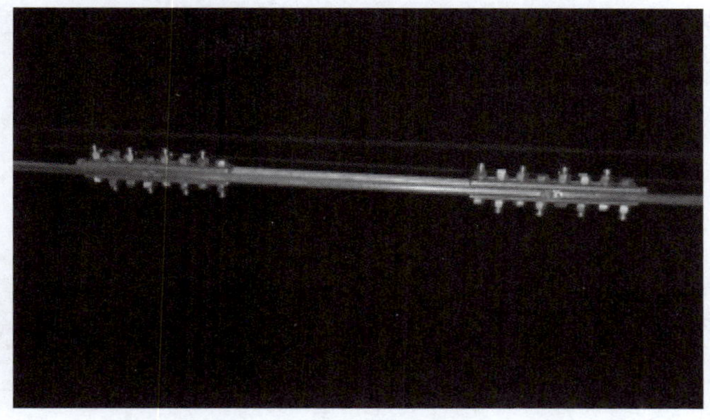

图 2-2-67　两个接触线接头线夹补强

①根据接触线损伤长度截取同型号接触线,截取的接触线副线长度 = 接触线损伤长度 + 两端接头线夹长度之和。

②根据接触线接头线夹安装方法将接触线接头线夹安装在接触线缺陷位置,按照设计力矩进行紧固。

视频

锥套式接触线终端锚固线夹制作

三、接触线终端锚固线夹安装

1. 用途

锥套式接触线终端锚固线夹用于接触线终端锚固处。

2. 构成

接触线终端锚固线夹如图 2-2-68 所示。

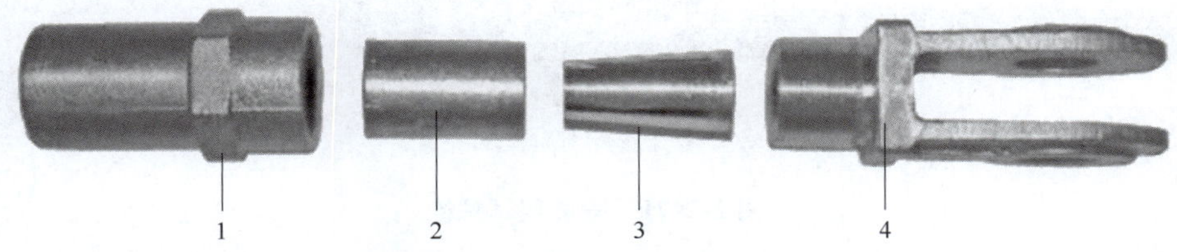

图 2-2-68　接触线终端锚固线夹

1—螺纹套筒;2—楔套;3—楔子;4—双耳螺栓

3. 安装

终端锚固线夹的安装通常是在接触线落锚时进行。

(1)注意事项

①线夹中楔子在没有损伤的情况下可以重复使用 2 次,其他部件可以多次使用,但受损部件不得重复使用。

②接触线端头 200 mm 范围应平直、无毛刺、无损伤、无油脂。

③线夹紧固时,应将螺纹套筒固定,转动双耳螺栓。

④必须使用专用力矩扳手卡在双耳螺栓四方面上,禁止在双耳或耳孔内施力。

(2)安装过程

①检查零件是否齐全、完好,查看楔子及楔套标识是否与使用线型相符。

②先将接触线端头 200 mm 范围进行矫直(矫直导线后再进行裁剪会更容易些),并加以修整,在距端头 45 ~ 50 mm 位置做标记线。

③由接触线端头依次套入螺纹套筒、楔套、楔子,将楔子大端与标记线对齐,如图 2-2-69 所示。

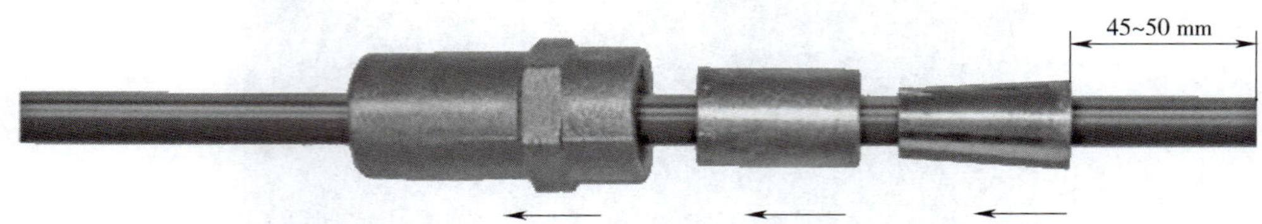

图 2-2-69　终端锚固线夹安装顺序

④固定楔子,将楔套套在楔子上,并用工具适当敲击楔套使之压紧楔子,如图 2-2-70 所示。

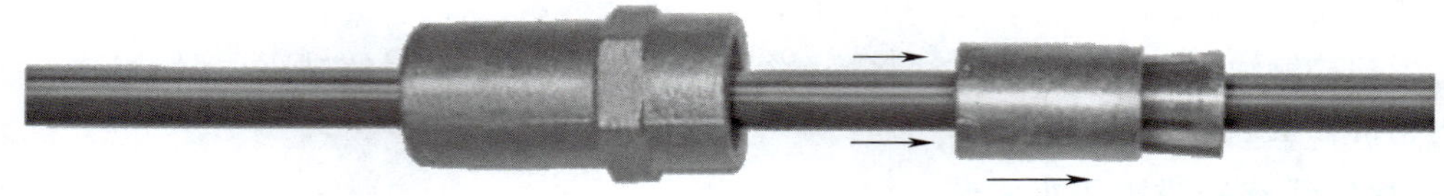

图 2-2-70　固定楔子

⑤套上并稳住螺纹套筒,将双耳螺栓旋入螺纹套筒中,如图 2-2-71 所示。

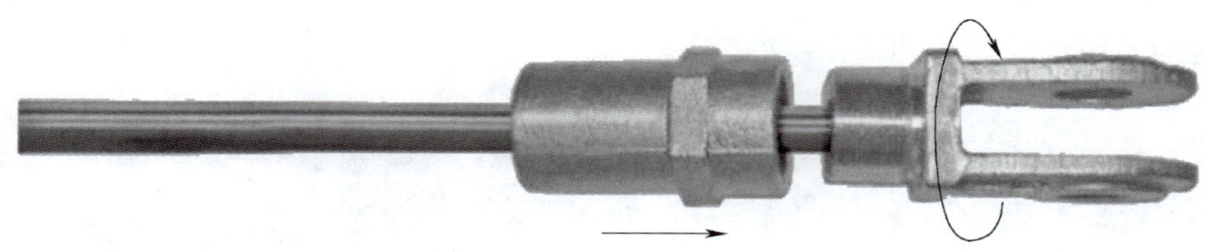

图 2-2-71　安装双耳螺栓

⑥固定螺纹套筒,用专用力矩扳手紧固双耳螺栓至 80 N·m。注意在最终紧固之前应避免线夹受到振动,以防止楔套及导线松脱。紧固过程中螺纹套筒不得移动或转动。最后用销钉将终端锚固线夹与绝缘子相连,装好开口销,如图 2-2-72 所示。

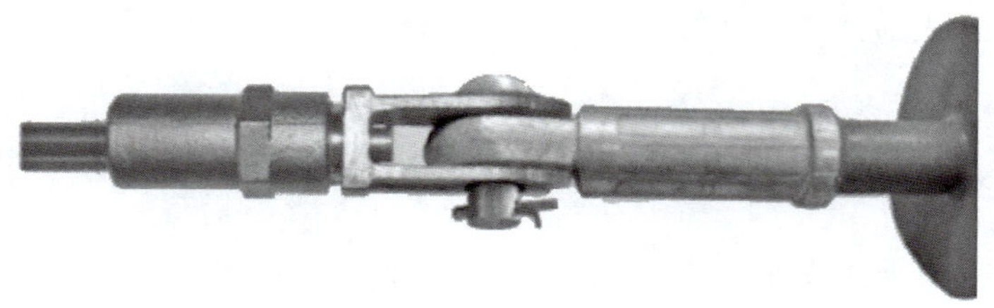

图 2-2-72　终端锚固线夹与绝缘子相连

(3)安装后检查

①双耳底部接触线露出长度约为 10 mm(以便后期检查),严禁露头过长或过短,如图 2-2-73 所示。

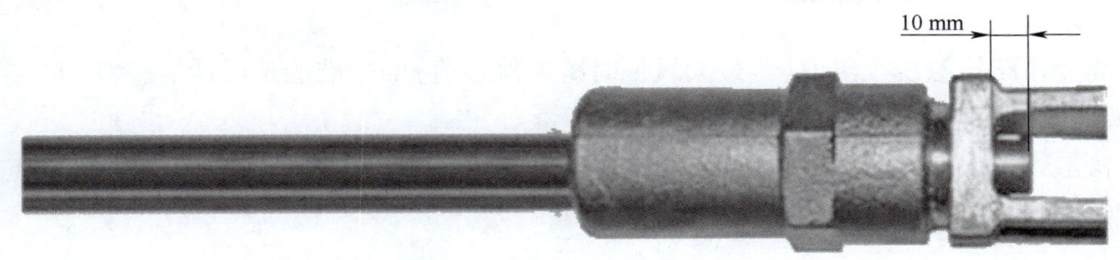

图 2-2-73　双耳底部接触线露出长度

②线夹紧固力矩应符合规定的力矩值。

③在工作张力下,再次查看线头露出长度,若有变化应查找原因,进行二次紧固后做好记录。

(4)使用工具

扳手、专用力矩扳手、手钳、断线钳,胶带、锉刀等。

巩固练习

一、单选题

1. 列车运行速度 200 km/h 及以上区段的接触线拉出值的警示值为(　　)。

A. 400 mm　　B. 450 mm

C. 标准值 ±30 mm　　D. 500 mm

2. 列车运行速度 200 km/h 及以上区段的接触线拉出值的限界值为(　　)。

A. 400 mm　　B. 450 mm

C. 标准值 ±30 mm　　D. 500 mm

3. 列车运行速度 200 km/h 及以上区段的接触线高度的限界值为(　　)。

A. 设计值　　B. 6 000 mm

C. 标准值 ±100 mm 且小于 6 500 mm　　D. 标准值 ±60 mm

4. 列车运行速度 200 km/h 及以上区段的接触线高度的警示值为(　　)。

A. 设计值　　B. 6 000 mm

C. 标准值 ±100 mm 且小于 6 500 mm　　D. 标准值 ±60 mm

5. 列车运行速度 200 ~ 250 km/h 区段的接触线坡度的标准值为(　　)。

A. ≤1‰　　B. ≤1.5‰　　C. ≤2‰　　D. ≤2.5‰

6. 列车运行速度 250 km/h 以上区段的接触线坡度的标准值为(　　)。

A. ≤1‰　　B. ≤0‰　　C. ≤1.5‰　　D. ≤2‰

7. 列车运行速度 200 km/h 及以上区段的接触线偏角的警示值为(　　)。

A. 设计值　　B. 标准值 ±1°且≤4°

C. ≤6°　　D. 8°

8. 检查接触线与检测尺之间的间隙,其间隙不得大于(　　)。

A. 0.4 mm/m　　B. 0.3 mm/m　　C. 0.2 mm/m　　D. 0.1 mm/m

二、判断题

1. 接触线应采用铜合金材质，容许载流量符合运能需要。 （ ）

2. 接触线架设张力应根据线材材质、额定张力等因素选取，且不应小于线盘绕线张力，架设张力偏差不得大于8%。 （ ）

3. 高速铁路接触线拉出值（含最大风偏时跨中偏移值）的标准值是设计值。 （ ）

4. 高速铁路正线接触线不允许有接头。 （ ）

5. 接触线局部磨耗达到或超出限界值，立即进行更换；达到或超出警示值，进行重点监控，纳入三级修（精测精修）更换。 （ ）

学习情境二　承力索检修作业

学习情境描述

大风阵雨天气，大风将通信基站铁塔上的鸟巢吹落后，树枝被风刮至铁路线上，短接正馈线（AF 线）与接触网承力索（55 kV），造成断路器短路跳闸。抢修人员临时处理后恢复送电。此次跳闸影响供电 3 h 54 min。

想一想：作为接触网工，你应该如何顺利完成本次检修作业？

学习目标

通过本情境的学习，掌握承力索检修作业标准和流程，并能配合作业组成员完成承力索的检修作业。

任务书

承力索检修作业任务书见表2-2-9。

表2-2-9　承力索检修作业任务书

作业任务		日　期	
班　组		计划作业时间	
组　长		计划完成时间	
作业地点			
作业内容			
安全风险点			
防控措施			
作业过程督查意见			

任务分组

学生任务分配表见表 2-2-10。

表 2-2-10　学生任务分配表

班　级			日　期	
班　组			组　长	
班组成员	姓　名	任务角色	任务分工	

工作实施

承力索检修作业工作实施过程见表 2-2-11。

表 2-2-11　承力索检修作业工作实施过程表

安全风险点及防控措施	作业步骤	作业内容及检修标准	任务完成（检修方法）
①高空作业人员作业时要认真分析承力索受力方向，避免线索弹回伤人； ②检查时禁止作业人员踩踏接触线和定位器； ③检查中，载流承力索区段要进行手触式检查，便于及时发现线索上方的断股、损伤； ④进行承力索调整工作时，要有防止线索滑脱的措施，且人员不宜位于线索受力方向的反侧；	检修前准备	到达作业现场，确认作业范围，检查作业所需工具、材料是否齐全，安全用具状态是否良好，在田野侧（安全地带）集中待命，接到工作领导人“安全措施采取完毕，可以开始作业”命令即可开始检修作业	填写工具、耗材和备品清单，见表 2-2-12
	检查测量	承力索位置→承力索磨耗及损伤→承力索接头和断股补强→承力索交叉点→承力索对地绝缘距离→承力索终端锚固线夹	填写检查（测量）数据记录单，见表 2-2-13
	承力索位置检修	检修标准： 标准值：直链型悬挂位于接触线正上方。曲线区段承力索与接触线之间的连线垂直于轨面连线。标准状态：标准值 ± 50 mm。警示值：直线区段标准值 ±150 mm；曲线区段允许向曲线内侧偏移 100 mm。限界值：标准值 ±200 mm	检修方法： 当承力索位置不符合标准，按照安装图确定调整方向和调整量，做好防滑移措施后（曲线段防止向受力方向反侧窜动、滑脱），松开承力索座盖板螺栓，将承力索从承力索座内抬出，使用橡皮锤敲击调整到标准位置，再将承力索放入承力索座线槽中，按标准力矩紧固螺栓
	承力索磨耗及损伤检修	检修标准： 标准值：无损伤。 标准状态：无损伤。 警示值：无散股、损伤 3 股。 限界值：断股	检修方法： ①承力索损伤后不能满足该线通过的最大电流时，若系局部损伤，可以加电气补强线，若系普遍损伤则应更换； ②承力索损伤后不能满足规定的机械强度安全系数时，可以加补强线或切除损坏部分重新接续，若系普遍损伤则应更换；

续表

<table>
<tr><th>安全风险点及防控措施</th><th>作业步骤</th><th>作业内容及检修标准</th><th>任务完成(检修方法)</th></tr>
<tr><td rowspan="3">⑤承力索补强要使用承力索中心锚结线夹或承力索并沟线夹,不得用钢线卡子;
⑥做接头时,紧线后一定要确认手扳葫芦和紧线器的工作状态;接头完成后,确认线夹安装牢固后,方可缓慢卸载手扳葫芦,不得发生冲击。在卸载手扳葫芦时要注意接头线夹状态,发现异常立即停止工作并进行处理;
⑦截断承力索时,辅助人员一定要扶住线索,防止线断时弹起伤人</td><td>承力索磨耗及损伤检修</td><td>检修标准:
标准值:无损伤。
标准状态:无损伤。
警示值:无散股、损伤3股。
限界值:断股</td><td>③承力索在悬吊滑轮处应转动灵活、无卡滞,悬吊滑轮与线索相匹配;
④承力索在承力索座、悬吊滑轮等处悬吊固定时,应加装与承力索材质匹配的预绞式护线条</td></tr>
<tr><td>承力索接头和断股补强检修</td><td>检修标准:一个锚段内,承力索接头和断股补强的总数量应符合以下规定(不包括分段及下锚接头)。
标准值:0处。
标准状态:0处。
警示值:2处。
限界值:4处。
承力索的接头距悬挂点应不小于2 m,同一跨距内不允许有2个接头</td><td>检修方法:
①承力索接头制作程序:在需做接头的导线两侧适当位置,安装紧线器,用手扳葫芦连接→紧手扳葫芦使两紧线器中间段线索卸载,并留出适当长度→用细绑线在需切断处两边缠2~4圈,然后切断→制作承力索接头→安装连接部件→检查接头状态,确认安装牢固可靠后,卸载手扳葫芦拆除工具;
②承力索补强:将预绞式护线条中心线与损伤位置对齐,依次进行缠绕</td></tr>
<tr><td>检修完毕</td><td>确认修后设备质量良好,清点机具、材料齐全后,下作业平台(支柱)撤至安全地带报告工作领导人。等待作业组全体成员列队点名</td><td></td></tr>
</table>

表 2-2-12　工具、耗材和备品清单

序号	名称	单位	数量	备注
1				
2				
3				
4				
5				
6				
7				
8				
9				
10				

表 2-2-13　检查(测量)数据记录单

序号	检查项目	测量数据	设计值(状态)	是否需要调整
1	承力索位置			
2	承力索磨耗及损伤			
3	承力索接头和断股补强			
4	承力索交叉点			

续表

序号	检查项目	测量数据	设计值(状态)	是否需要调整
5	承力索对地绝缘距离			
6	承力索终端锚固线夹			
7	螺栓紧固力矩			

评价反馈

承力索检修作业评价记录见表 2-2-14。

表 2-2-14　承力索检修作业评价记录表

评价项点	评价标准	配分	得分	扣分原因
工具材料准备	检查、挑选工具和材料,缺 1 项扣 2 分	5		
数据测量	承力索位置、磨耗及损伤、接头和断股、螺栓紧固力矩,1 项数据测量错误扣 3 分	20		
技术要求	承力索位置调整方法流程正确	15		
	承力索磨耗及损伤调整方法流程正确	10		
	承力索接头调整方法流程正确	15		
	承力索断股补强调整方法流程正确	10		
安全及规范操作	①高处坠物 1 次扣 5 分; ②材料工具上下抛掷,1 次扣 5 分; ③工器具及零部件损坏扣 5 分; ④接触网上或线路上有遗留物件,每件扣 5 分; ⑤作业过程中发生危及人身安全情况,1 次扣 5 分; ⑥劳动保护用品不齐或未按要求使用,每项扣 1 分	25		
合计	作业时间:　　分　　秒	100		

知识链接

一、承力索接头线夹安装方法

1. 旋开承力索接头线夹

对接头线夹规格型号及外观进行检查,确认与承力索型号一致,无裂纹和损伤,旋开接头线夹取出线夹内的楔子。承力索接头线夹如图 2-2-74 所示。

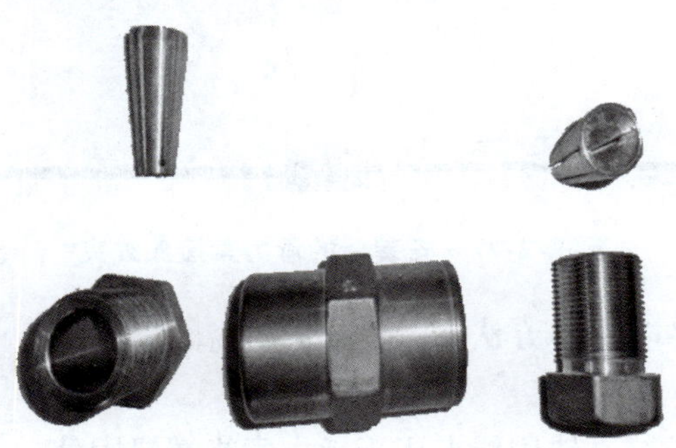

图 2-2-74　承力索接头线夹

2. 穿线

将接头的承力索端部绑扎后剪成齐头，用钢锉锉平，达到光滑无毛刺；将左、右锥筒螺栓分别套入两边的承力索断头上，丝口向外。

用木锤轻轻垂直敲打锥筒螺栓，使承力索断头向线夹内穿，绞线端部的绑扎线随之向上移动，留在线夹外面。

3. 穿楔子

将楔子由细端穿到承力索绞线上，两手配合，一手向外拉承力索，一手顶紧锥筒螺栓，使楔子平端部外露于绞线端部 2 mm，如图 2-2-75 所示。

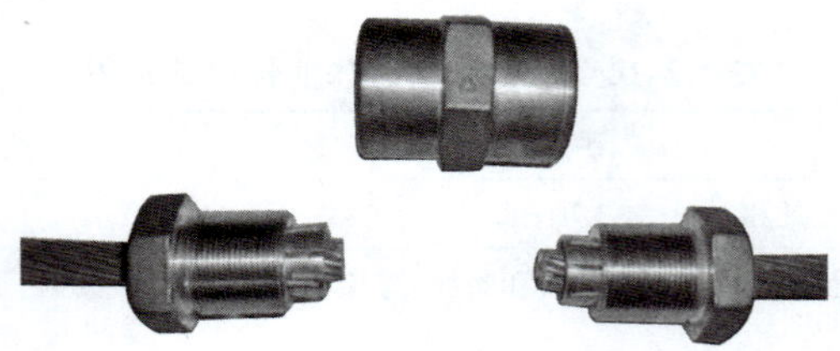

图 2-2-75　承力索接头线夹穿线、穿楔子

4. 紧固接头线夹

两人配合把左、右锥筒螺栓对准线夹本体，先用手拿住左、右两锥筒螺栓，旋转线夹本体逐渐旋进线夹本体，直至用手旋不动为止。

再用三把 450 mm 扳手，其中二把分别卡住接头线夹的左、右锥筒螺栓六棱上，另一把扳手卡住线夹本体，两边扳手不动，中间扳手旋转紧固；用力矩扳手复合紧固力矩，使达到标准要求力矩，如图 2-2-76 所示。

图 2-2-76　紧固接头线夹

5. 完成安装

接头完毕，拆除留在楔套外边绞线上的绑扎线，如图 2-2-77 所示。

图 2-2-77　安装后的承力索接头线夹

视 频

锥套式承力索终端锚固线夹制作

二、承力索终端制作方法（锥套式终端锚固线夹）

1. 用途

锥套式承力索终端锚固线夹用于承力索终端锚固处。

2. 构成

承力索终端锚固线夹如图 2-2-78 所示。

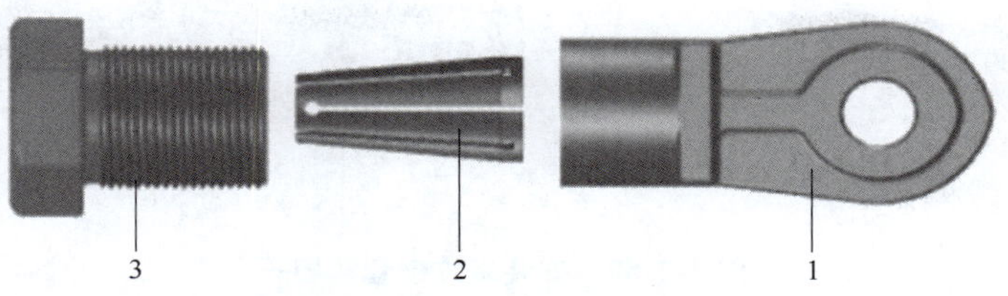

图 2-2-78 承力索终端锚固线夹

1—终端双耳;2—螺纹楔套;3—楔子

3. 安装

承力索终端锚固线夹安装通常是在承力索落锚时进行。

(1)注意事项

①线夹中楔子在没有损伤的情况下可以重复使用 2 次,其他部件可以多次使用,受损部件不得重复使用。

②承力索端头 200 mm 范围应平直、无毛刺、无损伤、无油脂。

③线夹紧固时,应固定住螺纹楔套,旋转终端双耳。

④应使用专用力矩扳手卡在终端双耳四方处,禁止在双耳上或耳孔内施扭力。

(2)安装过程

①检查零件是否齐全、完好,查看楔子及螺纹楔套的标识是否与使用线型相符。

②根据安装位置截取承力索,对裁剪后线头应平整无散股。在距线头 15 ~ 17 mm 位置做标记线,如图 2-2-79 所示。

注意裁线时应对截剪部位两侧进行绑扎,防止线头散开或变形。

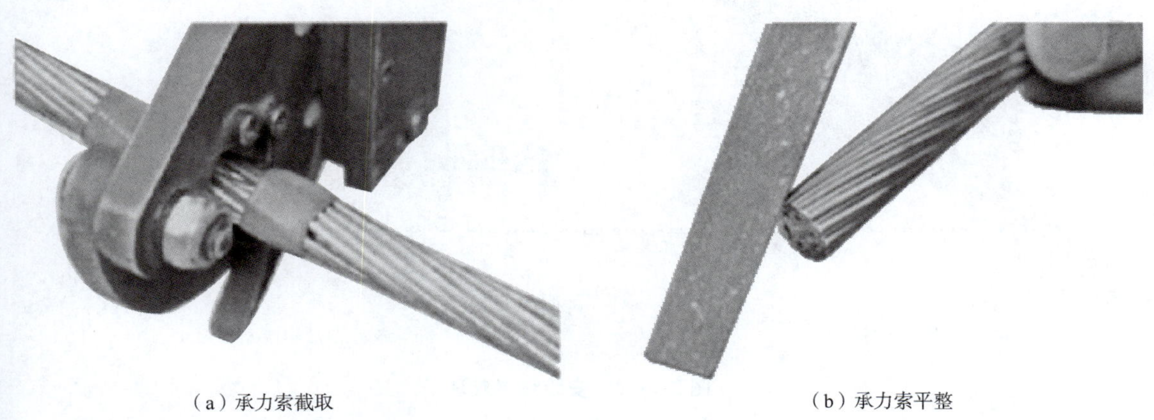

(a)承力索截取　　(b)承力索平整

图 2-2-79 裁线

③将螺纹楔套和楔子套在承力索端头上,并使楔子大端与标记线对齐,如图 2-2-80 所示。

④固定楔子,将楔套向上移动套在楔子上,并用工具适当轻击使螺纹楔套压紧楔子,目的是夹紧承力索,如图 2-2-81 所示。

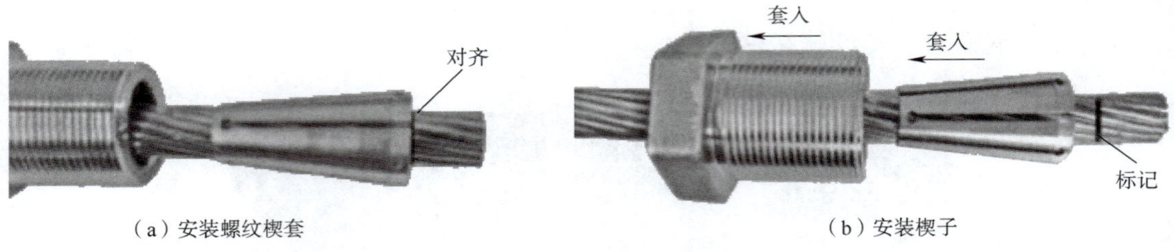

（a）安装螺纹楔套　　（b）安装楔子

图 2-2-80　安装螺纹楔套和楔子

（a）固定楔套　　（b）楔套固定后截面

图 2-2-81　固定螺纹楔套

注意：承力索不应出现散股现象；楔子大端应与标记线对齐；楔子开槽中不得夹有单丝绞线或其他异物；最终紧固之前应避免线夹受到振动，以防止楔套松脱。

⑤固定螺纹楔套，旋入终端双耳，再用专用力矩扳手紧固终端双耳至 80 N·m，如图 2-2-82 所示。

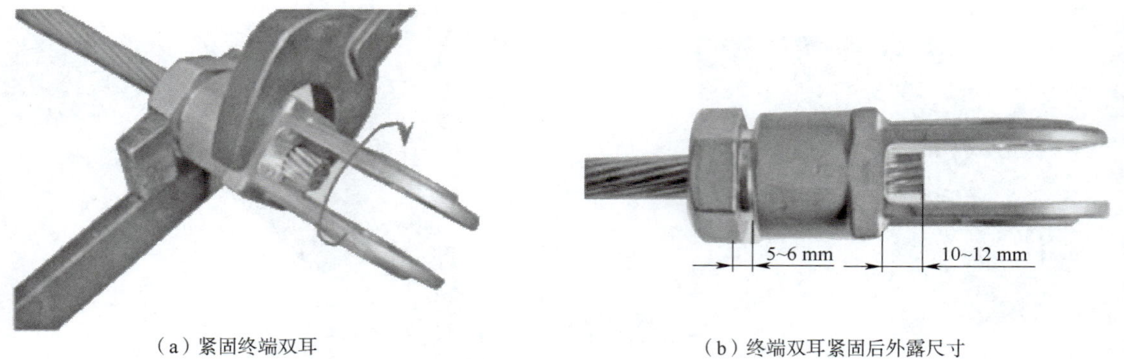

（a）紧固终端双耳　　（b）终端双耳紧固后外露尺寸

图 2-2-82　安装终端双耳

注意：紧固时，螺纹锥套、楔子及承力索不能出现相对转动；紧固后，锥套螺纹部分会裸露 5 ~ 6 mm 属于正常（参考值）；紧固后，双耳底部承力索露出长度应为 10 ~ 12 mm。

⑥用销钉将终端锚固线夹与绝缘子相连，装好开口销，如图 2-2-83 所示。

（3）安装后检查

①承力索在双耳底部露出长度是否在要求范围内。

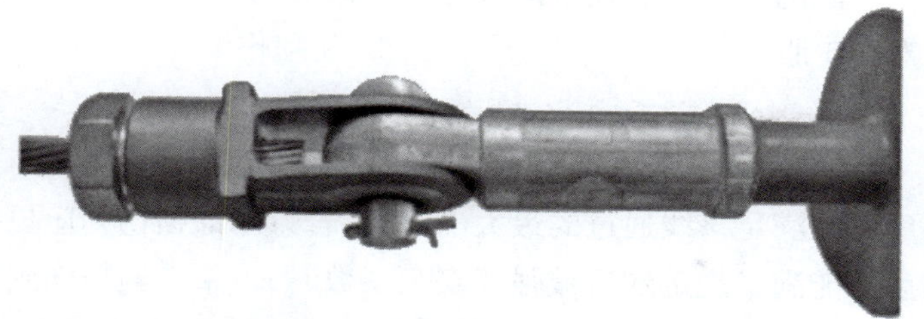

图 2-2-83　终端锚固线夹与绝缘子连接

②线夹紧固力矩是否符合规定的力矩值。

③线夹与绝缘子连接是否牢靠。

④开口销安装是否规范。

(4)使用工具

扳手、专用力矩扳手、手钳、弧形断线钳、胶带、锉刀等。

巩固练习

一、单选题

1. 承力索位置标准值为(　　)

A. 直链型悬挂位于接触线正上方　　B. 直链型悬挂位于接触线正下方

C. 直链型悬挂位于接触线正左方　　D. 直链型悬挂位于接触线正右方

2. 承力索位置标准状态为(　　)

A. 标准值 ±30 mm　　B. 标准值 ±40 mm

C. 标准值 ±50 mm　　D. 标准值 ±60 mm

3. 承力索位置警示值为(　　)

A. 标准值 ±120 mm　　B. 标准值 ±130 mm

C. 标准值 ±140 mm　　D. 标准值 ±150 mm

4. 承力索位置限界值为(　　)

A. 标准值 ±100 mm　　B. 标准值 ±200 mm

C. 标准值 ±300 mm　　D. 标准值 ±400 mm

5. 与承力索材质匹配的预绞丝护线条的标准值为(　　)

A. 无损伤　　B. 轻微损伤

C. 无散股、损伤 3 股　　D. 无

6. 与承力索材质匹配的预绞式护线条的标准状态为(　　)

A. 无损伤　　B. 轻微损伤

C. 无散股、损伤 3 股　　D. 无

7. 与承力索材质匹配的预绞式护线条的警示值为(　　)

A. 无散股、损伤 2 股　　B. 无散股、损伤 3 股

C. 无散股、损伤 4 股　　D. 无散股、损伤 5 股

8. 与承力索材质匹配的预绞丝护线条的限界值为(　　)

A. 无散股、损伤 3 股　　B. 无损伤

C. 散股　　D. 断股

二、判断题

1. 承力索损伤后不能满足该线通过的最大电流时,若系局部损伤则应更换。(　　)

2. 承力索损伤后不能满足规定的机械强度安全系数时,若系普遍损伤则应更换。(　　)

3. 承力索在承力索座、悬吊滑轮等处悬吊固定时,应加装与承力索材质匹配的预绞式护线条。(　　)

4. 承力索的接头距悬挂点应不小于 3 m,同一跨距内不允许有两个接头。(　　)

学习情境三　吊弦检修作业

学习情境描述

某日某高铁动车组在 A 至 B 区间公里标 K119 +700 m 处受电弓自动降弓,检查发现 A 至 B 区间 169#(公里标 K115 +421 m)南第 2 根吊弦缺失,仅在承力索和接触线上遗留有吊弦线夹和载流环,断裂吊弦为整体可调吊弦,断裂位置在可调螺栓处。

想一想:作为接触网工,你应该如何顺利完成本次检修作业?

学习目标

通过本情境的学习,掌握吊弦检修作业标准和流程,并能配合作业组成员完成吊弦的检修作业。

任务书

吊弦检修作业任务书见表 2-2-15。

表 2-2-15　吊弦检修作业任务书

作业任务		日　期	
班　组		计划作业时间	
组　长		计划完成时间	
作业地点			
作业内容			
安全风险点			
防控措施			
作业过程督查意见			

任务分组

学生任务分配表见表 2-2-16。

表 2-2-16　学生任务分配表

班　　级			日　　期	
班　　组			组　　长	
班组成员	姓　　名	任务角色	任务分工	

工作实施

吊弦检修作业工作实施过程见表 2-2-17。

表 2-2-17　吊弦检修作业工作实施过程表

安全风险点及防控措施	作业步骤	作业内容及检修标准	任务完成(检修方法)
①检查、检修过程中发现吊弦烧损的，要注意检查附近处所的主导电回路是否通畅； ②电分段关节、电分相关节、分段瓷质绝缘子处吊弦受力较大，要注意检查有否断股； ③检调整体吊弦时，必须防止紧固的过程中吊弦绞线断股现象的发生； ④吊弦安装、检修过程中不应踩踏接触线，使用作业车时不应顶接触线； ⑤装卸吊弦时应防止人为损伤吊弦本体，螺栓紧固过程中应防止咬扣；	检修前准备	到达作业现场，确认作业范围，检查作业所需工具、材料是否齐全，安全用具状态是否良好，在田野侧（安全地带）集中待命，接到工作领导人“安全措施采取完毕，可以开始作业”命令即可开始检修作业	填写工具、耗材和备品清单，见表 2-2-18
	检查测量	吊弦偏移→吊弦长度→吊弦线夹状态→吊弦载流环→相邻吊弦高差→吊弦损伤	填写检查（测量）数据记录单，见表 2-2-19
	吊弦偏移检调	检修标准： 接触线与承力索同材质时，顺线路方向吊弦偏移达到以下技术标准（交叉吊弦除外）。 标准值：0。 标准状态：20 mm。 警示值：50 mm。 限界值：100 mm	检修方法： 当吊弦发生偏移必须先对整个跨距内吊弦进行检查，确定发生偏移的原因，若只是单根吊弦发生偏移，则松开吊弦线夹，调整吊弦与跨距内吊弦偏移量一致即可，按标准力矩紧固螺栓
	吊弦长度检调	检修标准： 吊弦的长度要能适应在极限温度范围内接触线的伸缩和弛度的变化，否则应采用滑动吊弦。吊弦预制长度应与计算长度相等，偏差应不大于 ±1.5 mm	检修方法： 若不符合要求，则进行更换新吊弦
	吊弦线夹状态检调	检修标准： 吊弦线夹在直线处应保持铅垂状态，曲线处应垂直于接触线工作面。吊弦线夹螺栓穿向，直线区段接触线吊弦线夹螺栓由线路侧穿向田野侧，曲线处接触线吊弦线夹螺栓应穿向曲线外侧，承力索吊弦线夹螺栓穿向与接触线吊弦线夹安装方向相反	检修方法： ①接触线吊弦线夹倾斜打弓时，按接触线偏磨项目进行检修； ②用小绳固定承力索与导线间距，松开承力索吊弦线夹，调正后紧固

续表

安全风险点及防控措施	作业步骤	作业内容及检修标准	任务完成(检修方法)
⑥吊弦安装应满足线索伸缩的需要;注意保持相邻悬挂点(定位点)间导线高度、坡度符合规定;且不得与其他吊弦、承力索、接触线、电连接线、软横跨定位索等碰触、摩擦; ⑦承力索吊弦线夹安装正确,接触线吊弦线夹应入槽,不得歪斜、偏磨打弓。严禁在螺栓紧固情况下调整线鼻子; ⑧检修时作业人员不宜位于线索受力方向的反侧,并采取防止吊弦滑脱的措施; ⑨绝缘锚段关节内不得因吊弦减少绝缘间隙; ⑩作业完毕后,检查相关设备状态,不符合要求时要按标准进行适当调整,并严格复核受电弓动态包络线	吊弦载流环检调	检修标准: 吊弦载流环应固定在吊弦线夹螺栓的外侧,接触线吊弦线夹处载流环应与列车前进方向一致,线鼻子与接触线夹角保持30°~45°。承力索吊弦线夹处载流环应与列车前进方向相反	检修方法: 载流环角度调整,掰开吊弦线夹锁片,松开线夹连接螺栓,将载流环调整至与线索呈30°~45°,紧固螺栓至25 N·m,恢复锁片
	吊弦位置检调	检修标准: 标准值:设计值。 标准状态:标准值±50 mm。 警示值:标准值±100 mm。 限界值:标准值±200 mm	检修方法: ①根据吊弦所在跨距内吊弦安装数量和跨距计算出吊弦安装位置;吊弦位置符合标准;②用皮尺以定位点为起测点,测量出吊弦安装位置,并使用记号笔在接触线上做好标记;③将吊弦移至标记位置进行安装;④当吊弦间距过大,松开吊弦承力索和接触线线夹,调整吊间距符合标准,必要时可在两吊弦间加装吊弦,吊弦调整后必须保证接触线坡度、吊弦高差符合要求
	相邻吊弦高差检调	检修标准: 标准值:0。 标准状态:10 mm。 警示值:10 mm。 限界值:15 mm。 定位点两侧第1吊弦处(弹性链型悬挂时为弹性吊索外第1吊弦)接触线高度应相等。相对于定位点处接触线高度±10 mm,且不得出现V形	检修方法: ①当吊弦高差不符合要求,松开吊弦承力索线夹,调整吊弦长度使其符合标准,吊弦高差调整后必须保证接触线坡度符合要求,整体吊弦不可调整的直接更换为可调吊弦或重新预制,按标准力矩紧固螺栓;②发现吊弦不受力时,根据测量数据确定吊弦长度,压接新吊弦进行更换。可调吊弦松开可调螺栓使吊弦受力后紧固可调螺栓并复测接触线高度
	吊弦损伤检调	检修标准: 标准值:无损伤 。 标准状态:无损伤。 警示值:断3根单丝。 限界值:断7根单丝	检修方法: 吊弦线本体断股的(断3根单丝及以上)、吊弦线本体散股的、吊弦线本体受损及氧化严重的,应重新压接新吊弦,尺寸与既有吊弦保持一致,对既有吊弦进行更换
	检修完毕	确认修后设备质量良好,清点机具、材料齐全后,下作业平台(支柱)撤至安全地带报告工作领导人。等待作业组全体成员列队点名	

表 2-2-18　工具、耗材和备品清单

序号	名称	单位	数量	备注
1				
2				
3				
4				
5				
6				
7				
8				
9				
10				

表 2-2-19　检查(测量)数据记录单

序号	检查项目	测量数据	设计值(状态)	是否需要调整
1	吊弦偏移			
2	吊弦的长度			
3	吊弦线夹状态			
4	吊弦载流环			
5	吊弦位置			
6	两相邻吊弦点接触线高差			
7	吊弦损伤			
8	螺栓紧固力矩			

评价反馈

吊弦检修作业评价记录见表 2-2-20。

表 2-2-20　吊弦检修作业评价记录表

评价项点	评价标准	配分	得分	扣分原因
工具材料准备	检查、挑选工具和材料，缺 1 项扣 2 分	5		
数据测量	吊弦偏移、吊弦状态、吊弦线夹状态、载流环、吊弦位置、两相邻吊弦点接触线高差、吊弦损伤、螺栓紧固力矩，1 项数据测量错误扣 3 分	20		
技术要求	吊弦偏移调整方法流程正确	10		
	吊弦状态调整方法流程正确	10		
	吊弦线夹状态调整方法流程正确	10		
	载流环夹角调整方法流程正确	10		
	吊弦位置调整方法流程正确	5		
	两相邻吊弦点接触线高差调整方法流程正确	5		

续表

评价项点	评价标准	配分	得分	扣分原因
安全及规范操作	①高处坠物 1 次扣 5 分; ②材料工具上下抛掷,1 次扣 5 分; ③工器具及零部件损坏扣 5 分; ④接触网上或线路上有遗留物件,每件扣 5 分; ⑤作业过程中发生危及人身安全情况,1 次扣 5 分; ⑥劳动保护用品不齐或未按要求使用,每项扣 1 分	25		
合计	作业时间:　　分　　秒	100		

知识链接

一、弹性吊索及弹性吊索吊弦的有关规定

1. 弹性吊索长度应符合设计要求,悬挂点两端长度相等,允许偏差为 ±20 mm。

2. 弹性吊索线夹处吊索外露中锚端为 20 mm,下锚端为 150 mm,允许偏差为 ±5 mm。

3. 弹性吊索工作张力符合设计规定,不得松弛。允许偏差为标准值 ±10%。

4. 弹性吊索不得有散股、断股(丝)、接头、补强、硬弯。

5. 第 1 吊弦与相邻弹性吊索吊弦的高度差小于 10 mm。弹性吊弦与定位点处接触线高度相等。

6. 弹性吊索两端与承力索的连接符合设计规定。

二、整体吊弦制作方法

1. 作业人数及要求

1 人,掌握整体吊弦制作标准及流程。

2. 工具材料

整体吊弦制作工具材料见表 2-2-21。

表 2-2-21　整体吊弦制作工具材料

序号	工具或物品名称	单位	数量	备注
1	克丝钳	个	1	
2	活口扳手	个	1	
3	电动吊弦压接钳	套	1	含模具
4	铜合金绞线	米	3	
5	线鼻子	个	2	
6	心形环	个	2	
7	压接管	个	2	

3. 检查工具材料状态

(1)检查电动吊弦压接钳状态是否良好,电池电量是否充足,模具是否符合要求。

(2)铜合金绞线是否有断股、散股。

4. 现场作业流程

(1)制作吊弦时,把所需要的工具材料准备到位。

(2)把吊弦线折到合适的长度后套上压接管。

(3)套上心形环并把压接管提高到心形环下沿。

(4)选择吊弦压接钳模具(模具一面一个棱,另一面两个棱)。

(5)把吊弦的压接模具安装到压接钳上。

(6)使用压接钳压接压接管时,压接管与心形环密贴(主线侧一棱、备线两棱)。

(7)压接好的压接管。

(8)在吊弦的载流环一头套上线鼻子。

(9)选择线鼻子的压接模具。

(10)安装模具后,使用压接钳压接线鼻子。

(11)压接好的线鼻子,保证技术要求。

5. 注意事项

(1)电动压接钳在使用过程中防止夹伤手指

(2)压线时要检查本线与备线的位置,切记不要放错(说明压接时需要注意的是一棱、两棱的问题)。

(3)压接时使其压接管与心形环密贴。

知识拓展

整体吊弦制作及安装作业项点及标准见表 2-2-22。

表 2-2-22　整体吊弦制作及安装作业项点及标准

作业项点	作业标准
准备工具材料	个人着装:安全帽、工作服、绝缘鞋、手套;作业人员携带《安全合格证》
	工具材料准备:克丝钳、活口扳手、吊弦压钳(含模具压口、六方口)、钢卷尺、断线剪、力矩扳手
操作流程	制作时心形环与吊弦线密贴;压接管与心形环底端不大于 5 mm
	压接管双压口在回头侧,单压口在本线侧;压接压接管和线鼻子时应一次到位
	制作完成后整体吊弦两侧载流环不在同一侧
	制作完成后心形环和压接管的方向与线鼻子应在同一平面
	制作完成后的吊弦载流环长度为 280 ~ 300 mm
	预制后的吊弦长度,允许误差 ±2 mm
	全部压接完毕后,吊弦不得存在硬弯和散股的情况
	吊弦的长度应符合设计要求,允许误差 ±2 mm
	安装吊弦时应竖直安装;吊弦线夹应按力矩标准紧固
安全及其他注意事项	避免发生人员磕碰
	作业过程中,出现人员受伤或出现重大安全隐患,停止作业

巩固练习

一、单选题

1. 接触线与承力索同材质时，顺线路方向吊弦偏移标准值为(　　)
A. 0 mm　　B. 10 mm　　C. ±10 mm　　D. −10 mm
2. 接触线与承力索同材质时，顺线路方向吊弦偏移标准状态为(　　)
A. 10 mm　　B. 20 mm　　C. 30 mm　　D. 40 mm
3. 接触线与承力索同材质时，顺线路方向吊弦偏移警示值为(　　)
A. 30 mm　　B. 40 mm　　C. 50 mm　　D. 60 mm
4. 接触线与承力索同材质时，顺线路方向吊弦偏移限界值为(　　)
A. 100 mm　　B. 150 mm　　C. 200 mm　　D. 220 mm
5. 吊弦位置标准值为(　　)
A. 设计值　　B. 设计值 ±10 mm
C. 设计值 ±20 mm　　D. 设计值 ±30 mm
6. 吊弦位置标准状态为(　　)
A. 标准值 ±30 mm　　B. 标准值 ±40 mm
C. 标准值 ±50 mm　　D. 标准值 ±60 mm
7. 吊弦位置警示值为(　　)
A. 标准值 ±80 mm　　B. 标准值 ±100 mm
C. 标准值 ±120 mm　　D. 标准值 ±140 mm
8. 吊弦位置限界值为(　　)
A. 标准值 ±180 mm　　B. 标准值 ±200 mm
C. 标准值 ±220 mm　　D. 标准值 ±240 mm

二、判断题

1. 吊弦的长度要能适应在极限温度范围内接触线的伸缩和弛度的变化，否则应采用滑动吊弦。吊弦预制长度应与计算长度相等，偏差应不大于 ±1.5 mm。(　　)
2. 曲线处接触线吊弦线夹螺栓应穿向曲线内侧。(　　)
3. 吊弦载流环应固定在吊弦线夹螺栓的外侧，接触线吊弦线夹处载流环应与列车前进方向一致，线鼻子与接触线夹角保持 15°~30°。(　　)
4. 两相邻吊弦点接触线高差的标准值为 10 mm。(　　)
5. 吊弦损伤限界值为断 7 根单丝。(　　)

学习情境四　绝缘锚段关节检修作业

学习情境描述

某列车在四跨绝缘锚段关节处停车后启动，造成接触网非支接触线烧断，多根吊弦拉脱、拉断，下锚补偿滑轮脱槽。事故现场接触网支柱分别喷涂有“前方 100 m 内禁止电力机车停车”“前方 50 m 内禁止电力机车停车”标志。

想一想： 作为接触网工，你应该如何顺利完成本次检修作业？

学习目标

通过本情境的学习，掌握绝缘锚段关节检修作业标准和流程，并能配合作业组成员完成绝缘锚段关节的检修作业。

任务书

绝缘锚段关节检修作业任务书见表 2-2-23。

表 2-2-23　绝缘锚段关节检修作业任务书

作业任务		日　　期	
班　　组		计划作业时间	
组　　长		计划完成时间	
作业地点			
作业内容			
安全风险点			
防控措施			
作业过程督查意见			

任务分组

学生任务分配见表 2-2-24。

表 2-2-24　学生任务分配表

班　　级			日　　期	
班　　组			组　　长	
班组成员	姓　　名	任务角色	任务分工	

工作实施

绝缘锚段关节检修工作实施过程见表 2-2-25。

表 2-2-25 绝缘锚段关节检修工作实施过程表

安全风险点及防控措施	作业步骤	作业内容及检修标准	任务完成(检修方法)
①处于曲线区段时,应注意测量跨中偏移值; ②在曲线作业时,作业人员不宜站在线索受力方向的反侧;	检修前准备	到达作业现场,确认作业范围,检查作业所需工具、材料是否齐全,安全用具状态是否良好,在田野侧(安全地带)集中待命,接到工作领导人"安全措施采取完毕,可以开始作业"命令即可开始检修作业	填写工具、耗材和备品清单,见表 2-2-26
	检查测量	转换柱、中心柱承力索水平间距 → 转换柱、中心柱承力索垂直间距 → 转换柱接触线水平间距 → 转换柱、中心柱接触线垂直间距 → 中心柱接触线水平间距	填写检查(测量)数据记录单,见表 2-2-27
	转换柱、中心柱承力索水平间距检修	检修标准: 标准值:设计值。 标准状态:标准值 ±20 mm。 警示值:标准值 ±30 mm。 限界值:标准值 ±50 mm	检修方法: 根据测量转换柱、中心柱非工作支承力索拉出值 a_1 和工作支承力索拉出值 a_2,计算出两支承力索的水平间距 $\Delta a = a_1 - a_2$,确定出调整方向及调整量; 先确认工作支承力索拉出值是否符合标准,当工作支承力索拉出值不符合标准时: ①人工调整工作支承力索拉出值,如果承力索受力较大,在支柱柱顶搭 1.5 t 手扳葫芦拉住承力索(直线、曲线外侧),摇动手扳葫芦将工作支承力索卸载,松开工作支承力索座,按照设计的拉出值确定调整方向和数据,将工作支承力索位置调整到标准位置; ②调整后承力索水平间距仍不符合标准,再调整非工作支承力索:在支柱柱顶搭 1.5 t 手扳葫芦拉住承力索(直线、曲线外侧),摇动手扳葫芦将非工作支承力索卸载,松开非工作支承力索座,按调整方向和数据,如果承力索水平间距大,减小非支和工支承力索座之间的距离,将非工作支承力索位置调整到标准位置;如果承力索水平间距小,增大非支和工支承力索座之间的距离,将非工作支承力索位置调整到标准位置。复测承力索水平间距符合设计要求

续表

安全风险点及防控措施	作业步骤	作业内容及检修标准	任务完成(检修方法)
③检查绝缘锚段关节时隔离开关必须处于合闸状态，且必须做好等电位措施； ④在锚段关节内作业时，必须在关节两锚柱外侧接挂地线，且对两支悬挂采取等电位措施；	转换柱、中心柱承力索垂直间距检修	检修标准： 转换柱： 标准值：设计值。 标准状态：标准值±20 mm。 警示值：标准值±30 mm。 限界值：标准值±50 mm。 中心柱： 标准值：等高（设计值）。 标准状态：20 mm（标准值±20 mm）。 警示值：20 mm（标准值±30 mm）。 限界值：30 mm（标准值±50 mm）	检修方法： 根据测量转换柱、中心柱非工作支承力索高度 H_1 和工作支承力索高度 H_2，计算出两支承力索的垂直间距 $\Delta H = H_1 - H_2$，确定出调整方向及调整量。 承力索垂直间距不符合标准的调整方法：先确认工作支承力索高度是否符合标准，当工作支承力索高度不符合标准时： ①在支柱柱顶搭1.5 t手扳葫芦拉住承力索（直线、曲线外侧），摇动手扳葫芦将工作支承力索卸载，松开工作支双套筒座，如果工作支承力索低，向支柱方向调整双套筒座，将工作支承力索高度调高，调整到标准位置；如果工作支承力索高，向支柱反方向调整双套筒座，将工作支承力索高度调低，调整到标准位置。 ②调整后承力索垂直间距仍不符合标准，再调整非工作支承力索：在支柱柱顶搭1.5 t手扳葫芦拉住承力索（直线、曲线外侧），摇动手扳葫芦将非工作支承力索卸载，按调整方向和数据，松开非工作支双套筒座，如果承力索垂直间距大，向支柱反方向调整双套筒座，将工作支承力索高度调低，调整到标准位置；如果承力索垂直间距小，向支柱方向调整双套筒座，将非工作支承力索高度调高，调整到标准位置。复测承力索垂直间距符合设计要求
	转换柱接触线水平间距检修	检修标准： 标准值：设计值。 标准状态：标准值±20 mm。 警示值：标准值±30 mm。 限界值：标准值±50 mm	检修方法： 根据测量转换柱非工作支接触线拉出值 a_1 和工作支接触线拉出值 a_2，计算出两支接触线的水平间距 $\Delta a = a_1 - a_2$，确定出调整方向及调整量； 接触线水平间距不符合标准的调整方法：先确认工作支接触线拉出值是否符合标准； ①当工作支接触线拉出值不符合标准时： a. 人工调整工作支接触线拉出值，如果接触线受力较大，则在支柱上搭1.5 t手扳葫芦拉住接触线（直线、曲线内侧）或腕臂端部搭1.5 t手扳葫芦拉住接触线（曲线内侧），摇动手扳葫芦将工作支接触线卸载，松开工作支定位支座，按照拉出值的大小调整方向和数据，将工作支接触线位置调整到标准位置；

续表

安全风险点及防控措施	作业步骤	作业内容及检修标准	任务完成(检修方法)
⑤如果发现零部件烧伤、承力索烧断股情况时,必须检修锚段关节内电连接器,必要时增设双电连接器或安装双线夹; ⑥检查中心柱时,注意检查定位器受力情况,出现不受力或者受力过小时,及时进行调整,以避免定位器不受力或受反力,以致定位器活动过度造成磨耗;	转换柱接触线水平间距检修	检修标准: 标准值:设计值。 标准状态:标准值 ±20 mm。 警示值:标准值 ±30 mm。 限界值:标准值 ±50 mm	b. 调整后接触线水平间距仍不符合标准,再调整非工作支接触线:在支柱上搭 1.5 t 手扳葫芦拉住接触线(直线、曲线外侧),摇动手扳葫芦将非工作支接触线卸载,松开非工作支接触线锚支卡子,如果接触线水平间距大,减小锚支卡子和工作支定位支座的距离,将非工作支接触线位置调整到标准位置;如果接触线水平间距小,增大锚支卡子和工作支定位支座的距离,将非工作支接触线位置调整到标准位置。复测接触线水平间距符合设计要求; ②当工作支接触线拉出值符合标准时: 通过调整非工作支接触线的拉出值调整接触线的水平间距,调整方法同工作支接触线拉出值不符合标准时非工作支接触线的调整方法
	转换柱、中心柱接触线垂直间距检修	检修标准: 标准值:设计值。 标准状态:标准值 ±20 mm。 警示值:标准值 ±30 mm。 限界值:标准值 ±50 mm。 中心柱: 标准值:等高(设计值)。 标准状态:20 mm(标准值 ±20 mm)。 警示值:20 mm(标准值 ±30 mm)。 限界值:30 mm(标准值 ±50 mm)。 中心柱处接触线等高点处接触线高度不应低于相邻工作支吊弦点,允许高于相邻吊弦点 0 ~ 10 mm。 五跨锚段关节中间跨为过渡跨,接触线等高点(屋脊处)宜在过渡跨跨中,高度比相邻定位点抬高 0 ~ 40 mm	检修方法: 根据测量转换柱、中心柱非工作支接触线高度 H_1 和工作支接触线高度 H_2,计算出两支接触线的垂直间距 $\Delta H = H_1 - H_2$,确定出调整方向及调整量; 接触线垂直间距不符合标准的调整方法:先确认工作支接触线高度是否符合标准; ①当工作支接触线高度不符合标准时: a. 调整或更换工作支定位点两侧吊弦,将工作支接触线高度调整至标准值; b. 以工作支接触线为基准,按调整数据,调整或更换非工作支定位点两侧第一根吊弦,使高差符合标准;再依次调整或更换其他吊弦,使两支接触线间垂直间距符合标准。同时复测接触线水平间距符合设计要求; ②当非工作支接触线高度不符合标准时: 调整或更换非工作支定位点两侧第一根吊弦,使高差符合标准;再依次调整或更换其他吊弦,使两支接触线间垂直间距符合标准。复测接触线水平间距符合设计要求

续表

安全风险点及防控措施	作业步骤	作业内容及检修标准	任务完成(检修方法)
⑦进行接触悬挂调整时,要有防止线索滑脱措施,且作业人员不宜位于线索受力方向的反侧; ⑧调整锚段关节时,应将两悬挂间距按标准调整,以避免造成关节一侧停电时发生短接跳闸事故; ⑨拆卸作业时必须使用卸载工具并使零部件充分卸载后方可进行	中心柱接触线水平间距检修	检修标准: 标准值:设计值。 标准状态:标准值 ±20 mm。 警示值:标准值 ±30 mm。 限界值:标准值 ±50 mm	检修方法: 根据测量中心柱接触线拉出值 a_1 和 a_2,计算出两支接触线的水平间距 $\Delta a = a_1 - a_2$,确定出调整方向及调整量; 当两支工作支接触线拉出值不符合标准时,先调整一支: ①人工调整工作支接触线拉出值,如果接触线受力较大,则在支柱上搭 1.5 t 手扳葫芦拉住接触线(直线、曲线外侧),摇动手扳葫芦将工作支接触线卸载,按照设计的拉出值确定调整方向和数据,松开工作支定位支座,将一支工作支接触线位置调整到标准位置; ②调整后接触线水平间距仍不符合标准,再调整另一支工作支接触线:在支柱上搭 1.5 t 手扳葫芦拉住接触线(直线、曲线外侧),另一端与工作支接触线连接,摇动手扳葫芦将工作支接触线卸载,松开工作支定位支座,如果接触线水平间距大,减小定位支座之间的距离,如果接触线水平间距小,增大两工作支定位支座之间的距离,使两支接触线水平间距调整至符合标准。复测接触线水平间距符合设计要求
	检修完毕	确认修后设备质量良好,清点机具、材料齐全后,下作业平台(支柱)撤至安全地带报告工作领导人。等待作业组全体成员列队点名	

表 2-2-26　工具、耗材和备品清单

序号	名称	单位	数量	备注
1				
2				
3				
4				
5				
6				
7				
8				
9				

表 2-2-27　检查(测量)数据记录单

序号	检查项目	检查(测量)数据	设计值(状态)	是否需要调整
1	转换柱、中心柱承力索水平间距			
2	转换柱、中心柱承力索垂直间距			

续表

序号	检查项目	检查(测量)数据	设计值(状态)	是否需要调整
3	转换柱接触线水平间距			
4	转换柱、中心柱接触线垂直间距			
5	中心柱接触线水平间距			

评价反馈

绝缘锚段关节检修作业评价记录见表2-2-28。

表2-2-28　绝缘锚段关节检修作业评价记录表

评价项点	评价标准	配分	得分	扣分原因
工具材料准备	检查、挑选工具和材料,缺1项扣2分	5		
数据测量	转换柱、中心柱承力索水平间距,转换柱、中心柱承力索垂直间距,转换柱接触线水平间距,转换柱、中心柱接触线垂直间距,中心柱接触线水平间距,1项数据测量错误扣3分	15		
技术要求	转换柱、中心柱承力索水平间距调整方法流程正确	15		
	转换柱、中心柱承力索垂直间距调整方法流程正确	10		
	转换柱接触线水平间距调整方法流程正确	15		
	转换柱、中心柱接触线垂直间距调整方法流程正确	10		
	中心柱接触线水平间距调整方法流程正确	10		
安全及规范操作	①高处坠物1次扣5分; ②材料工具上下抛掷,1次扣5分; ③工器具及零部件损坏扣5分; ④接触网上或线路上有遗留物件,每件扣5分; ⑤作业过程中发生危及人身安全情况,1次扣5分; ⑥劳动保护用品不齐或未按要求使用,每项扣1分	20		
合计	作业时间:　　分　　秒	100		

知识链接

一、绝缘锚段关节的其他规定

(1)两接触悬挂接触线工作支过渡处调整符合运行要求。

(2)转换柱处绝缘子串与悬挂点的距离符合设计要求,允许偏差±50 mm。承力索、接触线两绝缘子串上下应对齐,允许偏差±100 mm。

(3)任何情况下,两接触悬挂及定位支撑装置带电体各部分应满足空气绝缘间隙要求。锚段关节内的定位支撑、吊弦载流环、斜拉线等不得减小空气绝缘间隙。

二、非绝缘锚段关节技术参数

(1)设计极限温度下,两悬挂各部分(包括零部件)之间的距离应保持50 mm以上。

(2)转换柱处两接触线水平距离:

标准值:设计值。

标准状态:标准值±20 mm。

警示值：标准值 ±50 mm。

限界值：标准值 ±100 mm。

(3)转换柱处两接触线垂直距离：

标准值：设计值。

标准状态：标准值 ±20 mm。

警示值：标准值 ±30 mm。

限界值：标准值 ±50 mm。

(4)中心柱处两接触线水平距离为设计值，允许偏差 ±30 mm；两接触线距轨面等高，允许偏差 ±20 mm。两接触悬挂接触线工作支过渡处接触线调整符合运行要求。

三、锚支接触线的规定

锚支接触线在其垂直投影与线路钢轨交叉处，应高于工作支接触线 300 mm 以上，并持续抬升至下锚处。下锚角钢安装高度应符合线索延伸下锚抬升的需要。

巩固练习

一、单选题

1. 绝缘锚段关节转换柱处两悬挂垂直距离、水平距离标准状态为(　　)。

A. 标准值 ±20 mm　　B. 标准值 ±30 mm

C. 标准值 ±40 mm　　D. 标准值 ±50 mm

2. 绝缘锚段关节转换柱处两悬挂垂直距离、水平距离警示值为(　　)。

A. 标准值 ±20 mm　　B. 标准值 ±30 mm

C. 标准值 ±40 mm　　D. 标准值 ±50 mm

3. 绝缘锚段关节转换柱处两悬挂垂直距离、水平距离限界值为(　　)。

A. 标准值 ±20 mm　　B. 标准值 ±30 mm

C. 标准值 ±40 mm　　D. 标准值 ±50 mm

4. 绝缘锚段关节中心柱处接触线(承力索)垂直距离标准值为(　　)。

A. 等差　　B. 等比　　C. 等分　　D. 等高

5. 绝缘锚段关节中心柱处接触线等高点处接触线高度不应低于相邻工作支吊弦点，允许高于相邻吊弦点(　　)。

A. 0 ~ 5 mm　　B. 0 ~ 10 mm　　C. 0 ~ 15 mm　　D. 0 ~ 20 mm

6. 五跨锚段关节中间跨为过渡跨，接触线等高点(屋脊处)宜在过渡跨跨中，高度比相邻定位点抬高(　　)。

A. 5 ~ 10 mm　　B. 10 ~ 15 mm　　C. 0 ~ 30 mm　　D. 0 ~ 40 mm

7. 绝缘锚段关节转换柱处绝缘子串与悬挂点的距离符合设计要求，允许偏差(　　)。

A. ±30 mm　　B. ±40 mm　　C. ±50 mm　　D. ±60 mm

二、判断题

1. 承力索、接触线两绝缘子串上下应对齐，允许偏差 ±50 mm。(　　)

2. 任何情况下，两接触悬挂及定位支撑装置带电体各部分应满足空气绝缘间隙要求。(　　)

3. 关节式电分相中性区和无电区长度符合设计要求。(　　)

4. 非绝缘锚段关节设计极限温度下，两悬挂各部分（包括零部件）之间的距离应保持30 mm以上。（　　）

5. 非绝缘锚段关节转换柱处两接触线水平距离标准状态：标准值±20 mm。（　　）

学习情境五　中心锚结检修作业

学习情境描述

某线路所间下行线706 km＋500 m处，接触网承力索中心锚结绳低于接触线，与通过的某次动车组发生刮弓故障。回放动车组3C视频，发现07车受电弓在G055#至G057#支柱间第3、第4根吊弦间左侧弓角从承力索中心锚结绳上方钻入，受电弓随着中心锚结绳位移抬升产生变形与G057#支柱定位装置刮碰。事故主要原因是高温极端天气情况下造成承力索中心锚结绳弛度过大低于接触线，引发弓网故障。

想一想：作为接触网工，你应该如何顺利完成本次检修作业？

学习目标

通过本情境的学习，掌握中心锚结检修作业标准和流程，并能配合作业组成员完成中心锚结的检修作业。

任务书

中心锚结检修作业任务书见表2-2-29。

表2-2-29　中心锚结检修作业任务书

作业任务		日　期	
班　组		计划作业时间	
组　长		计划完成时间	
作业地点			
作业内容			
安全风险点			
防控措施			
作业过程督查意见			

任务分组

学生任务分配见表2-2-30。

表 2-2-30　学生任务分配表

班　　级		日　　期	
班　　组		组　　长	
班组成员	姓　　名	任务角色	任务分工

工作实施

中心锚结检修作业工作实施过程见表 2-2-31。

表 2-2-31　中心锚结检修作业工作实施过程表

安全风险点及防控措施	作业步骤	作业内容及检修标准	任务完成(检修方法)
①承力索中心锚结辅助绳的张力和弛度对整个锚段接触悬挂的状态影响很大; ②高处作业必须将安全带系在安全可靠的地方,严禁将安全带系在拆卸的接触网部件上; ③调整中心锚结时中心锚结辅助绳不得脱落;	检修前准备	到达作业现场,确认作业范围,检查作业所需工具、材料是否齐全,安全用具状态是否良好,在田野侧(安全地带)集中待命,接到工作领导人“安全措施采取完毕,可以开始作业”命令即可开始检修作业	填写工具、耗材和备品清单,见表 2-2-32
	检查测量	承力索中心锚结绳→接触线中心锚结绳→接触线中心锚结线夹→中心锚结线夹处接触线高度→螺栓、开口销、止动垫片	填写检查(测量)数据记录单,见表 2-2-33
	承力索中心锚结绳检修	检修标准: ①中心锚结绳范围内承力索不得有接头和补强; ②中心锚结绳、固定线夹应与承力索材质匹配,其设置位置符合设计要求。承力索中心锚结线夹辅助绳外露长度不小于 50 mm; ③中心锚结绳弛度应等于或略高于该处承力索弛度,承力索中心锚结绳在其垂直投影与线路钢轨交叉处,应高于接触线 300 mm 以上; ④中心锚结绳的张力符合设计要求	检修方法: ①当中心锚结绳的弛度低于该处承力索的弛度,使用手扳葫芦将中心锚节绳终端线夹卸载,从终端绝缘子连接部位分离,将中心锚节绳从终端线夹卸出,根据弛度、余量重新制作终端回头,安回终端线夹并与绝缘子连接,卸载手扳葫芦; ②当中心锚结辅助绳在其垂直投影与线路钢轨交叉处,低于接触线 300 mm 以上,使用手扳葫芦将中心锚节绳从杵环杆处卸载,调整中心锚节承锚角钢高度来达到标准
	接触线中心锚结绳检修	检修标准: ①中心锚结所在的跨距内接触线不得有接头和补强; ②中心锚结绳范围内不得安装吊弦和电连接。两端距相邻的吊弦或电连接距离不得小于 500 mm; ③中心锚结绳处于受力状态,不得触及弹性吊索,不得改变相邻吊弦受力和接触线高度; ④中心锚结绳两端与承力索固定线夹的设置和间距符合设计要求。接触线侧锚结绳压接后回头外露长度不小于 20 mm	检修方法: 当中心锚结绳高度低于接触线,利用滑轮组将承力索与接触线间的锚结绳卸载,使之成垂弯、紧固内侧承力索中心锚结线夹,松开外侧承力索中心锚结线夹,使锚结绳向外窜动,然后紧固外侧承力索中心锚结线夹,反复进行上述程序直至符合要求。当高度高于要求时,上述程序相反,使锚结绳向内窜动,直至符合要求

续表

安全风险点及防控措施	作业步骤	作业内容及检修标准	任务完成(检修方法)
④高处作业人员误登带电设备造成触电伤害;作业人员在攀登支柱时未手把牢靠、脚踏稳准造成高坠伤害; ⑤高处作业人员等位措施不到位造成感应电伤害;高处坠物、抛物造成人员伤害; ⑥未设防护,作业人员上道;未停电接地,作业人员登高检修作业; ⑦施工材料、机具遗漏现场侵入行车限界	接触线中心锚结线夹偏斜检修	检修标准: 接触线中心锚结线夹应安装牢固。在直线上保持铅垂状态,在曲线上与接触线的倾斜度一致	检修方法: ①用一个扭面器首先卡在接触线偏斜起始位置; ②用另一个扭面器卡在偏斜接触线的偏斜面上距第一个扭面器 200~300 mm 处; ③将第一个扭面器固定不动,根据接触线偏斜方向和偏斜程度旋转; ④松开两个扭面器使接触线处于无外力状态,观察接触线线面情况(如果一次调整不到位,重复③直至接触线面符合要求为止)。
	中心锚结线夹处接触线高度检修	检修标准: 中心锚结线夹处接触线高度与相邻吊弦接触线高度应相等,允许偏差0~20 mm	检修方法: ①用铁线在接触线中锚线夹附近做临时吊弦,调整临时吊弦的长度的同时测量接触线中锚线夹的导高直至达到要求; ②调整接触线中锚线夹的弛度,直至其符合要求; ③拆除原有的松弛的吊弦,制作安装新的吊弦; ④拆除铁线
	检修完毕	确认修后设备质量良好,清点机具、材料齐全后,下作业平台(支柱)撤至安全地带报告工作领导人。等待作业组全体成员列队点名	

表 2-2-32　工具、耗材和备品清单

序号	名称	单位	数量	备注
1				
2				
3				
4				
5				
6				
7				
8				
9				

表 2-2-33　检查(测量)数据记录单

序号	检查项目	测量数据	设计值(状态)	是否需要调整
1	承力索中心锚结绳			
2	接触线中心锚结绳			
3	接触线中心锚结线夹			
4	中心锚结线夹处接触线高度			
5	螺栓、开口销、止动垫片			

评价反馈

中心锚结检修作业评价记录见表 2-2-34。

表 2-2-34　中心锚结检修作业评价记录表

评价项点	评价标准	配分	得分	扣分原因
工具材料准备	检查、挑选工具和材料，缺 1 项扣 2 分	5		
数据测量	中心锚结线夹处接触线高度、锚结绳、接触线中心锚结线夹、螺栓紧固力矩，1 项数据测量错误扣 3 分	20		
技术要求	承力索中心锚结绳调整方法流程正确	10		
	接触线中心锚结绳调整方法流程正确	10		
	接触线中心锚结线夹调整方法流程正确	10		
	中心锚结线夹处接触线高度调整方法流程正确	10		
	螺栓、开口销、止动垫片调整方法流程正确	10		
安全及规范操作	①高处坠物 1 次扣 5 分； ②材料工具上下抛掷，1 次扣 5 分； ③工器具及零部件损坏扣 5 分； ④接触网上或线路上有遗留物件，每件扣 5 分； ⑤作业过程中发生危及人身安全情况，1 次扣 5 分； ⑥劳动保护用品不齐或未按要求使用，每项扣 1 分	25		
合计	作业时间：　　分　　秒	100		

知识链接

一、中心锚节弛度调整方法

1. 当发现承力索中心锚结绳弛度不符合设计标准时，应对其弛度进行调整

(1) 中心锚结柱一侧弛度过大

如图 2-2-84 所示，将紧线器安装在承力索中心锚结上并连接手扳葫芦，将钢丝套子安装在支柱适当高度，连接手扳葫芦，打开承力索中心锚结落锚装置，按照测量数据进行紧线。

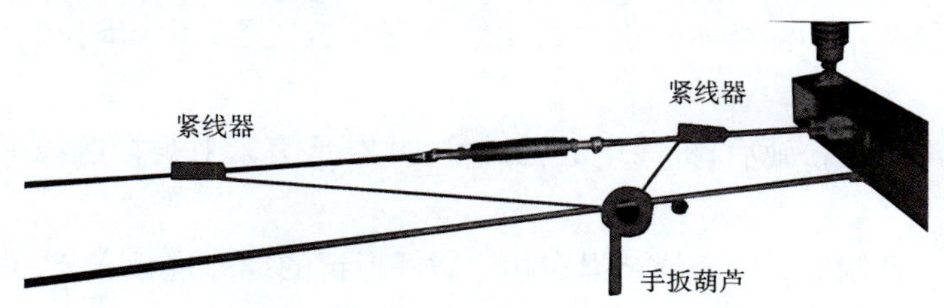

图 2-2-84　中锚辅助绳弛度调整

(2) 中心锚结柱两侧弛度不均匀

将中心锚结柱承力索固定承力索座打开，在承力索座处用绳套子固定放线滑轮，两侧弛度均匀后重新进行安装。

(3) 中心锚结柱两侧弛度过大

①将中心锚结柱承力索固定承力索座打开，在承力索座处用绳套子固定放线滑轮，将承力

索中锚绳放在放线滑轮内。

②在一侧中锚锚柱上用手板葫芦将承力索中锚绳紧起，将落锚装置打开。

③根据需要调整量，对中锚绳进行调整，当中锚绳过松时，打开承力索终端锚固线夹进行紧线。

2. 当发现接触线中心锚结过松、过紧时，应对其弛度进行调整

(1)首先测量该中心锚结接触线线夹处的接触线高度是否符合设计规定。

(2)根据测量值，确定调整位置。调整时，将辅助绳松弛的中心锚结线夹打开，一人通过手扳葫芦抽拉辅助绳头，当两侧辅助绳弛度达到一致时停止抽拉，另一人用扭矩扳手将承力索中心锚结线夹扭至设计要求力矩即可。

(3)对该处中心锚结接触线线夹处高度进行复测。

二、更换承力索中心锚结绳方法

承力索中心锚结绳有断股、烧伤时，应及时进行更换，更换步骤如下：

(1)根据现场测量数据，预制新的承力索中心锚结绳。

(2)将中心锚结柱固定承力索座打开，在承力索座处用绳套子固定放线滑轮，将承力索中锚绳放在放线滑轮内。

(3)人员到位，做好准备工作后，首先在一侧中锚锚柱用手板葫芦将承力索中锚绳紧起，将落锚装置打开，然后在落锚杵环杆上安装紧线器，将大绳与紧线器连接，并放入支柱侧滑轮内，最后缓缓松开手扳葫芦，同时辅助人员拉紧大绳，将承力索中锚绳放下。

(4)重新安装中心锚结绳，首先将预制好的承力索中锚绳按照原有承力索中锚绳路径进行敷设，然后将落锚装置与承力索中锚绳连接，一端与落锚底座连接，另一端在杵环杆位置安装紧线器，并与大绳连接。

(5)辅助人员拉紧大绳至高空作业人员作业范围内时，高空作业人员将手扳葫芦钩连接在紧线器上，收紧手扳葫芦。

(6)按照更换前承力索中锚绳技术状态将更换后承力索中锚绳恢复。

三、更换接触线中心锚结绳方法

当接触线心锚结绳断股、散股，接触线中心锚结线夹断裂、烧伤时，应对此处接触线中心锚结进行更换，更换步骤如下：

(1)在需要更换的中心锚结绳的承力索侧线夹安装位置处，用大绳拉紧承力索，使接触线中锚绳松弛。

(2)中心锚结绳充分松弛后，拆除中心锚结绳，并在承力索上与接触线中心锚结线夹相对位置做好标记。

(3)将预制好的中心锚结绳在相应做好标记的地方进行安装，并保证该处接触线的高度与相邻吊弦处接触线高度相等，允许偏差0～20 mm。

视 频

接触线中心锚结线夹制作

四、接触线中心锚结线夹安装方法

1. 接触线中心锚结线夹的用途与构成

(1)用途

该零件用于接触线中心锚结处。安装在接触线上，通过锚结绳与承力索连接，如图2-2-85所示。

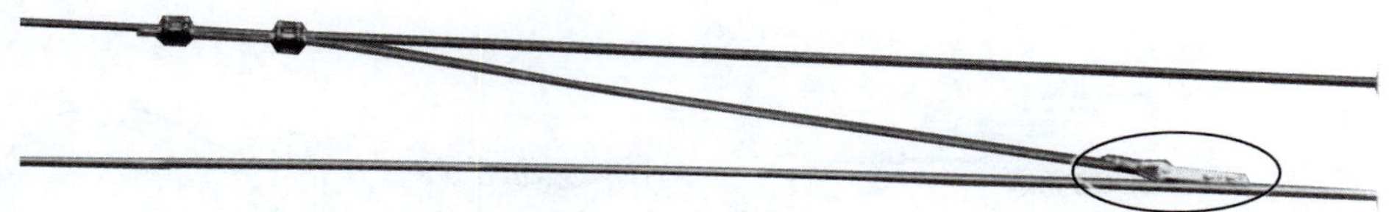

图 2-2-85　接触线中心锚结线夹安装图

(2)构成

接触线中心锚结线夹细节如图 2-2-86 所示。

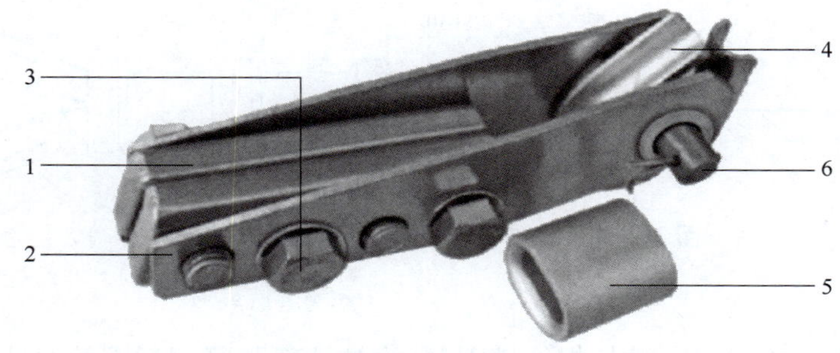

图 2-2-86　接触线中心锚结线夹细节图

1—线夹本体;2—线夹夹板;3—紧固螺栓及垫圈;4—心形环;5—压接管;6—销钉及开口销

2. 安装过程

(1)锚结绳压接

①从线夹上拆下心形环,将锚结绳一端穿过压接管,绕过心形环再由压接管穿出,如图 2-2-87 所示。

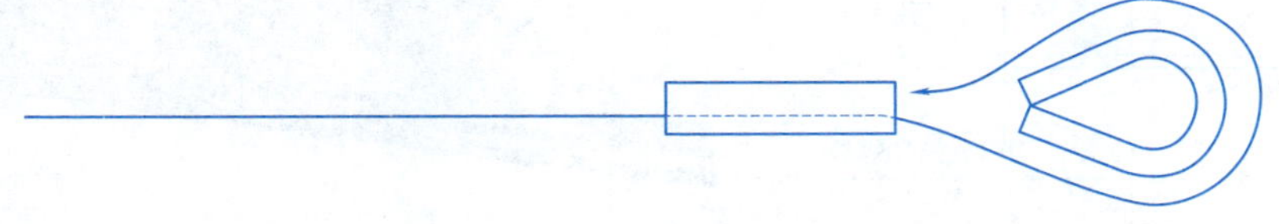

图 2-2-87　锚结绳穿压接管示意图

②预留有效长度并拉紧锚结绳,尽可能将压接管紧靠心形环,如图 2-2-88 所示。注意:折弯时应防止锚结绳弯曲部分出现散股现象。

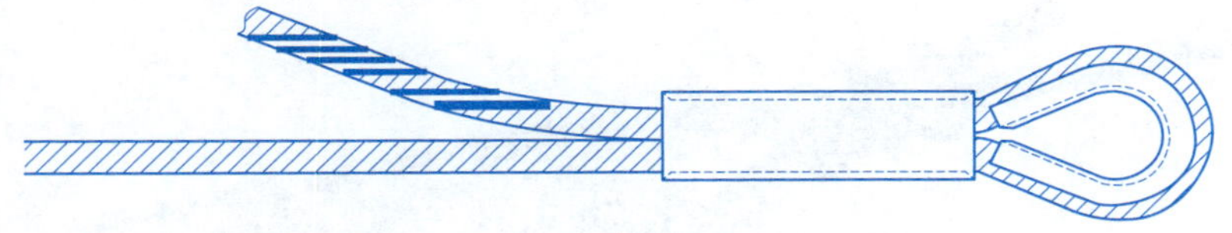

图 2-2-88　锚结绳穿压接管示意图

③用专用压接工具进行压接,每道压接应一次完成,压接尺寸应符合图纸要求,如图 2-2-89 所示。

④对非受力端绳头进行裁剪,要求裁剪后绳头露出长度 25 ~ 30 mm,如图 2-2-90 所示。注意:对绳头应进行绑防止散开。

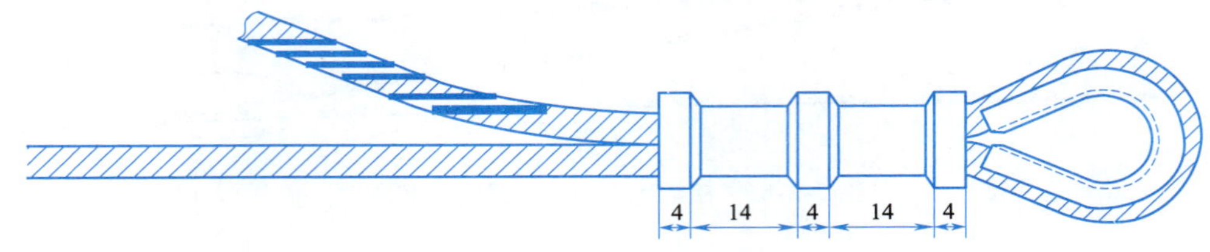

图 2-2-89　锚结绳压接(单位:mm)

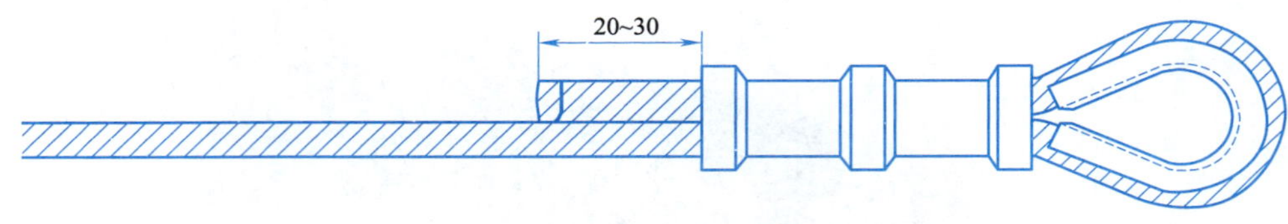

图 2-2-90　锚结绳非受力端裁剪(单位:mm)

(2)现场安装

①拆下紧固螺栓,在螺栓上涂抹螺纹锁固剂,涂抹位置是紧固后螺栓与线夹本体啮合部位的螺纹,之后将螺栓装回夹板,如图 2-2-91 所示。注意:涂抹锁固剂后应及时安装。

②确定线夹安装位置,将线夹本体卡入接触线线槽内,对螺栓进行紧固(紧固力矩为 80 N·m,允许误差范围 80 ~ 100 N·m),如图 2-2-92 所示。

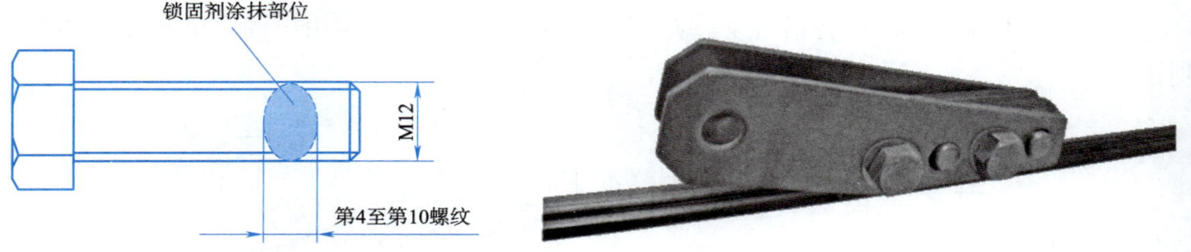

图 2-2-91　螺栓涂抹螺纹锁固剂　　图 2-2-92　线夹本体卡入接触线线槽

③用销钉将压接好的锚结绳与线夹夹板连接,装好开口销,如图 2-2-93 所示。

图 2-2-93　锚结绳与线夹夹板连接(单位:mm)

④将锚结绳的另一端通过承力索中心锚结线夹与承力索连接。

(3)安装后检查

①锚结绳压接是否规范、牢靠。

②线夹牙型是否卡在接触线线槽内。

③销钉连接是否牢靠,开口销安装是否规范。

④紧固螺栓是否符合规定的力矩值。

(4)使用工具

剪线钳、胶带、锚结绳压接专用工具、力矩扳手、手钳、螺纹锁固剂等。

视 频

承力索中心锚结线夹制作

五、承力索中心锚结线夹安装方法

1. 用途与构成

(1)用途

承力索中心锚结线夹用于承力索与锚结绳之间的固定连接。其使用位置有两处,一处是在承力索中心锚结处双槽承力索座两侧,另一处是在接触线锚结绳的末端,如图 2-2-94 所示。

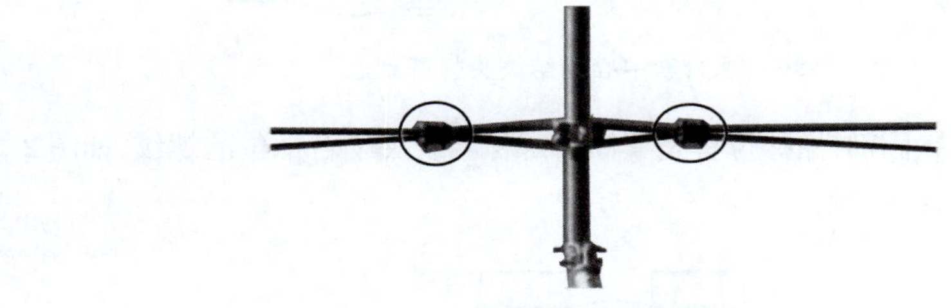

(a)双槽承力索座两侧

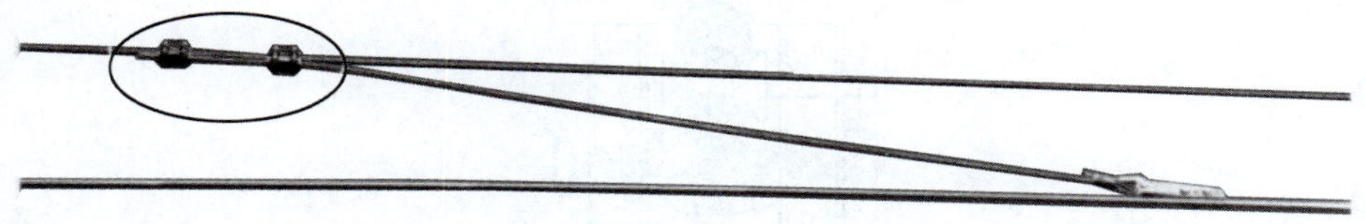

(b)接触线锚结绳末端

图 2-2-94　承力索中心锚结线夹的用途

(2)构成

承力索中心锚结线夹的构成如图 2-2-95 所示。

图 2-2-95　承力索中心锚结线夹的构成

1—上夹板;2—中夹板;3—下夹板;4—紧固螺栓;5—平垫

2. 安装

安装前应先检查零件是否齐全、完好，核对零件标识与使用线型是否相符。

安装过程如下：

（1）确定线夹安装位置，拆下两个短螺栓，并将长螺栓退至最末端，使线夹能最大限度地打开，如图 2-2-96 所示。

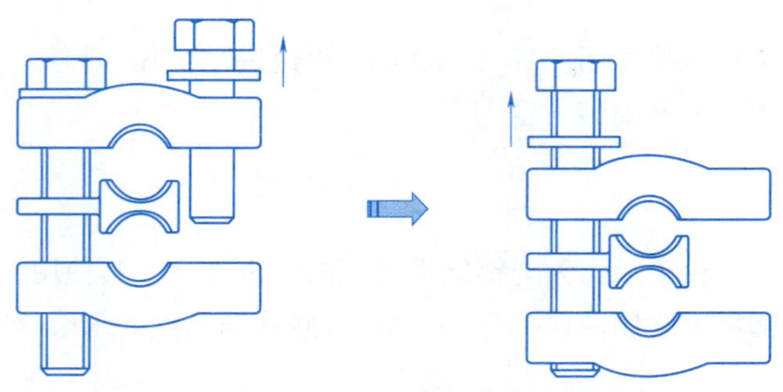

图 2-2-96　承力索中心锚结线夹打开状态

（2）在螺栓上涂抹螺纹锁固剂，涂抹位置是紧固后螺栓与线夹啮合部位的螺纹，如图 2-2-97 所示。注意：涂抹锁固剂后应及时安装。

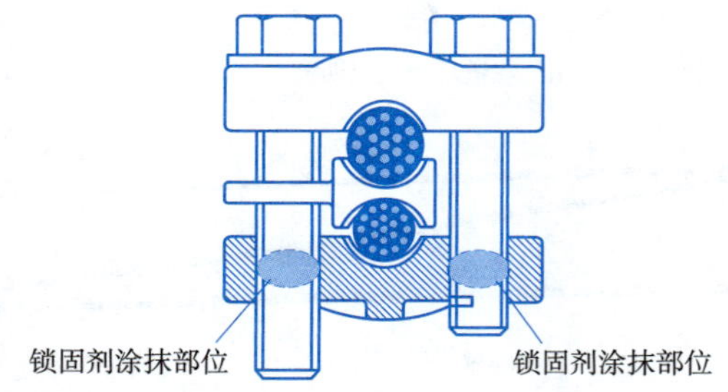

图 2-2-97　螺栓涂抹螺纹锁固剂

（3）将承力索卡入上夹板与中夹板的线槽中，将锚结绳卡入中夹板与下夹板之间，预紧螺栓，如图 2-2-98 所示。

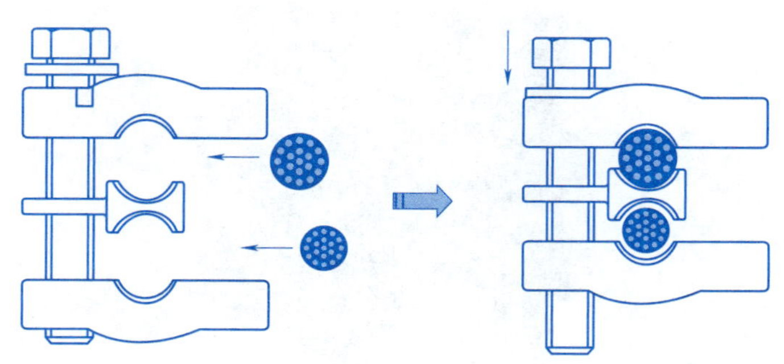

图 2-2-98　锚结绳卡入中夹板与下夹板示意图

（4）拧入长螺栓并预紧，调整好线夹位置后，将螺栓进行紧固（紧固力矩为 44 N·m，允许误差范围 44 ~ 56 N·m)，如图 2-2-99 所示。注意：通常线路中两个线夹串联安装，未端线夹外侧锚结绳应露出长度约 50 mm。

图 2-2-99　承力索中心锚结线安装后实物图

3. 安装后检查

(1)锚结绳是否有滑动或脱出现象。

(2)螺栓紧固力矩是否符合规定的力矩值。

4. 使用工具

扳手、力矩扳手、手钳、螺纹锁固剂等。

巩固练习

一、单选题

1. 承力索中心锚结线夹辅助绳外露长度不小于(　　)。

A. 30 mm　　B. 40 mm　　C. 50 mm　　D. 60 mm

2. 承力索中心锚结绳在其垂直投影与线路钢轨交叉处，应高于接触线(　　)以上。

A. 100 mm　　B. 200 mm　　C. 300 mm　　D. 400 mm

3. 中心锚结绳两端距相邻的吊弦或电连接距离不得小于(　　)。

A. 200 mm　　B. 300 mm　　C. 400 mm　　D. 500 mm

4. 接触线侧锚结绳压接后回头外露长度不小于(　　)。

A. 20 mm　　B. 40 mm　　C. 60 mm　　D. 80 mm

5. 中心锚结线夹处接触线高度与相邻吊弦接触线高度应相等，允许偏差(　　)。

A. 0 ~ 5 mm　　B. 0 ~ 10 mm　　C. 5 ~ 10 mm　　D. 10 ~ 15 mm

二、判断题

1. 正线、站线、联络线一般采用防窜中心锚结。(　　)

2. 中心锚结绳范围内承力索不得有接头和补强。(　　)

3. 中心锚结绳弛度应等于或略低于该处承力索弛度。(　　)

4. 中心锚结所在的跨距内接触线不得有接头和补强。(　　)

5. 中心锚结绳范围内不得安装吊弦和电连接。(　　)

6. 接触线中心锚结线夹应安装牢固。在直线上保持水平状态，在曲线上与接触线的倾斜度一致。(　　)

学习情境六　交叉线岔检修作业

学习情境描述

某电力机车通过交叉渡线道岔时，受电弓发生脱弓，碰至腕臂上，导致受电弓严重损坏，腕臂及定位器受损，通过停电抢修后，恢复通车。事故主要原因是交叉渡线道岔限制管内无间隙，当气温突然下降时，限制管内接触线无伸缩空间发生卡滞，交叉点被严重拉偏，远远超过了允许误差范围，导致电力机车受电弓脱弓。

想一想： 作为接触网工，你应该如何顺利完成本次检修作业？

学习目标

通过本情境的学习，掌握交叉线岔检修作业标准和流程，并能配合作业组成员完成交叉线岔的检修作业。

任务书

交叉线岔检修作业任务书见表 2-2-35。

表 2-2-35　交叉线岔检修作业任务书

作业任务		日　　期	
班　　组		计划作业时间	
组　　长		计划完成时间	
作业地点			
作业内容			
安全风险点			
防控措施			
作业过程督查意见			

任务分组

学生任务分配表表 2-2-36。

表 2-2-36　学生任务分配表

班　　级			日　　期	
班　　组			组　　长	
班组成员	姓　　名	任务角色	任务分工	

工作实施

交叉线岔检修工作实施过程见表2-2-37。

表 2-2-37　交叉线岔检修工作实施过程表

安全风险点及防控措施	作业步骤	作业内容及检修标准	任务完成(检修方法)
	检修前准备	到达作业现场,确认作业范围,检查作业所需工具、材料是否齐全,安全用具状态是否良好,在田野侧(安全地带)集中待命,接到工作领导人“安全措施采取完毕,可以开始作业”命令即可开始检修作业	填写工具、耗材和备品清单,见表2-2-38
	检查测量	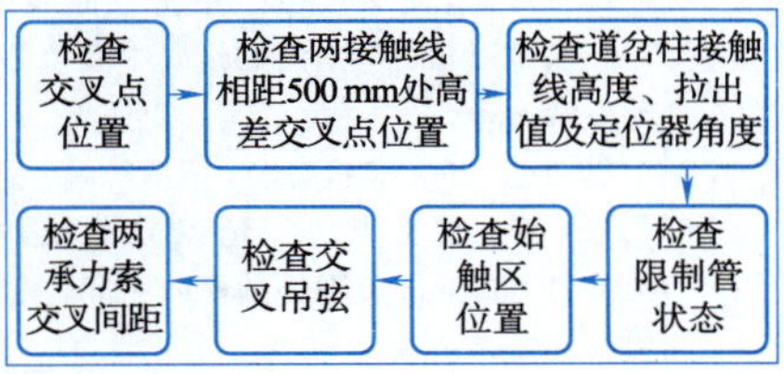 检查交叉点位置 → 检查两接触线相距500 mm处高差交叉点位置 → 检查道岔柱接触线高度、拉出值及定位器角度 → 检查限制管状态 → 检查始触区位置 → 检查交叉吊弦 → 检查两承力索交叉间距	填写检查(测量)数据记录单,见表2-2-39
①V形天窗调整菱形交叉渡线线岔时注意避让邻线来车,不得侵入邻线限界,人员、机具、材料与邻线带电设备保持足够的安全距离; ②检查时注意温度变化对限制管的影响(根据安装曲线调整),以免当温度变化很大时造成线夹交叉点位置偏移严重,从而脱弓或钻弓;	交叉点位置检修	检修标准: 标准值:横向距两线路任一线路中心不大于350 mm,纵向距道岔定位柱大于2.5 m。 标准状态:交叉点位于道岔导曲线两内轨距735~1 050 mm范围内的横向中间位置,允许偏差±50 mm。 警示值:同标准状态。 限界值:交叉点位于道岔导曲线两内轨距630~1 085 mm范围外的横向中间位置,允许偏差±50 mm	检修方法: ①纵向位置符合要求、横向位置不符合要求: a. 确定调整方向及数值:根据实际测量交叉点投影偏移方向及数值,确定拉出值调整方向及数值; b. 调整道岔定位柱拉出值:松开道岔定位柱两个定位器的定位支座,将两根接触线分别往支柱侧放或拉,直至交叉点投影位置符合要求。定位点拉出值调整不能使交叉点位置达到要求时,调整相邻定位点的拉出值; c. 复核、调整接触线高度,复核道岔电连接状态,如不满足要求需进行更换。 ②横向位置符合要求、纵向位置不符合要求: a. 根据道岔导曲线两内轨距测量数据,确定交叉点位置大于上限值(1 085 mm)或小于下限值(630 mm); b. 调整道岔定位柱拉出值:大于上限值就减小两接触线交叉角,小于下限值就增大两接触线交叉角,调整时尽量保证正线接触线(即交叉点下边的接触线)拉出值。定位点拉出值调整不能使交叉点位置达到要求时,调整相邻定位点的拉出值; c. 复核、调整接触线高度。

续表

安全风险点及防控措施	作业步骤	作业内容及检修标准	任务完成(检修方法)
③作业车在岔区移动,司乘人员要与防护人员密切联系,并控制车速,防止挤岔或冒出、冒进信号; ④在限制管范围内,上边接触线与限制管应保持 1 ~ 3 mm 间隙防止卡滞现象;	交叉点位置检修	检修标准: 标准值:横向距两线路任一线路中心不大于 350 mm,纵向距道岔定位柱大于 2.5 m。 标准状态:交叉点位于道岔导曲线两内轨距 735 ~ 1 050 mm 范围内的横向中间位置,允许偏差 ±50 mm。 警示值:同标准状态。 限界值:交叉点位于道岔导曲线两内轨距 630 ~ 1 085 mm 范围外的横向中间位置,允许偏差 ±50 mm	③横向位置和纵向位置都不符合要求: a. 确认限制管位置,不影响悬挂调整; b. 调整正线工作支拉出值至标准定位。在钢轨上标记出内轨间距 735 ~ 1 050 mm 范围,将线坠挂在该范围的正线接触线上,即预设正线接触线拉出值;松定位器的定位器支座;调整正线接触线拉出值,直至预设交点(即线坠尖指向位置)在 735 ~ 1 050 mm 的辙叉角平分线上; c. 调整侧线接触线(即交叉点上边的接触线)的拉出值,直至该线交于线坠处,则该点就是两接触线的交叉点; d. 反复调整限制管、紧固螺母检查间隙,直至符合要求; e. 如果交叉点的位置达不到标准时,须调整相邻支柱处的拉出值。调整时,保证正线和侧线的拉出值都不超过限界值; f. 调整接触线的高度
	两接触线相距 500 mm 处高差检修	检修标准: 标准值:当两支均为工作支时,正线线岔的侧线接触线比正线接触线高 20 mm,侧线线岔两接触线等高。当一支为非工作支时,非工作支接触线比工作支接触线高 80 ~ 100 mm,并按设计要求延长一跨抬高 350 ~ 500 mm 后下锚。 标准状态:当两支均为工作支时,正线线岔侧线接触线比正线接触线高 10 ~ 30 mm;侧线线岔两接触线高差不大于 30 mm。当 一支为非工作支时,非工作支接触线比工作支接触线抬高 50 ~ 100 mm,并延长一跨抬高 350 ~ 500 mm 后下锚。 警示值:同标准状态。 限界值:同警示值	检修方法: ①当两工作支高差不符合标准: 正线线岔:保证正线接触线高度的前提下,调整或更换侧线吊弦,达到高差标准; 侧线线岔:保证重要侧线导高的前提下,调整或更换另一侧线吊弦,保证两接触线等高。 ②当一支为非工作支时,两接触线高差不符合标准: 保证工作支导高的前提下,调整或更换非工作支吊弦,达到高差标准
	道岔柱接触线高度、拉出值及定位器角度检修	检修标准: ①道岔定位器支座、软横跨定位立柱不得侵入本线及邻线受电弓动态包络线; ②道岔开口方向、道岔定位后的第一个悬挂点设在线间距大于等于 1 220 mm 处,并应保证两线接触悬挂的任一接触线分别与相邻线路中心距离不小于 1 220 mm;	检修方法: ①接触线高度不符合标准:通过调整定位点两端吊弦使其符合标准,调整时要考虑与相邻吊弦的高差、接触线坡度; ②拉出值不符合标准:调整或更换定位器;

续表

安全风险点及防控措施	作业步骤	作业内容及检修标准	任务完成(检修方法)
⑤对下锚转角较大处所线岔调整时要注意受力方向,防止线索弹出伤人	道岔柱接触线高度、拉出值及定位器角度检修	③当非工作支下锚偏角大于8°时,非工作支应延长一跨并适当抬高后下锚; ④岔区腕臂顺线路偏移量符合设计要求,允许偏差±20 mm	③定位器角度不符合标准: a. 调整定位环、定位管支撑的位置使定位器角度符合标准,必要时调整拉出值; b. 反定位可调整定位管拉线固定钩位置使定位器角度符合标准
	限制管检修	检修标准: 限制管长度符合设计要求,安装牢固,并使两接触线有一定的活动间隙,保证接触线自由伸缩	检修方法: ①限制管卡滞:松开限制管两端线夹螺栓,根据安装曲线确定偏移量,调整限制管位置; ②活动间隙不符合要求:调整或更换侧线吊弦; ③限制管本体缺陷:更换
	线岔始触区检修	检修标准: 线岔两工作支中,任一工作支的垂直投影距另一股道线路中心600～1 050 mm的区域内不得安装除吊弦线夹(必需时)外的其他线夹。在始触区至接触线交叉点处,正线和侧线接触线应位于受电弓中心的同一侧	检修方法: 若始触区有线夹将相应的线夹移出始触区
	交叉吊弦检修	检修标准: ①交叉吊弦应安装在正线接触线距侧线线路中心线、侧线接触线距正线线路中心线水平投影550～600 mm的范围内,两交叉吊弦间距一般为2 m。交叉吊弦与其他吊弦间距(始触区反侧)不大于6～8 m; ②交叉吊弦的安装顺序应保证在受电弓从道岔开口方向进入时,先经过侧线承力索与正线接触线间的吊弦; ③交叉吊弦的承力索端采用滑动吊弦线夹时,绝缘垫块应安装正确,保证滑动灵活;交叉吊弦接触线端的吊弦线夹螺栓及载流环应朝向远离另一支接触线的方向,线夹倾斜角最大不得超过15°	检修方法: 平移交叉吊弦位置,同时复核导高,必要时重新更换交叉吊弦,两吊弦间距不小于2 m
	两承力索交叉间距检修	检修标准: 两支承力索垂直间距不应小于60 mm	检修方法: 调整侧线承力索高度
	检修完毕	确认修后设备质量良好,清点机具、材料齐全后,下作业平台(支柱)撤至安全地带报告工作领导人。等待作业组全体成员列队点名	

表2-2-38　工具、耗材和材料清单

序号	名称	单位	数量	备注
1				
2				
3				

续表

序号	名称	单位	数量	备注
4				
5				
6				
7				
8				
9				

表 2-2-39　检查(测量)数据记录单

序号	检查项目	检查(测量)数据	设计值(状态)	是否需要调整
1	单开道岔交叉点位置			
2	两接触线相距 500 mm 处高差			
3	道岔柱接触线高度、拉出值及定位器角度			
4	限制管			
5	线岔始触区			
6	交叉吊弦			
7	两承力索交叉间距			
8	螺栓紧固力矩			

评价反馈

交叉线岔检修作业评价记录见表 2-2-40。

表 2-2-40　交叉线岔检修作业评价记录表

评价项点	评价标准	配分	得分	扣分原因
工具材料准备	检查、挑选工具和材料，缺 1 项扣 2 分	5		
数据测量	单开道岔交叉点位置、两接触线相距 500 mm 处高差、道岔柱接触线高度拉出值及定位器角度、限制管间隙、两承力索交叉间距、螺栓紧固力矩，1 项数据测量错误扣 3 分	25		
技术要求	单开道岔交叉点位置调整方法流程正确	10		
	两接触线相距 500 mm 处高差调整方法流程正确	10		
	道岔柱接触线高度、拉出值及定位器角度调整方法流程正确	10		
	限制管调整方法流程正确	10		
	线岔始触区调整方法流程正确	10		
安全及规范操作	①高处坠物 1 次扣 5 分； ②材料工具上下抛掷，1 次扣 5 分； ③工器具及零部件损坏扣 5 分； ④接触网上或线路上有遗留物件，每件扣 5 分； ⑤作业过程中发生危及人身安全情况，1 次扣 5 分； ⑥劳动保护用品不齐或未按要求使用，每项扣 1 分	20		
合计	作业时间：　　分　　秒	100		

知识链接

交叉线岔限位管的安装方法：

1. 用途与构成

(1)用途

限位管两端通过定位线夹安装在下位接触线上，它将两支独立的接触线约束在一起，使两接触线在受电弓抬升力作用下能同步升降，保证受电弓从不同线路方向顺利通过线岔。

(2)构成

交叉线岔限位管的构成如图 2-2-100 所示。

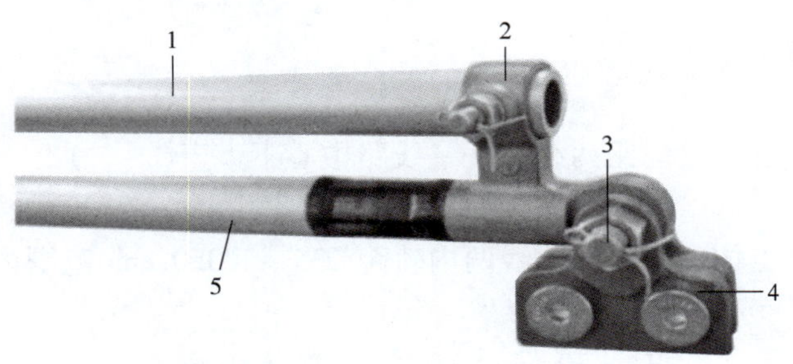

图 2-2-100　交叉线岔限位管的构成

1—连接管；2—限位管支架；3—螺栓销；4—线夹；5—限位管

2. 确定安装位置

限位管与上位接触线间应有 1 ~ 3 mm 的间隙，以便上位接触线能随温度变化而自由移动。平均温度时，两接触线交叉点应处于限位管中心；当接触线温度高于设计平均温度时，两接触线交叉点应偏向下锚端；接触线温度低于设计平均温度时，两接触线交叉点应偏向中心锚结端。

两支接触线的上下位置是依据线路情况和线岔距中心锚结的远近确定的。当正线接触线与侧线接触线相交时，正线接触线在下位，侧线接触线在上位；当两侧线接触线相交时，距中心锚结近的接触线位于下位。

3. 安装过程(见图 2-2-101)

(1)在限位管本体长度中心做标记。

(2)在导线上做安装位置标记(当前温度下接触线交叉点的偏移位置)，此点是线岔中心将要对正的点。

(3)拆下线夹螺母，适当松开支架螺栓销和线夹螺栓，使线夹打开。将限位管放置到导线交叉点上方，将线夹卡入交叉点下方的接触线线槽内，并预紧螺栓。

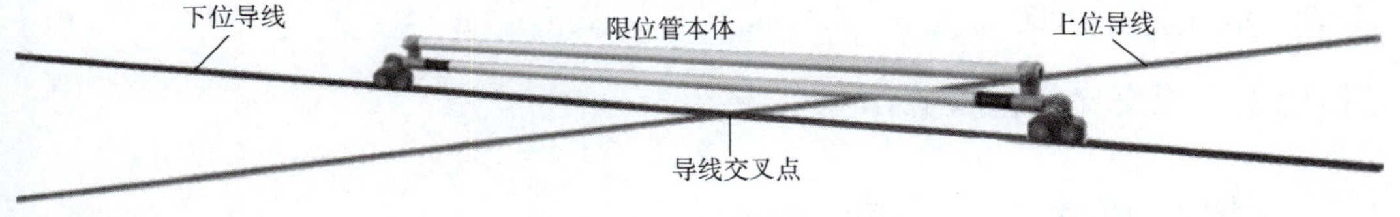

图 2-2-101　交叉线岔结构示意图

(4)调整限位管位置使线岔中心点与安装位置标记对正,用专用紧固套筒及力矩扳手紧固线夹螺栓至 25 N·m 并拧紧螺栓销。

(5)用力矩扳手紧固螺母。

4. 安装后检查

(1)查看限位管安装位置是否正确,安装位置误差应不大于 40 mm。

(2)线夹夹板是否完全卡入接触线线槽。

(3)夹板螺栓是否符合规定的力矩值。

5. 使用工具

卷尺、力矩扳手、专用紧固套筒等。

巩固练习

一、单选题

1. 交叉点位置标准值:横向距两线路任一线路中心不大于(　　)。

A. 150 mm　　B. 250 mm　　C. 350 mm　　D. 450 mm

2. 标准状态:交叉点位于道岔导曲线两内轨距 735 ~ 1 050 mm 范围内的横向中间位置,允许偏差(　　)。

A. ±20 mm　　B. ±30 mm　　C. ±50 mm　　D. ±70 mm

3. 两接触线相距 500 mm 标准值:当两支均为工作支时,正线线岔的侧线接触线比正线接触线高(　　)。

A. 20 mm　　B. 40 mm　　C. 60 mm　　D. 80 mm

4. 两接触线相距 500 mm 标准状态:当两支均为工作支时,正线线岔侧线接触线比正线接触线高 10 ~ (　　) mm。

A. 20　　B. 30　　C. 40　　D. 50

5. 当非工作支下锚偏角大于(　　)时,非工作支应延长一跨并适当抬高后下锚。

A. 6°　　B. 7°　　C. 8°　　D. 9°

二、判断题

1. 交叉点位置标准值:纵向距道岔定位柱大于 2 m。(　　)

2. 交叉点位置限界值:交叉点位于道岔导曲线两内轨距 630 ~ 1 085 mm 范围外的横向中间位置,允许偏差 ±50 mm。(　　)

3. 限制管长度符合设计要求,安装牢固,并使两接触线有一定的活动间隙,保证接触线自由伸缩。(　　)

4. 线岔两工作支中,任一工作支的垂直投影距另一股道线路中心 500 ~ 1 050 mm 的区域内不得安装除吊弦线夹(必需时)外的其他线夹。(　　)

5. 两支承力索垂直间距不应小于 60 mm。(　　)

学习情境七　无交叉线岔检修作业

学习情境描述

某次动车组运行过程中自动降弓,停车检查发现 D716#至 D718#支柱间接触网吊弦断裂,遗留 1 个接触线吊弦线夹及 200 mm 吊弦线，断裂的接触网吊弦为无交叉线岔处采用的交叉吊弦，其上部承力索端为绝缘安装形式，因绝缘垫块滑移后，吊弦承力索夹板固定螺栓处导电烧损熔穿并脱落，发生弓网故障。

想一想：作为接触网工，你应该如何顺利完成本次检修作业？

学习目标

通过本情境的学习，掌握无交叉线岔检修作业标准和流程，并能配合作业组成员完成无交叉线岔的检修作业。

任务书

无交叉线岔检修作业任务书，见表 2-2-41。

表 2-2-41　无交叉线岔检修作业任务书

作业任务		日　　期	
班　　组		计划作业时间	
组　　长		计划完成时间	
作业地点			
作业内容			
安全风险点			
防控措施			
作业过程督查意见			

任务分组

学生任务分配见表 2-2-42。

表 2-2-42　学生任务分配表

班　　级			日　　期	
班　　组			组　　长	
班组成员	姓　　名	任务角色	任务分工	

工作实施

无交叉线岔检修工作实施过程见表 2-2-43。

表 2-2-43　无交叉线岔检修工作实施过程表

<table>
<tr><th>安全风险点及防控措施</th><th>作业步骤</th><th>作业内容及检修标准</th><th>任务完成(检修方法)</th></tr>
<tr><td rowspan="4">①作业车在岔区移动,司乘人员要与座台防护人员密切联系,并控制车速,防止挤岔或冒出、冒进信号;
②作业平台严禁向邻线侧转动,人员与机具时刻与带电设备保持足够的安全距离;
③对转角较大处所线索调整时要注意受力方向,防止线索弹出伤人;</td><td>检修前准备</td><td>到达作业现场,确认作业范围,检查作业所需工具、材料是否齐全,安全用具状态是否良好,在田野侧(安全地带)集中待命,接到工作领导人“安全措施采取完毕,可以开始作业”命令即可开始检修作业</td><td>填写工具、耗材和备品清单,见表 2-2-44</td></tr>
<tr><td>检查测量</td><td>检查始触区位置 → 检查无交叉线岔定位点 → 检查交叉吊弦</td><td>填写检查(测量)数据记录单,见表 2-2-45</td></tr>
<tr><td>无交叉线岔定位点检修</td><td>检修标准:
①岔心两端的定位柱距岔心距离符合设计规定;
②岔区腕臂顺线路偏移应符合设计要求,允许偏差 ±20 mm;
③两承力索垂直间距不应小于 60 mm;
④道岔柱处接触线高度应符合设计要求,任何情况下拉出值不大于 450 mm</td><td>检修方法:
调整定位器位置,使之达标,如定位器调整到最大位置仍不能达标,正定位时更换定位器,反定位时更换定位器或反定位管。
①正定位定位器调整方法:
根据测量值和设计值计算出调整量;用手扳葫芦连接接触线和支柱使定位器卸载;松开定位器底座螺栓,按照调整量调整定位器底座位置,并随时根据距离收紧手扳葫芦;调整到位后,紧固螺栓,卸下手扳葫芦;
②反定位定位器调整方法:
根据测量值和设计值计算出调整量;卸下定位管管帽,通过手扳葫芦和滑轮与接触线相连,收紧葫芦使定位器卸载;松开定位器底座螺栓,按照调整量调整定位器底座位置,并随时根据距离收紧手扳葫芦;调整到位后,紧固螺栓,卸下手扳葫芦;
③更换定位器或定位管方法:
根据调整量确定定位器或定位管型号,卸载方法同上,更换定位器或反定位管,将拉出值调整至符合标准</td></tr>
<tr><td>线岔始触区检修</td><td>检修标准:
正线接触线距侧线线路中心,侧线接触线距正线线路中心水平投影 600 ~ 1 050 mm 范围为始触区。始触区不允许安装除吊弦线夹以外的任何线夹类金具</td><td>检修方法:
①始触区内存在除吊弦线夹以外的零部件移出始触区范围;
②始触区接触线不等高时,调整侧线跨中吊弦长度使两支接触线在始触区范围内等高;
③始触区范围调整可调整两端定位点拉出值</td></tr>
</table>

续表

安全风险点及防控措施	作业步骤	作业内容及检修标准	任务完成(检修方法)
④检调时注意温度变化对限制管的影响(根据安装曲线调整),以免当温度变化很大时造成线夹交叉点位置偏移严重,从而脱弓或钻弓； ⑤在限制管范围内,上边接触线与限制管应保持1~3 mm间隙防止出现卡滞现象	交叉吊弦检修	检修标准: ①交叉吊弦应安装在正线接触线距侧线线路中心线、侧线接触线距正线线路中心线水平投影550~600 mm的范围内,两交叉吊弦间距一般为2 m。交叉吊弦与其他吊弦间距(始触区反侧)不大于6~8 m； ②交叉吊弦的安装顺序应保证在受电弓从道岔开口方向进入时,先经过侧线承力索与正线接触线间的吊弦； ③交叉吊弦的承力索端采用滑动吊弦线夹时,绝缘垫块应安装正确,保证滑动灵活；交叉吊弦接触线端的吊弦线夹螺栓及载流环应朝向远离另一支接触线的方向,线夹倾斜角最大不得超过15°	检修方法: 平移交叉吊弦位置,同时复核导高,必要时重新更换交叉吊弦,两吊弦间距不小于2 m
	检修完毕	确认修后设备质量良好,清点机具、材料齐全后,下作业平台(支柱)撤至安全地带报告工作领导人。等待作业组全体成员列队点名	

表2-2-44　工具、耗材和材料清单

序号	名称	单位	数量	备注
1				
2				
3				
4				
5				
6				
7				
8				
9				

表2-2-45　检查(测量)数据记录单

序号	检查项目	检查(测量)数据	设计值(状态)	是否需要调整
1	无交叉线岔定位点			
2	始触区			
3	交叉吊弦			
4	螺栓紧固力矩			

评价反馈

无交叉线岔检修作业评价记录见表2-2-46。

表 2-2-46　无交叉线岔检修作业评价记录表

评价项点	评价标准	配分	得分	扣分原因
工具材料准备	检查、挑选工具和材料，缺 1 项扣 2 分	5		
数据测量	始触区、无交叉线岔定位点、交叉吊弦、螺栓紧固力矩，1 项数据测量错误扣 3 分	20		
技术要求	始触区调整方法流程正确	15		
	无交叉线岔定位点调整方法流程正确	20		
	交叉吊弦调整方法流程正确	15		
安全及规范操作	①高处坠物 1 次扣 5 分； ②材料工具上下抛掷，1 次扣 5 分； ③工器具及零部件损坏扣 5 分； ④接触网上或线路上有遗留物件，每件扣 5 分； ⑤作业过程中发生危及人身安全情况，1 次扣 5 分； ⑥劳动保护用品不齐或未按要求使用，每项扣 1 分	25		
合计	作业时间：　　分　　秒	100		

知识链接

一、带辅助悬挂的无交叉线岔

(1)在开口方向第一根道岔柱处，侧线定位点距离正线(直股)线路中心大于 1 250 mm。

(2)第二根道岔柱处侧线抬高 80 ~ 120 mm。

(3)在线路中心间距为 720 mm 处，正线与侧线接触线间距应小于 1 200 mm。

(4)300 km/h 以上线路的线岔，第二根道岔柱侧线定位点距离正线(直股)的线路中心应在 1 250 ~ 1 350 mm 间。

(5)线岔的编号应以其所在道岔编号命名。

第三辅助无交分线岔布置方式是充分运用辅助锚段形成过渡，整个过程中正线过渡与进出侧线方式都与相邻接触悬挂不发生作用，因此在过渡过程中不存在对邻近接触悬挂的冲击，这样既能保障安全性又能显著提高侧向通过速度。与此同时，此种方式至少需要三支转换支柱进行过渡，则此种线岔布置方式至少需要 150 ~ 200 m 的空间位置，且每根转换支柱均需三支腕臂，而三支腕臂的安装及调整工作量剧增，如图 2-2-102 所示(图中数字 1 ~ 8 表示电力机车运行状态，其余数字为拉出值)。

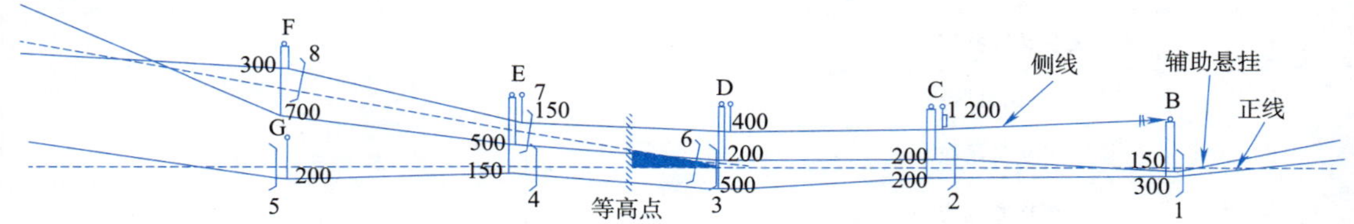

图 2-2-102　第三辅助式无交叉线岔平面布置示意图(单位：mm)

二、38 号及以上道岔

对于 38 号及以上道岔，在正线接触线距侧线线路中心、侧线接触线距正线线路中心水平投影大于 850 mm 处，各增设一根吊弦。接触线吊弦线夹螺栓从两接触线间向外穿。

巩固练习

一、单选题

1. 正线接触线距侧线线路中心，侧线接触线距正线线路中心水平投影(　　)范围为始触区。

A. 600～1 050 mm　　B. 500～1 050 mm

C. 600～1 000 mm　　D. 600～1 100 mm

2. 在限制管范围内，上边接触线与限制管应保持(　　)间隙防止出现卡滞现象。

A. 1～2 mm　　B. 1～3 mm

C. 2～3 mm　　D. 2～4 mm

3. 交叉吊弦应安装在正线线路中心线水平投影(　　)的范围内。

A. 500～600 mm　　B. 550～650 mm

C. 550～600 mm　　D. 500～650 mm

4. 两交叉吊弦间距一般为 2 m。交叉吊弦与其他吊弦间距(始触区反侧)不大于(　　)。

A. 6～7 m　　B. 7～8 m

C. 5～8 m　　D. 6～8 m

5. 交叉吊弦接触线端的吊弦线夹螺栓及载流环应朝向远离另一支接触线的方向，线夹倾斜角最大不得超过(　　)。

A. 10°　　B. 15°　　C. 20°　　D. 25°

二、判断题

1. 作业车在岔区移动，司乘人员要与坐台防护人员密切联系，并控制车速，防止挤岔或冒出、冒进信号。(　　)

2. 作业平台严禁向邻线侧转动，人员与机具时刻与带电设备保持足够的安全距离。(　　)

3. 始触区不允许安装除吊弦线夹以外的任何线夹类金具。(　　)

4. 始触区接触线不等高时，调整正线跨中吊弦长度使两支接触线在始触区范围内等高。(　　)

5. 定位器必须保持接触线拉出值的准确性。(　　)

学习情境八　电连接检修作业

学习情境描述

某区间，某动车组运行过程中 06 车受电弓自动降弓、动车组区间停车。通过对当天 2C 监测视频进行分析，发现区间 641#接触网支柱处，接触网横向电连接存在异常。调查发现，承力索与接触线间的横向电连接从接触线电连接线夹压接处折断，断口及断面较整齐，线夹内断痕新旧不一，无烧伤痕迹、断口处电连接铜绞线散股严重。

想一想：作为接触网工，你应该如何顺利完成本次检修作业？

学习目标

通过本情境的学习，掌握电连接检修作业标准和流程，并能配合作业组成员完成电连接的检修作业。

任务书

电连接检修作业任务书，见表 2-2-47。

表 2-2-47　电连接检修作业任务书

作业任务		日　期	
班　组		计划作业时间	
组　长		计划完成时间	
作业地点			
作业内容			
安全风险点			
防控措施			
作业过程督查意见			

任务分组

学生任务分配见表 2-2-48。

表 2-2-48　学生任务分配表

班　级			日　期	
班　组			组　长	
班组成员	姓　名	任务角色	任务分工	

工作实施

电连接检修作业工作实施过程见表 2-2-49。

表 2-2-49　电连接检修作业工作实施过程表

安全风险点及防控措施	作业步骤	作业内容及检修标准	任务完成(检修方法)
①作业人员在检修电连接器作业时，系好安全带，防止高空坠落； ②与隔离开关引线相连的电连接器移位检查或更换，应采取停电作业进行，须事先用同等载流能力的短接线将电分段设备(如电分段锚段关节、分段绝缘器、分段绝缘子串等)短接； ③停电更换电连接作业时，未装短接线前禁止拆除锚段关节电连接及开关电连接线夹； ④压接式无螺栓电连接线夹严禁采取撬开、敲打方式挪移位置； ⑤示温贴片的粘贴位置必须是巡视便于发现的位置，发现异常及时更换电连接线及电连接线夹； ⑥电连接线及线夹选型符合设计要求； ⑦U 形螺纹卡子外漏 1 ~ 3 mm，卡子环口朝向机车前进方向； ⑧道岔电连接安装数量为 2 根，必须安装在始触区以外(两接触线间距大于 1 050 mm)，根据线索型号选用电连接线夹	检修前准备	到达作业现场，确认作业范围，检查作业所需工具、材料是否齐全，安全用具状态是否良好，在田野侧(安全地带)集中待命，接到工作领导人"安全措施采取完毕，可以开始作业"命令即可开始检修作业	填写工具、耗材和备品清单，见表 2-2-50
	检查测量	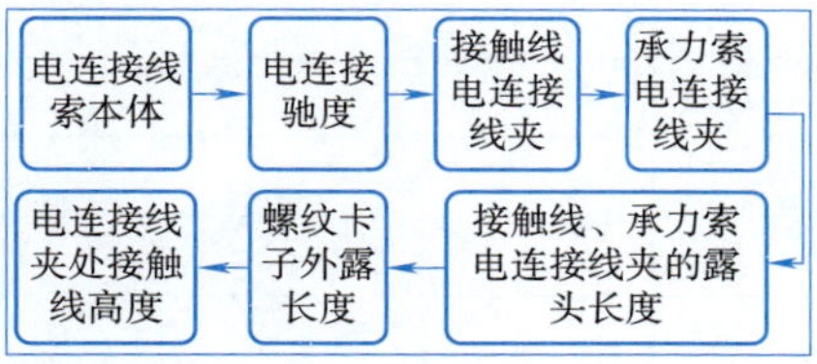 电连接线索本体→电连接驰度→接触线电连接线夹→承力索电连接线夹→接触线、承力索电连接线夹的露头长度→螺纹卡子外露长度→电连接线夹处接触线高度	填写检查(测量)数据记录单，见表 2-2-51
	电连接线检调	检修标准： ①承力索、接触线间距≤1 000 mm 时采用"C"形连接的方式；间距>1 000 mm 时采用"S"形连接。其裕度满足接触线、承力索因温度变化伸缩的要求； ②电连接线均要用多股软铜线做成，其额定载流量不小于被连接的接触悬挂、供电线的额定载流量，且不得有接头、压伤和断股现象，电连接线端头外露 10 ~ 20 mm； ③对于压接式电连接线夹，电连接线不应有压伤和断股现象	调整方法： ①电连接线预留量调整： a. 电连接线连接过松，在承力索所上用软铜绞线进行绑扎； b. 电连接线连接过紧，需重新压制电连接； ②电连接线露头过长： 处理方法：重新绑扎、裁剪
	电连接线夹检调	检修标准： ①电连接线夹的材质和规格须与被连接线索相适应，优先采用压接型式； ②电连接线夹与接触线、承力索、供电线之间连接牢固，线夹内无杂物； ③承力索、接触线电连接线夹压接后应端正，符合压接标准。接触线电连接线夹在直线处应处于铅垂状态，在曲线处应与接触线的倾斜度一致； ④工作支接触线电连接线夹处接触线高度与最近相邻吊弦点高度相等，允许偏差 0 ~ 5 mm； ⑤压接式接触线电连接线夹与线槽契合的 U 形螺纹卡子应平行压接于线槽内，不得跳出接触线线槽。U 形螺纹卡子应保证卡子插入后，另一端露头 1 ~ 3 mm； ⑥电连接线夹与线索接触面均应涂电力复合脂	调整方法： ①电连接线夹处接触线高度调整： a. 若电连接线夹处接触线高度低于相邻吊弦，减小电连接线在承力索与接触线间的预留量； b. 若电连接线夹处接触线高度高于相邻吊弦，需要重新制作压接接触线电连接线夹； ②U 形螺纹卡子无外露处理方法： 重新更换进行压接； ③电连接线夹压偏超标处理方法： a. 重新压制接触线电连接线夹； b. 线夹装设不得偏斜，不得造成打弓、碰弓隐患
	电连接装设要求	检修标准： ①在锚段关节、线岔和车站电力机车、动车组经常起动处的股道之间等处所，应装设电连接； ②电连接位置和数量符合设计要求，安装位置允许偏差 ±500 mm； ③极限温度条件下，交叉跨越线索间距不足 200 mm 的处所应加装等位线。等位线及其连接线夹应与被连接线索材质匹配，截面积不小于 10 mm^2	调整方法： 不符合装设要求的按照检修标准进行调整
	检修完毕	确认修后设备质量良好，清点机具、材料齐全后，下作业平台(支柱)撤至安全地带报告工作领导人。等待作业组全体成员列队点名	

表 2-2-50　工具、耗材和备品清单

序号	名称	单位	数量	备注
1				
2				
3				
4				
5				
6				
7				
8				
9				

表 2-2-51　检查数据记录单

序号	检查项目	测量数据	设计值(状态)	是否需要调整
1	电连接线索本体			
2	电连接弛度			
3	接触线电连接线夹			
4	承力索电连接线夹			
5	接触线、承力索电连接线夹的露头长度			
6	螺纹卡子外露长度			
7	电连接线夹处接触线高度			
8	螺栓紧固力矩			

评价反馈

电连接检修作业评价记录见表 2-2-52。

表 2-2-52　电连接检修作业评价记录表

评价项点	评价标准	配分	得分	扣分原因
工具材料准备	检查、挑选工具和材料,缺 1 项扣 2 分	5		
数据测量	接触线、承力索电连接线夹的露头长度、螺纹卡子外露长度、电连接线夹处接触线高度、螺栓紧固力矩,1 项数据测量错误扣 3 分	25		
技术要求	电连接线调整方法流程正确	15		
	电连接线夹调整方法流程正确	15		
	电连接装设方法流程正确	15		
安全及规范操作	①高处坠物 1 次扣 5 分; ②材料工具上下抛掷,1 次扣 5 分; ③工器具及零部件损坏扣 5 分; ④接触网上或线路上有遗留物件,每件扣 5 分; ⑤作业过程中发生危及人身安全情况,1 次扣 5 分; ⑥劳动保护用品不齐或未按要求使用,每项扣 1 分	25		
合计	作业时间:　　分　　秒	100		

一、电连接线夹安装方法

1. 压接型接触线电连接线夹的安装

(1)用途与构成

①用途:用于电连接线与接触线之间的电气连接,如图 2-2-103 所示。

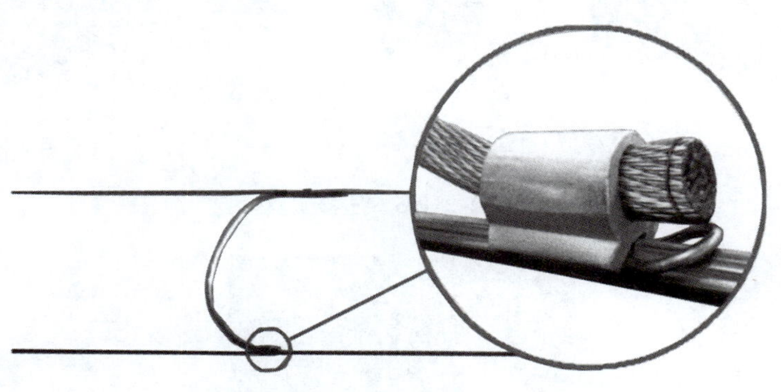

图 2-2-103　压接型接触线电连接线夹安装

②构成:压接型接触线电连接线夹如图 2-2-104 所示。

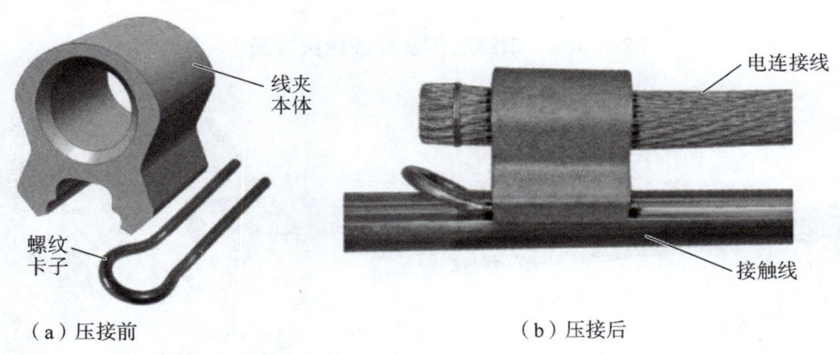

图 2-2-104　压接型接触线电连接线夹

(2)线夹安装方向

①电连接线穿向:以线路施工要求为准。

②螺纹卡子方向:开口与电连接线头朝向相对。

(3)压接前准备

①检查零件是否完好,查看零件标识与使用的电连接线是否相符。

②检查压接工具:电动液压泵(压力应不小于 70 MPa)、压接钳、压接模,如图 2-2-105 所示。

③接触线压接模标识为“C. W”,不同规格的接触线应使用相应的压接模。

④对线夹及导线压接表面进行打磨清理,特别是接触线线槽,如图 2-2-106 所示。

⑤在清洁后表面均匀涂抹导电油脂,如图 2-2-107 所示。导电脂涂抹既要均匀又要薄,不宜厚更不可出现堆积。

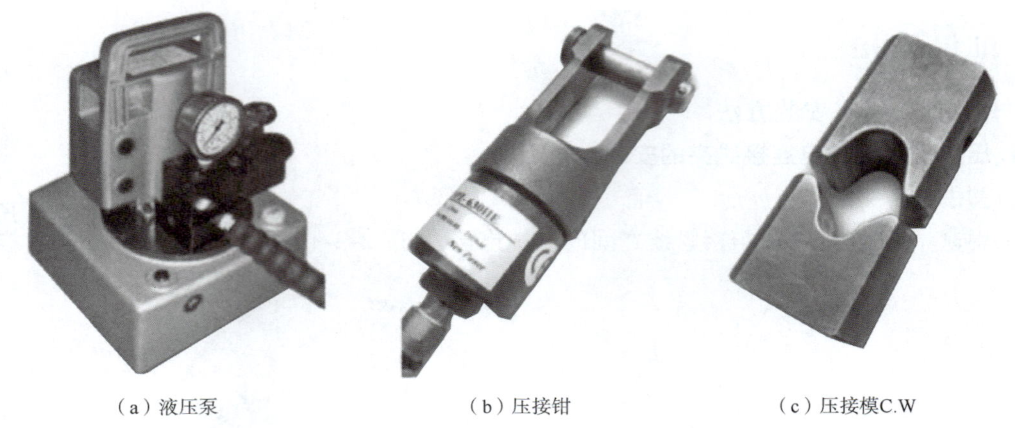

图 2-2-105　压接工具

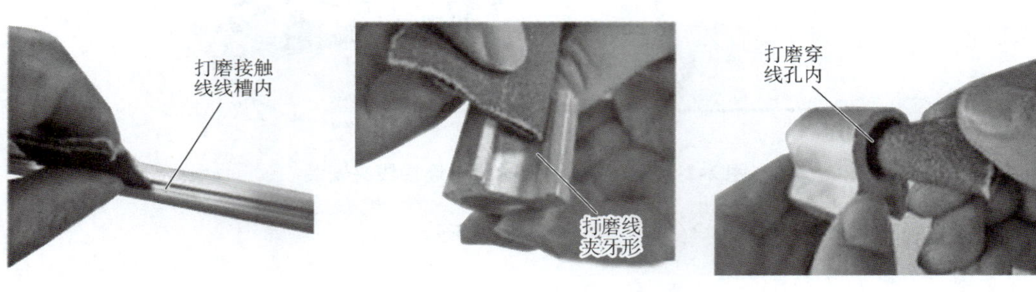

图 2-2-106　清理线夹及导线压接表面

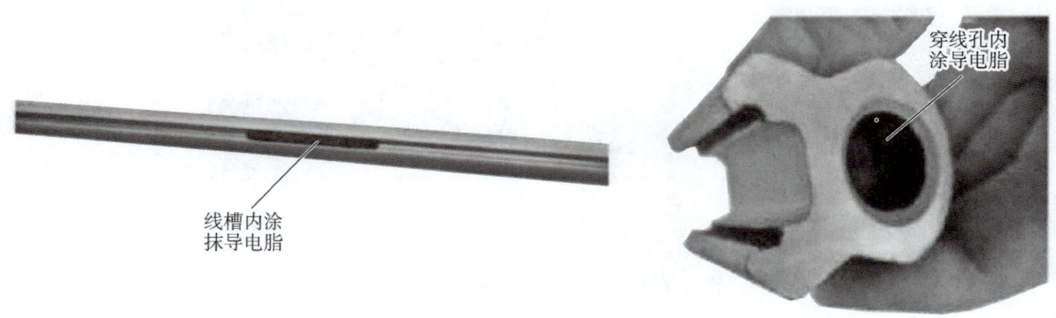

图 2-2-107　涂抹导电油脂

（4）压接过程

①在压接线夹的位置，将螺纹卡子卡入接触线线槽内，如图 2-2-108 所示。注意螺纹卡子开口朝向。

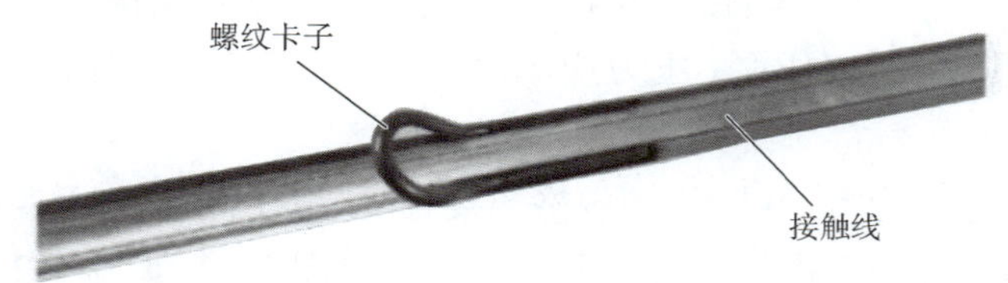

图 2-2-108　螺纹卡子卡入接触线线槽

②将电连接线穿过线夹线孔露头 10～20 mm，如图 2-2-109 所示；再用细铜丝缠绕绑扎线头，以防止压接时散开。注意：穿线时不得将胶带之类的绝缘物带入穿线孔内。

③稳住螺纹卡子，将线夹沿接触线移动并套在螺纹卡子上，如图 2-2-110 所示。线夹中心面应与导线中心面对正（不一定铅锤）。注意螺纹卡子开口端露出线夹 1～3 mm，保证压接后线夹两端露出螺纹长度相同。严禁出现错误情形如图 2-2-111 所示。

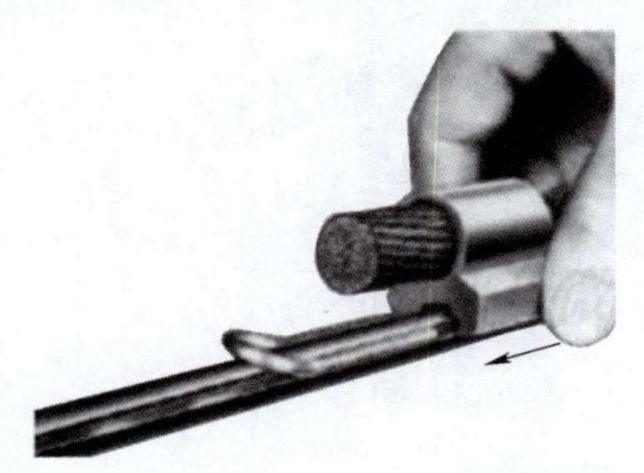

图 2-2-109　电连接线穿过线夹线孔

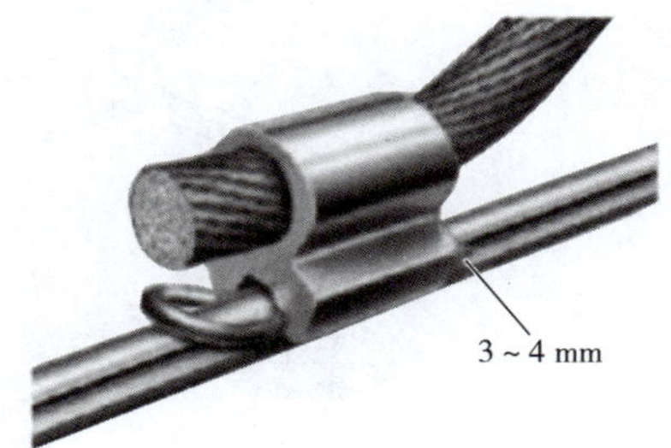

图 2-2-110　线夹套在螺纹卡子上

（a）胶带带入线夹孔内

（b）螺纹卡子方向错误；电连接线露头过长、散股

（c）螺纹卡子方向错误且未露头

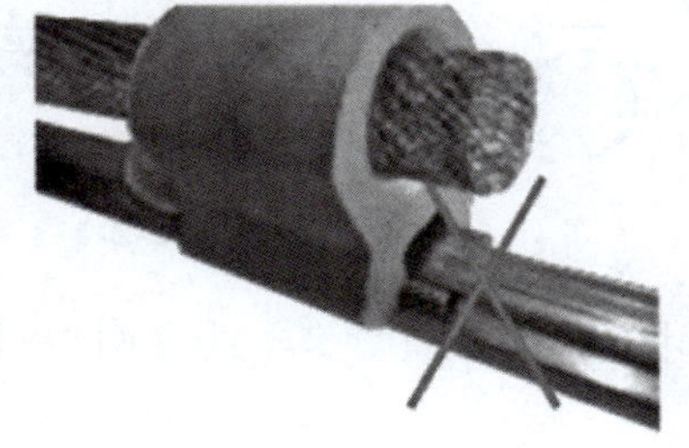

（d）螺纹卡子方向错误且露头过长

（e）螺纹卡子未在线槽内

图 2-2-111　错误安装方式

④将压接模套在线夹上，启动液压泵进行压接，在合模后（压力表指示不小于 70 MPa）继续保持 5 s，然后松开模具，如图 2-2-112 所示。注意：在下模接近线夹时应再次确认螺纹卡子位置

及电连接线露出长度；合模之前应采用点动控制方式以便随时调整；压接过程中应防止压接钳偏转使模具擦伤导线。

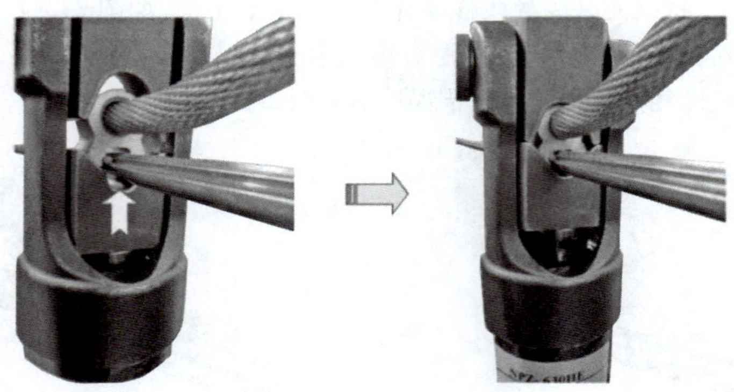

图 2-2-112　启动液压泵压接

(5)压接后检查

压接后的线夹不得出现裂纹和松动，同时应进行以下几个方面检查。

①螺纹卡子横向位置。螺纹卡子应平行压接在接触线线槽内，不得出现一侧或者全部在线槽外的情形，如图 2-2-113 所示。

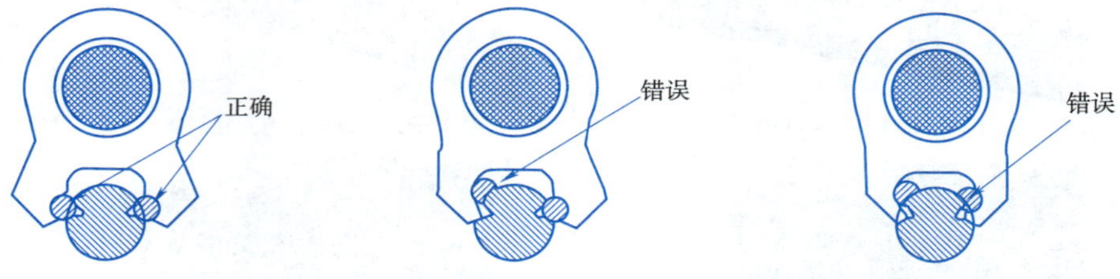

图 2-2-113　螺纹卡子横向位置

②螺纹卡子纵向位置。卡子线夹两端露出螺纹部分长度应相同，若一端没有露头应予以更换。

③线夹偏斜度。压接略偏斜时，线夹底部单侧可能会出现一个窄小的直边。要求该直边的高度不得大于 2 mm，否则应进行更换，如图 2-2-114 所示。

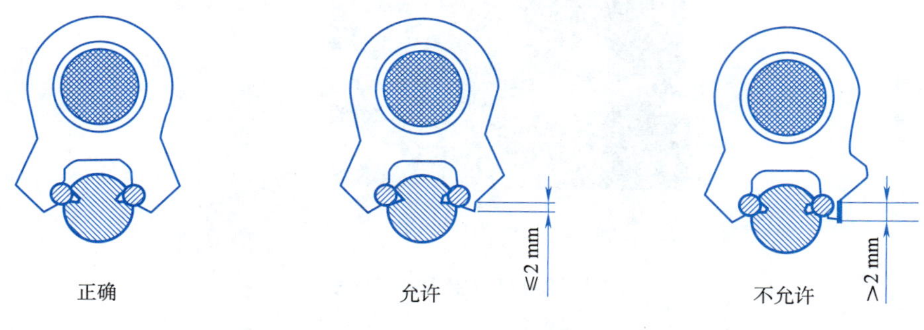

图 2-2-114　线夹偏斜度

(6)使用工具

①专用工具:电动液压泵、液压钳、压接模具。

②发电机辅助材料:砂纸、软毛刷、导电油脂。

2. 压接型承力索电连接线夹的安装

(1)用途与构成

①用途:承力索电连接线夹用于电连接线与承力索之间的电气连接,如图 2-2-115 所示。

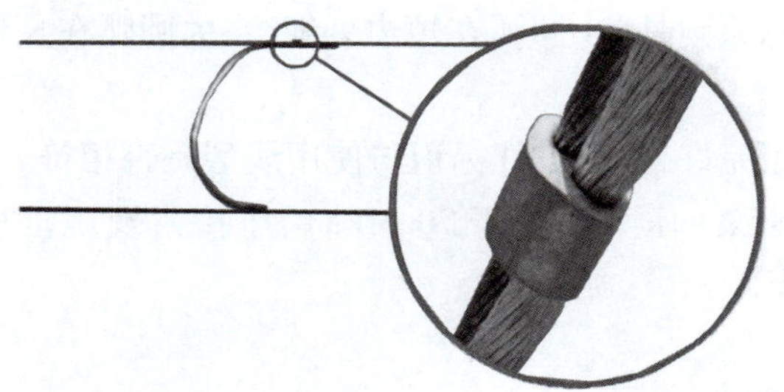

图 2-2-115　压接型承力索电连接线夹安装

②构成:承力索电连接线夹如图 2-2-116 所示。

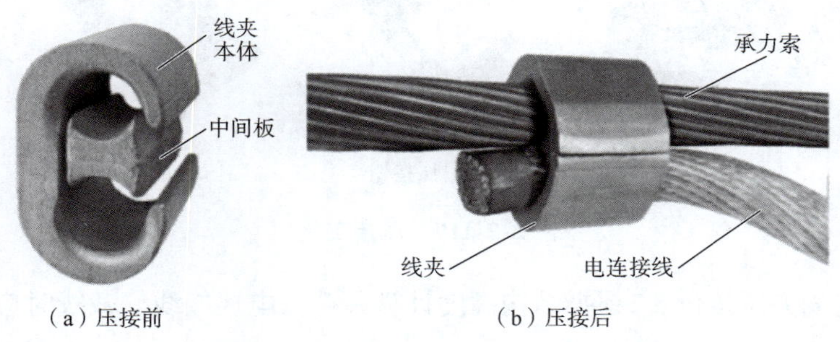

(a) 压接前　(b) 压接后

图 2-2-116　压接型承力索电连接线夹

(2)零件型号与标识

①线夹本体。线夹本体分为 A、B 两种型号,A 型开口为 17 mm,B 型开口 15 mm;线夹本体两侧边长不等,有沟槽的一侧为短边侧,如图 2-2-117 所示。

②中夹板。中夹板分为 A、B、C、D 四种型号,各型号的圆弧半径及圆弧之间的厚度不同(由 A 型到 C 型是逐渐加厚,D 型例外)。

中夹板一边圆弧半径稍小,一边圆弧半径稍大;一侧标有型号,一侧标有线型规格,带有“f”表示电连接线,不带“f”表示承力索,如图 2-2-118 所示。

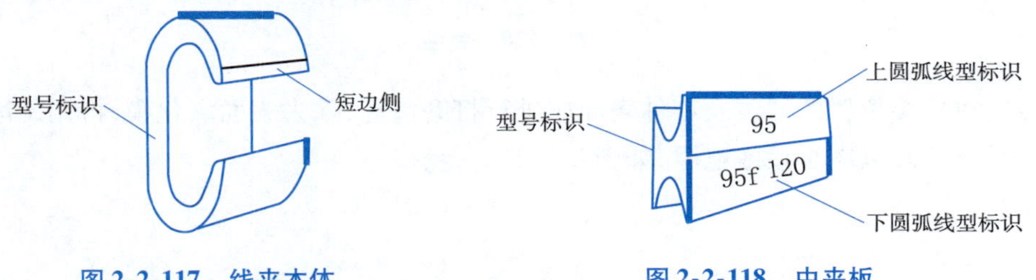

图 2-2-117　线夹本体　　图 2-2-118　中夹板

(3)零件安装方向

①线夹本体方向。开口朝向按照线路施工要求确定;边的方向为短边包细线,长边包粗线。

通常情况下,短边包承力索。只有 120 型承力索与 95 型电连接线连接时,长边包承力索,短边包电连接线。

②中夹板方向。侧边方向为有线型标识一侧朝向线夹本体开口;圆弧方向为小圆弧对细线,大圆弧对粗线。

通常情况下,小圆弧对承力索。只有 120 型承力索与 95 型电连接线连接时,大圆弧对承力索,小圆弧对电连接线。总原则是“小圆弧在短边裹细线,大圆弧在长边裹粗线”。

(4)压接前准备工作

①检查:检查零件是否完好,查看零件标识与使用线型是否相符。

②压接工具:电动液压泵(压力不小于 70 MPa)、压接钳及压接模,承力索压接模标识为“M. W”,如图 2-2-119 所示。

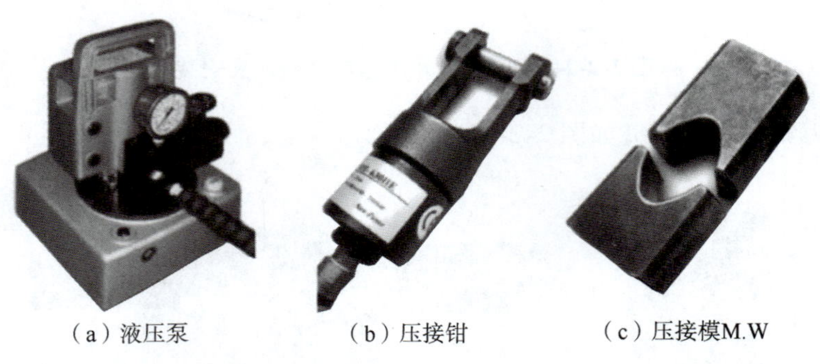

(a)液压泵　(b)压接钳　(c)压接模M.W

图 2-2-119　压接工具

③裁线:确定线夹压接位置,根据结构高度计算并截取电连接线。裁线时应进行保护,防止线头散开、变形,如图 2-2-120 所示。

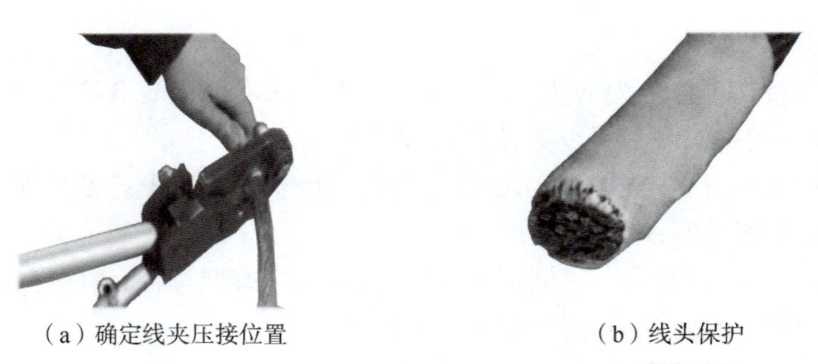

(a)确定线夹压接位置　(b)线头保护

图 2-2-120　裁线

④清理:对压接位置的线索及零件表面应进行打磨清理,除去表面氧化膜,再用干净的棉纱将接触面擦拭干净,以减小接触电阻,如图 2-2-121 所示。

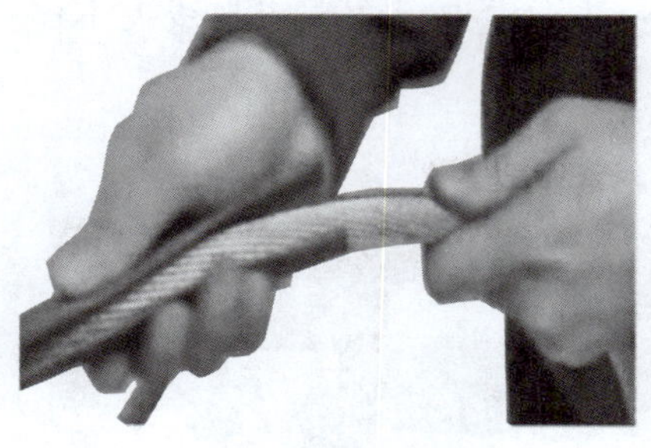

（a）打磨清理

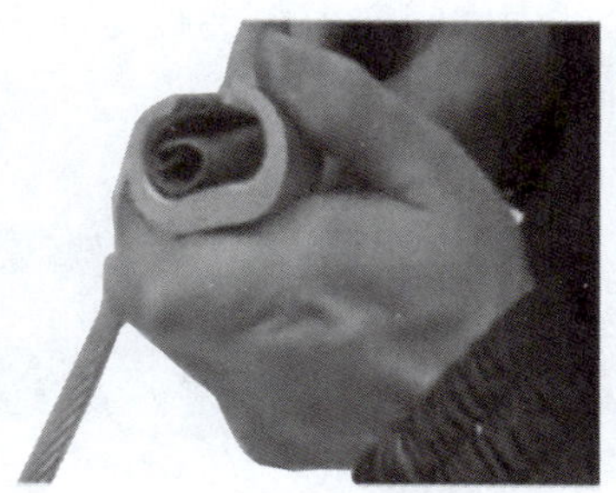
（b）棉纱擦拭清理

图 2-2-121　清理

⑤涂抹导电脂:在清理干净的零件和导线表面先均匀涂抹一层导电脂,然后用手指反复擦拭,使导电脂充分填充到表面缝隙里,同时也使得表面的导电脂既均匀又很薄,导电脂并非良好导体,所以不能出现堆积,如图 2-2-122 所示。

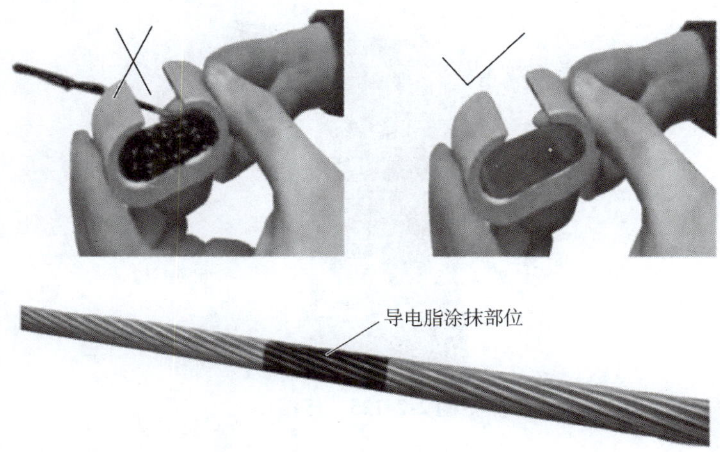

图 2-2-122　涂抹导电脂

(5)压接过程

①将线夹本体套在承力索压接处,再将电连接线穿过线夹,注意开口朝向及边长方向,如图 2-2-123 所示。

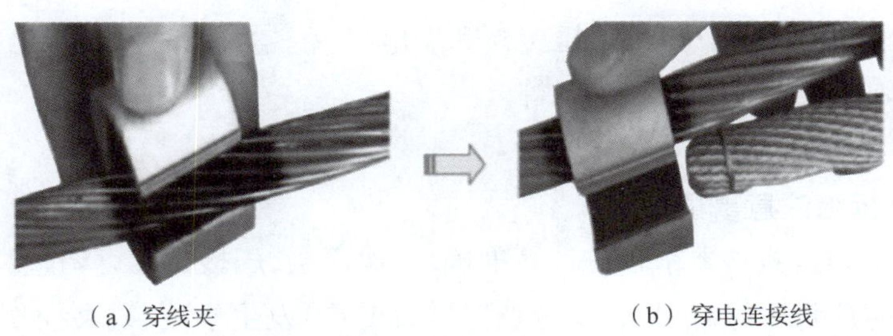
（a）穿线夹　（b）穿电连接线

图 2-2-123　穿线夹及电连接线

②从两个线索中间穿入中夹板至线夹中心，注意中夹板两端应与线夹本体端面平齐，如图 2-2-124 所示。

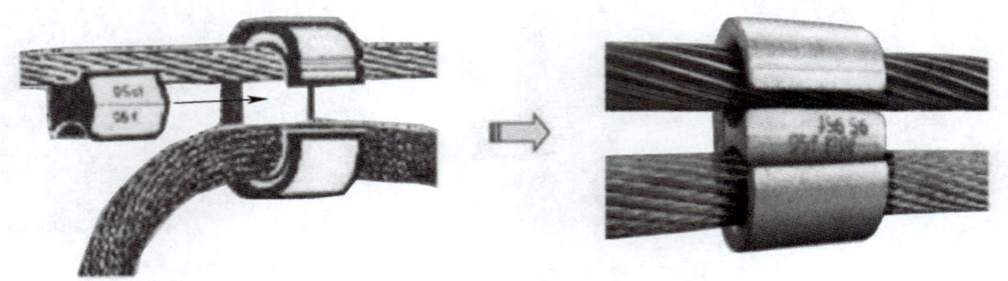

图 2-2-124　穿入中夹板

③将压接模套在组装好的线夹上，如图 2-2-125 所示。启动液压泵进行压接，在合模后（压力表指示不小于70 MPa）继续保持 5 s，然后松开模具。注意在下模接近线夹时，应再次确认中夹板与线夹本体之间的相对位置，在合模之前应采用点动控制方式，并随时调整模具使之与线夹对正。

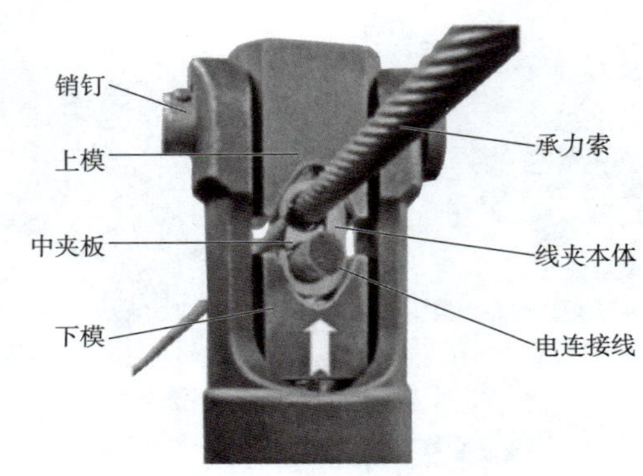

图 2-2-125　压接

（6）压接后检查

①线槽内不得夹有胶带等杂物。

②中夹板不得卡滞在线夹本体开口之间。

③压接后线夹不得出现裂纹及松动。

（7）使用工具

①专用工具：电动液压泵、压接钳、压接模和发电机。

②辅助材料：细砂纸、软毛刷、导电脂等。

二、电连接线夹拆除方法

1. 电连接线夹拆除注意事项

（1）全压接式电连接线夹要求预先计算准确，一次压接，压接后不可调整。

（2）当发生压接质量不符合要求、安装位置需要变更、发生事故、线夹损伤等其他原因需要拆除。

（3）拆除电连接线夹可采用专用拆卸工装模或手工锯，不许采用电锯等大发热量拆除方法，以免损伤导线。

(4)利用专用拆卸工装的操作方法与压接相似,使用的是同一种液压泵和压接钳,但模具不同,拆卸时应使用标有“C. W. X”字样的拆解模具。

2. 接触线电连接线夹拆除方法

拆卸方法:将拆解模按图 2-2-126 所示的方式套在被拆解的线夹上,使刀口对准线夹本体一个脚。启动液压泵,点动操作控制按钮使刀口逐步上移,沿接触线外侧切开线夹一侧的卡口,使线夹与接触线分离。

注意:拆解过程必须采用点动方式进行操作,同时观察刀口的切入位置及深度,防止损伤接触线。

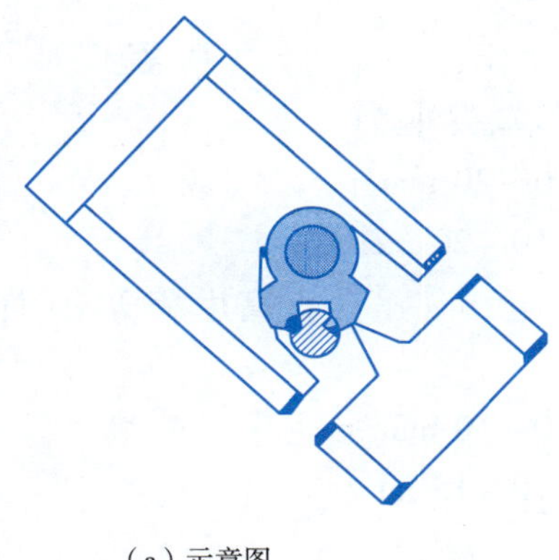

(a)示意图

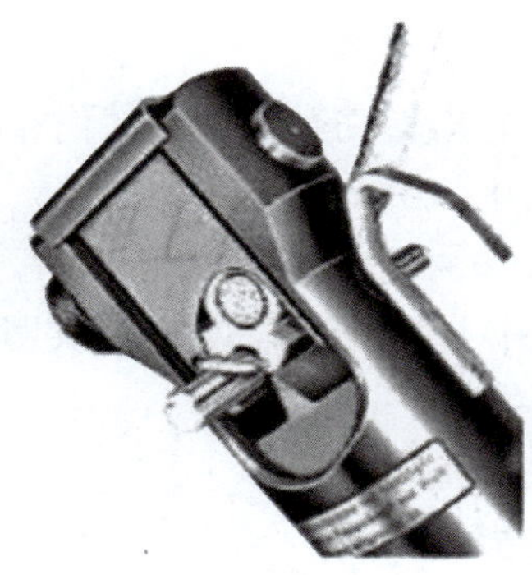

(b)实物图

图 2-2-126　接触线电连接线夹拆除

3. 承力索电连接线夹拆除方法

由于是一次性压接完成,压接后不能进行调整,所以压接时应特别注意。如需拆卸必须使用专用拆解工装,不得采用暴力方式拆除,以免伤及承力索,如图 2-2-127 所示。专用拆卸工装的操作方法与压接类似,使用的是同一种液压泵和压接钳,只有模具不同,拆卸时应使用标有“M. W. X”字样的模具。拆卸方法如下:

(1)将拆解模装在压接钳上,套在需要拆解的线夹上。

(2)将刀口对准线夹本体背部。

(3)启动液压泵,点动操作控制按钮使口逐步上移,将线夹本体由背部断开。

图 2-2-127　承力索电连接线夹拆除示意图

注意:拆解过程必须采用点动控制方式进行操作,同时观察刀口的切入位置及深度,防止损伤承力索。

巩固练习

一、单选题

1. 电连接安装位置允许偏差为(　　)。

A. ±200 mm　　B. ±300 mm　　C. ±400 mm　　D. ±500 mm

2. 电连接线均要用多股软铜线做成,其额定载流量(　　)被连接的接触悬挂、供电线的额定载流量。

A. 不大于　　B. 不小于　　C. 大于　　D. 等于

3. 电连接线不得有接头、压伤和断股现象,电连接线端头外露(　　)。

A. 0 ~ 10 mm　　B. 0 ~ 20 mm

C. 10 ~ 15 mm　　D. 10 ~ 20 mm

4. 工作支接触线电连接线夹处接触线高度与最近相邻吊弦点高度相等,允许偏差为(　　)。

A. 0 ~ 5 mm　　B. 0 ~ 10 mm

C. 5 ~ 10 mm　　D. 10 ~ 15 mm

5. U 形螺纹卡子应保证卡子插入后,另一端露头(　　)。

A. 1 ~ 3 mm　　B. 1 ~ 5 mm

C. 2 ~ 6 mm　　D. 3 ~ 7 mm

6. 极限温度条件下,交叉跨越线索间距不足(　　)的处所应加装等位线。

A. 200 mm　　B. 300 mm　　C. 400 mm　　D. 500 mm

7. 等位线及其连接线夹应与被连接线索材质匹配,截面积不小于(　　)。

A. 5 mm^2　　B. 10 mm^2　　C. 15 mm^2　　D. 20 mm^2

二、判断题

1. 在锚段关节、线岔和车站电力机车、动车组经常起动处的股道之间等处所,应装设电连接。　　(　　)

2. 对于压接式电连接线夹,电连接线不应有压伤和断股现象。　　(　　)

3. 电连接线夹与接触线、承力索、供电线之间连接牢固,线夹内无杂物。　　(　　)

4. 接触线电连接线夹在直线处应处于水平状态,在曲线处应与接触线的倾斜度一致。　　(　　)

5. 电连接线夹与线索接触面均应涂电力复合脂。　　(　　)

学习情境九　滑轮补偿装置检修作业

学习情境描述

某桥上补偿绳发生脱槽故障,主要原因是桥上支柱受震动影响较大,滑轮转轴外侧螺栓因震动发生松动,检查发现未安装防松弹垫,使补偿滑轮和支架连接不牢固,发生脱槽,造成接触网事故。

想一想：作为接触网工，你应该如何顺利完成本次检修作业？

学习目标

通过本情境的学习，掌握滑轮补偿装置检修作业标准和流程，并能配合作业组成员完成滑轮补偿装置的检修作业。

任务书

滑轮补偿装置检修作业任务书见表 2-2-53。

表 2-2-53　滑轮补偿装置检修作业任务书

作业任务		日　　期	
班　　组		计划作业时间	
组　　长		计划完成时间	
作业地点			
作业内容			
安全风险点			
防控措施			
作业过程督查意见			

任务分组

学生任务分配见表 2-2-54。

表 2-2-54　学生任务分配表

班　　级			日　　期	
班　　组			组　　长	
班组成员	姓　　名	任务角色	任务分工	

工作实施

滑轮补偿装置检修工作实施过程见表 2-2-55。

表 2-2-55　滑轮补偿装置检修工作实施过程表

安全风险点及防控措施	作业步骤	作业内容及检修标准	任务完成(检修方法)
①作业前要检查受力工具状态,良好无损方准使用; ②攀登支柱时手把牢靠,脚踏稳准,严防滑落; ③作业人员不得站在补偿绳上,以防补偿绳脱槽; ④操作人要注意避让运行中的列车,和带电设备保持规定的安全距离; ⑤操作人员不得站在坠砣串上,地面人员不得站在坠砣串下;	检修前准备	到达作业现场,确认作业范围,检查作业所需工具、材料是否齐全,安全用具状态是否良好,在田野侧(安全地带)集中待命,接到工作领导人"安全措施采取完毕,可以开始作业"命令即可开始检修作业	填写工具、耗材和备品清单,见表 2-2-56
	检查测量	a、b值→坠砣→补偿绳→滑轮补偿装置	填写检查(测量)数据记录单,见表 2-2-57
	a、b 值检修	检修标准: 标准值:设计值。 标准状态:标准值 ±100 mm。 警示值:标准值 ±200 mm。 限界值:200 mm	调整方法: ①操作人员攀登至支柱中部,系好安全带,在补偿绳的适当高度安装紧线器并在其下方安装一个钢线卡子,防止紧线器打滑; ②将另一个装有钢丝套子的紧线器装在坠砣杆上,安装紧线器时,注意避开坠砣杆上的销钉位置,以免影响拆卸销钉,必要时可卸掉 1 ~ 3 块坠砣,并用手扳葫芦连接两紧线器; ③摇动手扳葫芦,使手板葫芦受力,下锚补偿绳松弛,检查紧线器无滑动现象后卸开双耳楔形线夹,抽出补偿绳回头,根据安装曲线来确定放长或缩短补偿绳长度,重新做补偿绳回头; ④连接完毕后放开手板葫芦,使补偿绳受力,检查无不良现象后卸下手板葫芦,重新测量 b 值并与标准值比较确定其是否符合标准; ⑤确定 b 值符合标准后卸下紧线器,重新绑扎好回头,并将坠砣恢复原状
	坠砣检修	检修标准: ①坠砣宜采用铁质或高密度复合坠砣; ②坠砣块应完整,自上而下编号且叠码整齐,其缺口相互错开 180°。坠砣串的重量(包括坠砣杆的重量)符合规定,整串重量偏差小于 1%; ③限制器的安装位置应满足坠砣升降变化要求。山谷口、高路堤(一般指高出自然地面 5 m)、高架桥等"风口"地段,宜采用防风型坠砣限制架	检修方法: ①坠砣上下移动不灵活时,移动限制管上下部螺栓调节孔,将限制管与坠砣重心线调整至平行且距离适当。如限制管与底座固定,则重新确定底座位置,重新固定限制管; ②坠砣抱箍磨擦限制管时,调整限制管或坠砣抱箍的位置,使坠砣抱箍在限制管中能灵活移动,使坠砣串处于铅锤状态
	补偿绳检修	检修标准: ①补偿绳不得有散股、断股、接头现象,且不得扭绞、与其他部件、线索相摩擦;	检修方法: ①更换补偿绳、补偿滑轮或调整动、定滑轮间距: a. 将相应的承力索或接触线的坠砣串用紧线工具固定在支柱上;

续表

安全风险点及防控措施	作业步骤	作业内容及检修标准	任务完成(检修方法)
⑥紧线时要采取必要的防滑措施,使用紧线工具不应用力过猛,防止损坏设备,紧线工具受力后要检查设备及紧线工具状态; ⑦补偿装置检修作业要兼顾补偿装置被调整锚段定位支撑装置偏移及中心锚结状态; ⑧作业中要时刻观察受力工具状态,无打滑,抽线现象; ⑨高处作业人员扎好安全带选好站立方向,卸载时严禁脚踏或手握补偿绳和滑轮,严防挤伤和高空坠物	补偿绳检修	②棘轮装置大、小轮缠绕补偿绳符合要求; ③承力索、接触线两下锚绝缘子串应对齐,允许偏差为±100 mm	b.将羊角(楔形)紧线器安装在下锚杵环杆上(更换杵环杆时、安装在下锚绝缘子另一侧线索上),钢丝套子安装在接触网支柱上;安装紧线工具紧线,使补偿装置卸载; c.更换补偿绳时拆除旧补偿绳,安装新补偿绳;更换补偿滑轮时拆除旧补偿滑轮,安装新补偿滑轮;调整动、定滑轮间距时,可更换杵环杆或重新做终锚接头; d.确认补偿绳位于滑轮槽内后,两套紧线工具配合恢复补偿装置的工作状态;拆除工具,检查设备状态良好; ②承力索下锚补偿绳磨擦接触线下锚双环杆调整: a.将需要调整的承力索或接触线的坠砣串用紧线工具固定在支柱上; b.将紧线器安装在下锚杵环杆上(更换杵环杆时、安装在下锚绝缘子另一侧线索上),钢丝套子安装在接触网支柱上;安装紧线工具紧线,使补偿装置卸载; c.调整接触线下锚双环杆与下锚角钢的连接位置,必要时倒装补偿绳改变补偿绳与接触线下锚双环杆相对位置,使补偿绳与双环杆间达到安全距离; d.确认补偿绳位于滑轮槽内后,两套紧线工具配合恢复补偿装置的工作状态;拆除工具,检查设备状态良好
	滑轮补偿装置检修	检修标准: ①滑轮补偿装置安装正确,本体无裂纹、变形,转动灵活无卡滞(人力用手托动坠砣能上下自由移动); ②对需要加注润滑油的补偿滑轮,应按产品规定的期限加注润滑油,没有规定者至少3年一次; ③下锚角钢安装水平。定滑轮应保持铅垂状态,动滑轮偏转角度不得大于45°; ④同一补偿装置的两补偿滑轮的间距,任何情况下不小于500 mm	检修方法: ①承力索下锚角钢(接触线下锚角钢)不水平时,调整承力索下锚角钢(接触线下锚角钢)至水平状态,内穿式下锚角钢更换为外包式下锚角钢并调整水平状态; ②定滑轮不铅垂时,利用紧线工具使补偿装置卸载,转动定滑轮调整至铅锤状态,必要时进行更换
	检修完毕	确认修后设备质量良好,清点机具、材料齐全后,下作业平台(支柱)撤至安全地带报告工作领导人。等待作业组全体成员列队点名	

表 2-2-56　工具、耗材和备品清单

序号	名称	单位	数量	备注
1				
2				
3				
4				
5				
6				
7				
8				
9				

表 2-2-57　检查(测量)数据记录单

序号	检查项目	检查(测量)数据	设计值(状态)	是否需要调整
1	a、b 值			
2	坠砣			
3	补偿绳			
4	滑轮补偿装置			
5	螺栓紧固力矩			

评价反馈

滑轮补偿装置检修作业评价记录见表 2-2-58。

表 2-2-58　滑轮补偿装置检修作业评价记录表

评价项点	评价标准	配分	得分	扣分原因
工具材料准备	检查、挑选工具和材料，缺 1 项扣 2 分	5		
数据测量	a、b 值，1 项数据测量错误扣 5 分	10		
技术要求	a、b 值调整方法流程正确	15		
	坠砣调整方法流程正确	20		
	补偿绳调整方法流程正确	15		
	滑轮补偿装置调整方法流程正确	10		
安全及规范操作	①高处坠物 1 次扣 5 分； ②材料工具上下抛掷，1 次扣 5 分； ③工器具及零部件损坏扣 5 分； ④接触网上或线路上有遗留物件，每件扣 5 分； ⑤作业过程中发生危及人身安全情况，1 次扣 5 分； ⑥劳动保护用品不齐或未按要求使用，每项扣 1 分	25		
合计	作业时间：　　　分　　　秒	100	得分	

知识链接

弹簧补偿装置：

(1)弹簧补偿装置刻度牌与环境温度相对应，补偿绳伸缩长度符合设计要求，如图 2-2-128 所示。

(2)弹簧补偿器本体安装牢固，位置符合设计要求。本体无裂纹、变形，与下锚方向在同一直线上，如图 2-2-129 所示。

(3)补偿绳位于渐开线轮槽正中，不得偏磨，不得有松股、断股和接头，如图 2-2-130 所示。

(4)弹簧补偿装置各零部件安装正确。

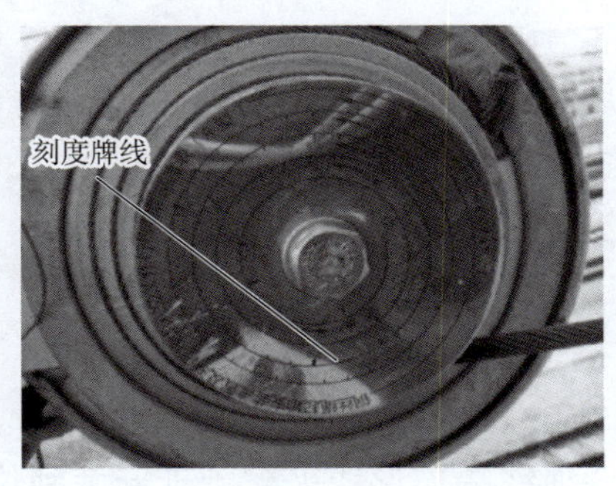

图 2-2-128　弹簧补偿装置刻度牌

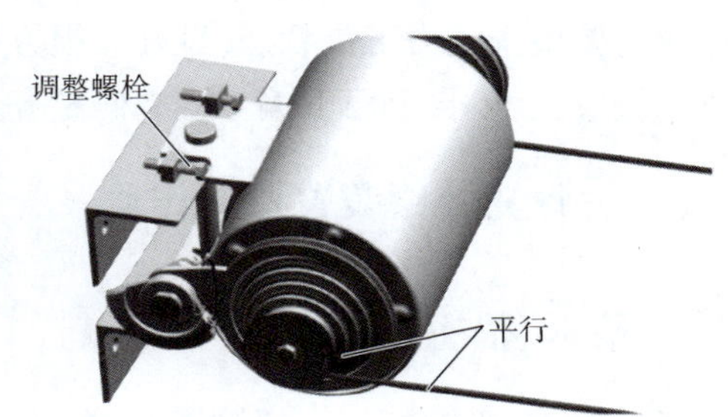

图 2-2-129　弹簧补偿器本体

图 2-2-130　弹簧补偿器补偿绳安装出线位置示意图

巩固练习

一、单选题

1. 承力索、接触线两下锚绝缘子串应对齐，允许偏差为(　　)。

A. ±100 mm　　B. ±200 mm　　C. ±300 mm　　D. ±400 mm

2. 对需要加注润滑油的补偿滑轮应按产品规定的期限加注润滑油，没有规定者至少(　　)年一次。

A. 1　　B. 2　　C. 3　　D. 4

3. 下锚角钢安装水平。定滑轮应保持铅垂状态，动滑轮偏转角度不得大于(　　)。

A. 30°　　B. 45°　　C. 60°　　D. 75°

4. 同一补偿装置的两补偿滑轮的间距，任何情况下不小于（　　）。

A. 设计值　　B. 400 mm　　C. 500 mm　　D. 600 mm

5. 滑轮补偿装置 a 值、b 值的限界值为（　　）。

A. 100 mm　　B. 200 mm　　C. 300 mm　　D. 400 mm

二、判断题

1. 坠砣宜采用铁质或高密度复合坠砣。（　　）

2. 坠砣串的重量（包括坠砣杆的重量）符合规定，整串重量偏差小于 5%。（　　）

3. 确认修后设备质量良好，清点机具、材料齐全后，下作业平台（支柱）撤至安全地带报告工作领导人。无须等待作业组全体成员即可列队点名。（　　）

4. 作业前要检查受力工具状态，良好无损方准使用。（　　）

5. 坠砣块应完整，自上而下编号且叠码整齐，其缺口相互错开 120°。（　　）

学习情境十　棘轮补偿装置检修作业

学习情境描述

某局某区间 264# 支柱棘轮补偿装置大轮上的补偿绳终端楔形线夹楔子未安装到位，造成楔形线夹卡块未进入楔形腔体，受长期振动、张力作用发生脱落，导致补偿绳瞬间抽脱，坠砣落地，接触网导线向中心锚结方向窜动并侵入受电弓动态包络线，动车组高速通过时发生弓网故障，停时 165 min，影响动车组列车 20 列。

想一想：作为接触网工，你应该如何顺利完成本次检修作业？

学习目标

通过本情境的学习，掌握棘轮补偿装置检修作业标准和流程，并能配合作业组成员完成棘轮补偿装置的检修作业。

任务书

棘轮补偿装置检修作业任务书，见表 2-2-59。

表 2-2-59　棘轮补偿装置检修作业任务书

作业任务		日　期	
班　组		计划作业时间	
组　长		计划完成时间	
作业地点			
作业内容			

续表

安全风险点			
防控措施			
作业过程督查意见			

任务分组

学生任务分配见表 2-2-60。

表 2-2-60　学生任务分配表

班　级		日　期	
班　组		组　长	
班组成员	姓　名	任务角色	任务分工

工作实施

棘轮补偿装置检修工作实施过程见表 2-2-61。

表 2-2-61　棘轮补偿装置检修工作实施过程表

安全风险点及防控措施	作业步骤	作业内容及检修标准	任务完成(检修方法)
①作业前要检查受力工具状态，良好无损方准使用； ②攀登支柱时手把牢靠，脚踏稳准，严防滑落。高处作业人员系好安全带选好站立方向，严防挤伤和高空坠物； ③棘轮上补偿绳排列整齐，无交合情况，水平补偿绳平顺，无交叉情况； ④限制器的安装位置应满足坠砣升降变化要求，限制坠砣的摆动，不妨碍升降； ⑤作业人员不得站在补偿绳上，以防补偿绳脱槽；	检修前准备	到达作业现场，确认作业范围，检查作业所需工具、材料是否齐全，安全用具状态是否良好，在田野侧(安全地带)集中待命，接到工作领导人“安全措施采取完毕，可以开始作业”命令即可开始检修作业	填写工具、耗材和备品清单，见表 2-2-62
	检查测量	a、b值→坠砣→补偿绳→滑轮补偿装置	填写检查(测量)数据记录单，见表 2-2-63
	a、b 值检修	检修标准： 标准值：设计值。 标准状态：标准值 ±100 mm。 警示值：标准值 ±200 mm。 限界值：200 mm	检修方法： ①在补偿绳和坠砣杆上分别安装羊角(楔形)紧线器，并采取必要的防滑措施； ②将紧线工具通过钢丝套子连接到紧线器； ③利用紧线工具将坠砣串调整至合适的高度，取下补偿绳连接销钉，按 b 值要求重新制作回头； ④将做好的回头与坠砣杆连接，松开紧线工具，复查 b 值，绑扎回头，拆除工具

续表

安全风险点及防控措施	作业步骤	作业内容及检修标准	任务完成(检修方法)
⑥棘轮平衡轮的螺栓销螺母不得拧紧,以防影响平衡轮转动,导致小轮两边不平衡; ⑦卸载时严禁脚踏或手握补偿绳和棘轮,严防挤伤和高空坠物; ⑧坠砣受力卸开补偿绳后坠砣下严禁站人; ⑨棘轮上补偿绳楔形线夹应在棘轮的正下方且受力面安装正确; ⑩受力工具外观无锈蚀、破损、裂纹和变形,钢丝绳无扭曲、断股、散股,手扳葫芦传动部分及起重链条润滑良好,空转情况正常;检查制动器,确保制动器摩擦表面保持干净;手扳葫芦、紧线器符合现场设备张力要求; ⑪紧线时要采取防滑措施,使用紧线工具不应用力过猛,防止损坏设备,紧线工具受力后要检查设备及紧线工具状态。张力恢复时应缓慢受力,并保持平衡轮受力状态	坠砣检修	检修标准: ①坠砣宜采用铁质或高密度复合坠砣; ②坠砣块应完整,自上而下编号且叠码整齐,其缺口相互错开180°。坠砣串的重量(包括坠砣杆的重量)符合规定,整串重量偏差小于1%; ③限制器的安装位置应满足坠砣升降变化要求。山谷口、高路堤(一般指高出自然地面5 m)、高架桥等“风口”地段,宜采用防风型坠砣限制架	检修方法: ①坠砣上下移动不灵活时,移动限制管上下部螺栓调节孔,将限制管与坠砣重心线调整至平行且距离适当。如限制管与底座固定,则重新确定底座位置,重新固定限制管; ②坠砣抱箍磨擦限制管时,调整限制管或坠砣抱箍的位置,使坠砣抱箍在限制管中能灵活移动,使坠砣串处于铅锤状态; ③隧内坠砣与框架角钢如果存在偏磨,调整坠砣杆垂度、限制框架垂度或坠砣块整齐度
	补偿绳检修	检修标准: ①补偿绳不得有散股、断股、接头现象,且不得扭绞、与其他部件、线索相摩擦; ②棘轮装置大、小轮缠绕补偿绳符合要求; ③承力索、接触线两下锚绝缘子串应对齐,允许偏差为±100 mm	检修方法: ①对于棘轮摆动杆长度不一致和棘轮轴承安装不对称的,可以更换棘轮消除隐患; ②对于棘轮两侧的小轮补偿绳张力大小不等,可以将小轮补偿绳卸载,用人力拉动平衡轮,调整好棘轮两侧的小轮张力,再恢复张力;在恢复张力的过程中,要注意观察两侧小轮补偿绳距棘轮本体中心的距离是否发生变化; ③大、小轮缠绕时最少缠绕半圈,最多缠绕三圈半,小轮缠绕时必须两边对称,无交叉;补偿绳不得有散股、断股和接头,不得与其他部件、线索相摩擦;补偿绳与轮体连接的楔形装置如有松动,应用锤子垫一块木板将补偿绳同楔子一起与楔形槽密贴
	棘轮补偿检修	检修标准: ①棘轮补偿装置安装正确,棘轮本体无裂纹、变形,转动灵活无卡滞(人力用手托动坠砣能上下自由移动); ②对需要加注润滑油的棘偿滑轮,应按产品规定的期限加注润滑油,没有规定者至少3年一次; ③制动装置作用良好,制动卡块到大轮轮齿间的距离符合设计要求; ④平衡轮与棘轮的间距不小于500 mm; ⑤棘轮大小轮转动灵活,轮槽上下偏斜不得大于5 mm	检修方法: ①制动卡块到大轮轮齿间的距离若不符合设计要求,松开制动卡块的两个螺栓可以调节棘轮制动间隙; ②平衡轮的偏斜角度若不合格,检查平衡轮内部螺栓螺帽,观察螺帽的受力状态以及是否有松动的现象,棘轮平衡轮的螺栓销螺母不得拧紧,以防影响平衡轮转动,导致小轮两边不平衡; ③检查棘轮装置主轴的油嘴、油封状态,进行注油;油嘴缺失、损坏、生锈的进行更换并注油。对需要加注润滑油的棘轮补偿滑轮,应按产品规定的期限加注润滑油,没有规定者至少3年一次
	检修完毕	确认修后设备质量良好,清点机具、材料齐全后,下作业平台(支柱)撤至安全地带报告工作领导人。等待作业组全体成员列队点名	

表 2-2-62　工具、耗材和备品清单

序号	名称	单位	数量	备注
1				
2				
3				
4				
5				
6				
7				
8				
9				

表 2-2-63　检查(测量)数据记录单

序号	检查项目	检查(测量)数据	设计值(状态)	是否需要调整
1	a、b 值			
2	坠砣			
3	补偿绳			
4	棘轮补偿装置			

评价反馈

棘轮补偿装置检修作业评价记录见表 2-2-64。

表 2-2-64　棘轮补偿装置检修作业评价记录表

评价项点	评价标准	配分	得分	扣分原因
工具材料准备	检查、挑选工具和材料,缺 1 项扣 2 分	5		
数据测量	a、b 值,1 项数据测量错误扣 5 分	10		
技术要求	a、b 值调整方法流程正确	15		
	坠砣调整方法流程正确	20		
	补偿绳调整方法流程正确	15		
	棘轮补偿装置调整方法流程正确	10		
安全及规范操作	①高处坠物 1 次扣 5 分; ②材料工具上下抛掷,1 次扣 5 分; ③工器具及零部件损坏扣 5 分; ④接触网上或线路上有遗留物件,每件扣 5 分; ⑤作业过程中发生危及人身安全情况,1 次扣 5 分; ⑥劳动保护用品不齐或未按要求使用,每项扣 1 分	25		
合计	作业时间:　　分　　秒	100		

知识链接

一、H 形钢柱棘轮下锚装置的安装

1. 用途

H 形钢柱棘轮下锚装置在接触网系统中用于承力索和接触线的补偿下锚。

2. 构成

H 形钢柱棘轮补偿下锚装置包括以下四部分：下锚底座、棘轮装置、坠砣限制架、坠砣串，如图 2-2-131 所示。

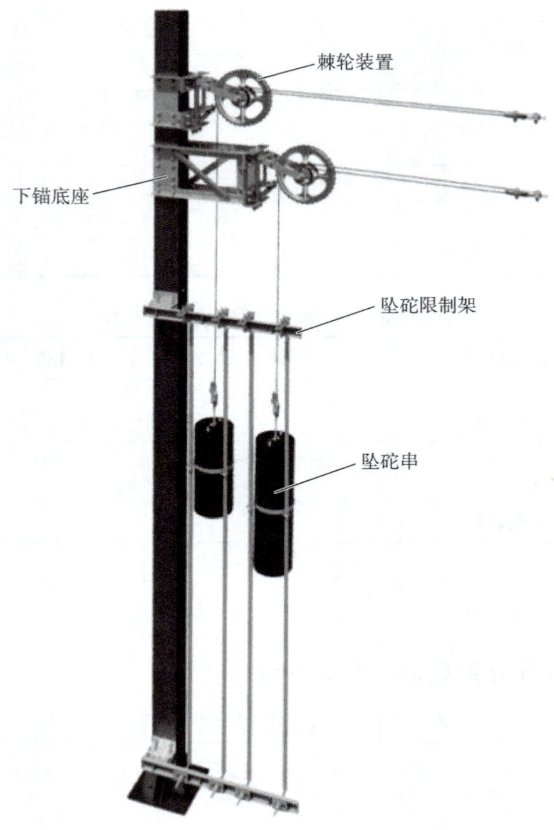

图 2-2-131　H 形钢柱棘轮下锚装置的组成

（1）下锚底座

下锚底座被固定在 H 形钢柱上，用于安装棘轮装置，分为承力索下锚底座和接触线下锚底座，如图 2-2-132、图 2-2-133 所示。

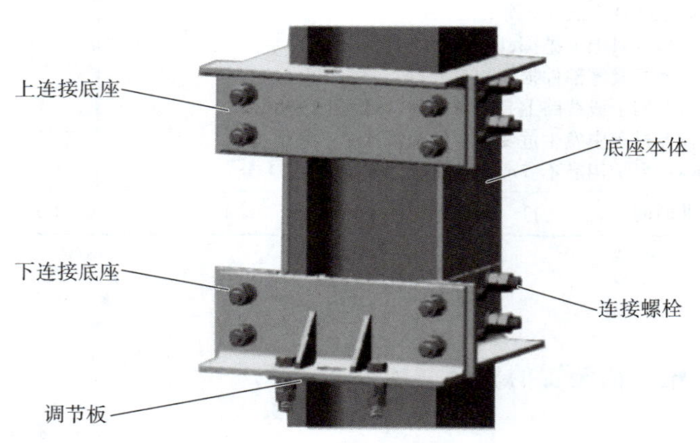

图 2-2-132　承力索下锚底座

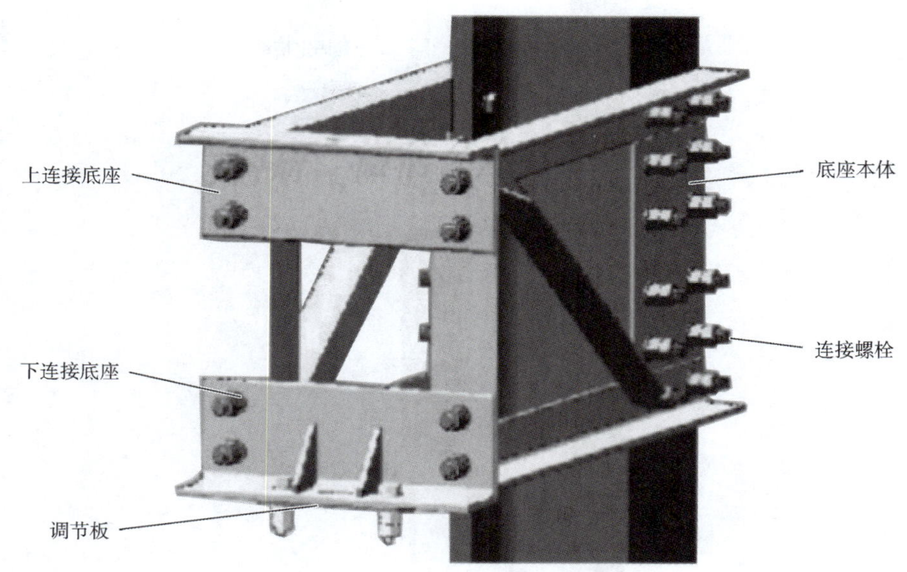

图 2-2-133　接触线下锚底座

（2）棘轮装置

棘轮装置用于导线下锚补偿，并具有断线制动保护功能，如图 2-2-134 所示。承力索棘轮装置和接触线棘轮装置，两者补偿绳长度不同，在安装时应加以区分。

图 2-2-134　棘轮装置

1—棘轮本体；2—棘轮支架；3—支架轴；4—制动卡板；5—补偿绳；6—楔形线夹；7—平衡轮

（3）坠砣限制架

坠砣限制架是固定在 H 形钢柱上，用于防止坠砣串转动和摆动，同时保证坠砣串上下运动不受阻碍。坠砣限制架包括坠砣限制导管、导管固定槽钢、坠砣抱箍等，如图 2-2-135 所示。

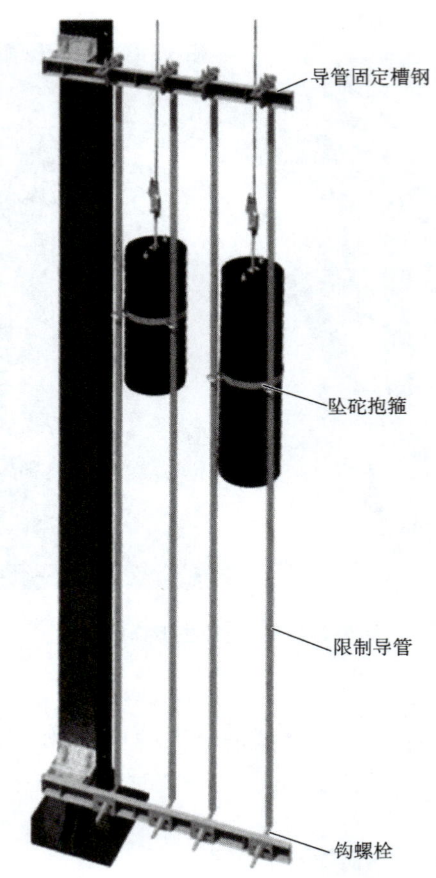

图 2-2-135 坠砣限制架

3. 安装(以承力索下锚为例)

H 形钢柱下锚装置安装流程如图 2-2-136 所示。

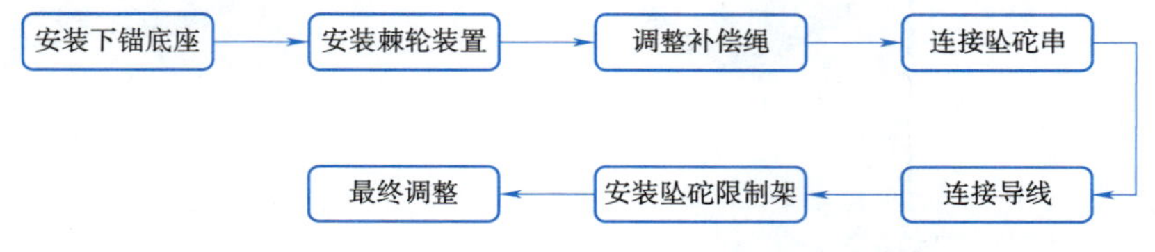

图 2-2-136 H 形钢柱下锚装置安装流程

(1)安装下锚底座

①将下锚底座吊起,用螺栓连接到锚柱上,然后调整底座,注意底座中心与锚柱中心对正,上、下连接底座内侧间距符合要求,如图 2-2-137 所示。

②按要求紧固所有螺栓。

③调整调节板位置,使棘轮支架安装孔中心处在同一铅垂线上,如图 2-2-138 所示。

(2)安装棘轮装置

应先查看标识,不得将承力索棘轮装置与接触线棘轮装置混淆安装。再仔细检查轮体及补偿绳有无破损,在确认无误的情况下方可进行安装。

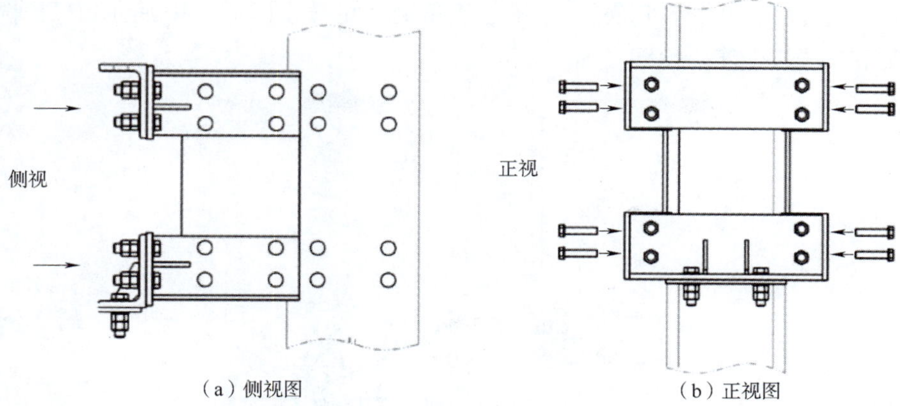

（a）侧视图 （b）正视图

图 2-2-137 下锚底座连接

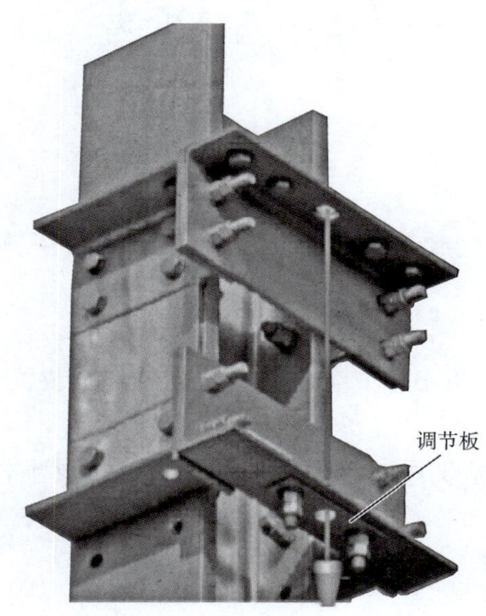

图 2-2-138 调整调节板位置

①检查轮体上补偿绳的固定楔子是否可靠，如有松动，应用木锤（或垫木块）将其楔紧，如图 2-2-139 所示。

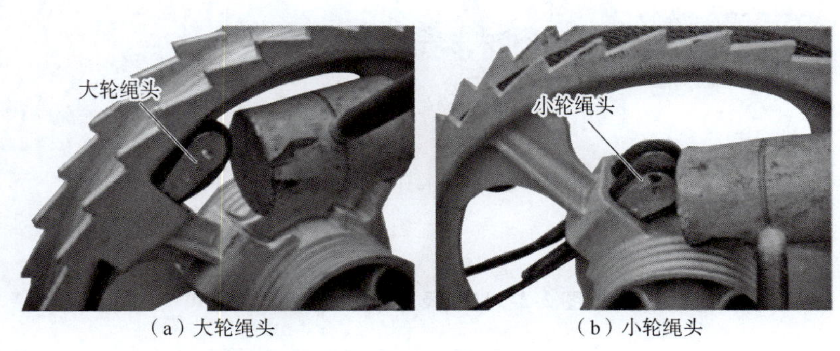

（a）大轮绳头 （b）小轮绳头

图 2-2-139 楔紧补偿绳固定楔子

②将棘轮装置吊起并安装到底座上、下连接角钢之间，如图 2-2-140 所示，注意平垫片应安装在制动支架底端与下连接角钢之间。

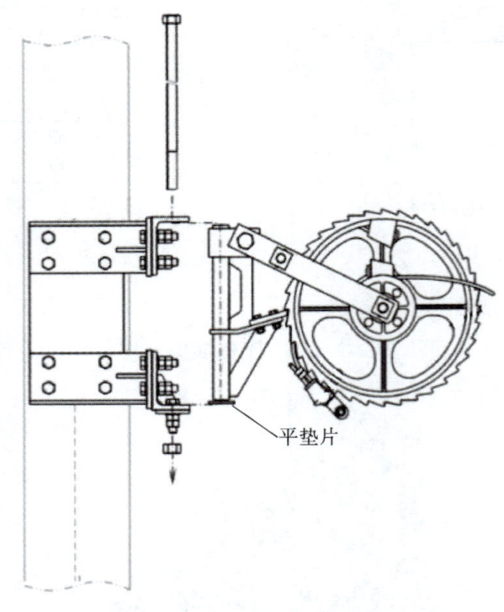

图 2-2-140　安装棘轮

（3）调节释放补偿绳

①确定补偿绳长度。根据施工环境温度，参考“棘轮补偿装置 ab 值曲线表”确定棘轮大、小轮上补偿绳缠绕圈数。

②释放小轮补偿绳。拆掉双耳楔形线夹，转动棘轮，释放小轮补偿绳至预留的圈数，如图 2-2-141 所示。

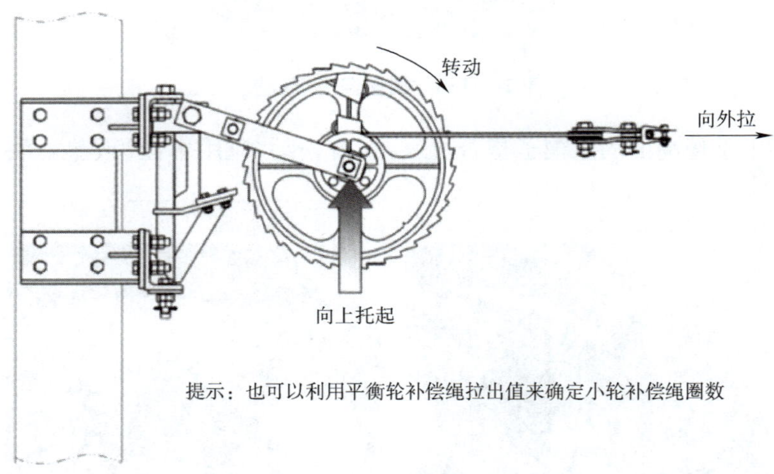

图 2-2-141　释放小轮补偿绳

③释放大轮补偿绳。棘轮固定不动，逐圈拆放大轮补偿绳，使剩余圈数符合规定值，注意大小轮补偿绳圈数总和为 5.25 圈，如图 2-2-142 所示。

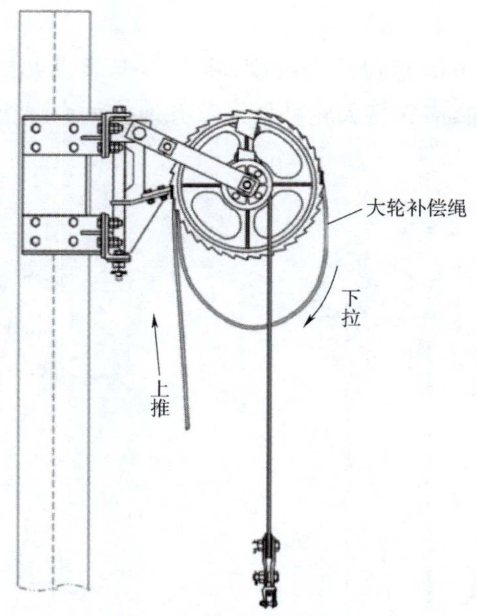

图 2-2-142　释放大轮补偿绳

④调整坠砣端补偿绳长度。根据坠砣离地高度调整补偿绳长度重新装好双耳楔形线夹，将多余的补偿绳绑扎固定，如图 2-2-143 所示。

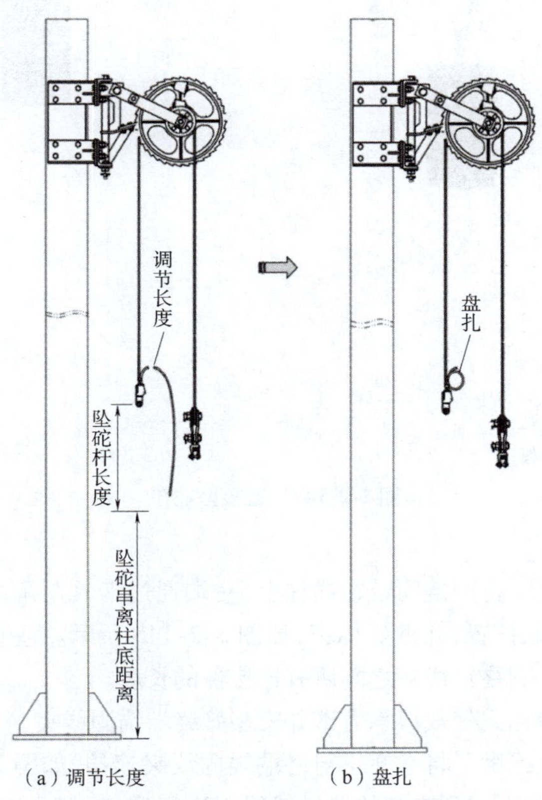

图 2-2-143　调整坠砣端补偿绳长度

(4)连接坠砣串

用倒链将码置好的坠砣串提起到适当高度,将双耳楔形线夹与坠砣杆连接,如图 2-2-144 所示。注意,在连接坠砣串前,应先将大轮补偿绳整齐地排列在绳槽内。

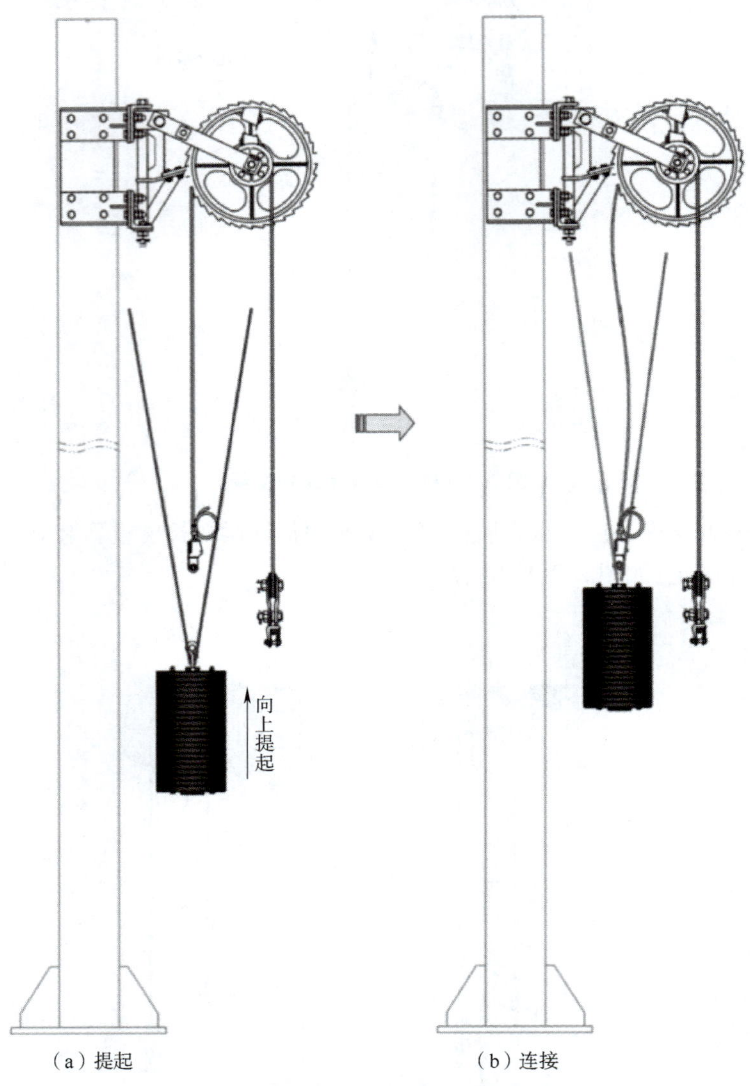

(a)提起　　(b)连接

图 2-2-144　连接坠砣串

(5)连接承力索

①确定终锚安装位置。将倒链固定在锚柱上,一端通过卡具与承力索连接,拉起承力索至工作状态,确定承力索截取位置,并做好标记,如图 2-2-145 所示。注意,标记点位置是平衡轮中心与棘轮中心距离加上到终锚线夹之间所有连接件的长度。

②安装终锚线夹。沿标记处裁剪承力索并安装好终端锚固线夹。

③连接平衡轮。通过绝缘子将平衡轮与终端锚固线夹连接,如图 2-2-146 所示。注意在连接接触线前,应对锚支定位卡子到末端的接触线线面进行调正,保证接触线的状态为小圆弧面朝上大圆弧面朝下,否则落锚后会造成平衡轮严重偏斜。

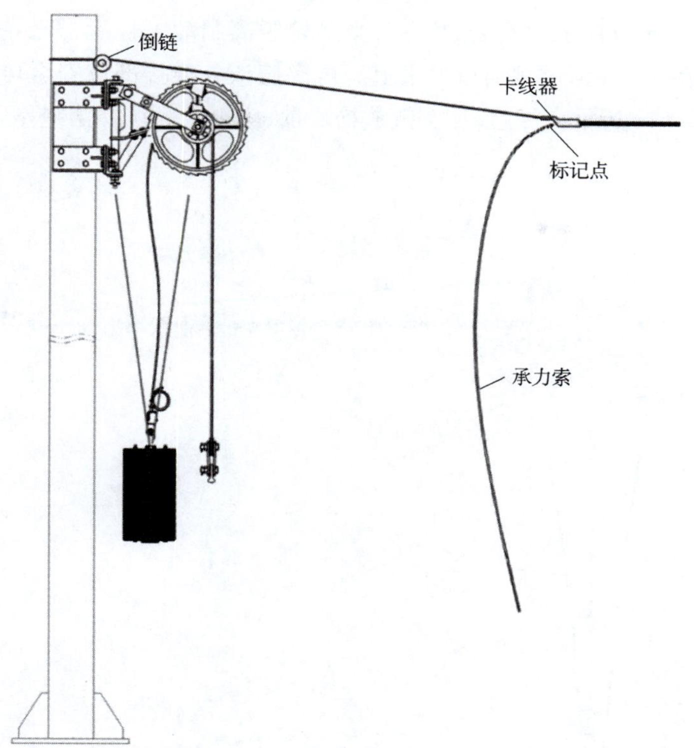

图 2-2-145　确定终锚安装位置

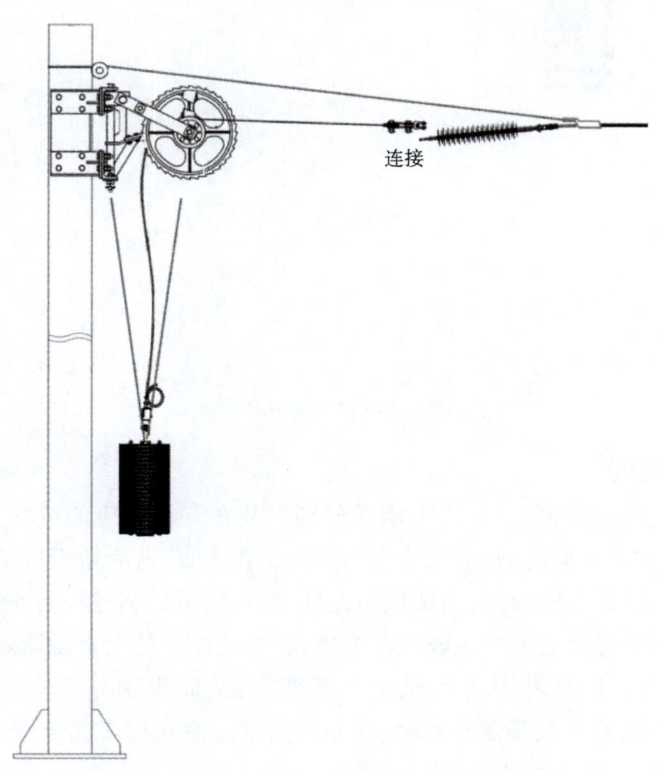

图 2-2-146　连接平衡轮

④落下坠砣。缓慢放松承力索端的倒链，当棘轮脱离制动卡板后，开始缓慢放松坠砣端倒链，使重力通过棘轮装置逐渐过渡到承力索上。再次确认各连接部位安全可靠后，拆除倒链及辅助装置，如图 2-2-147 所示。注意，在倒链放松之前，应再次确认补偿绳是否整齐地排列在绳槽内。

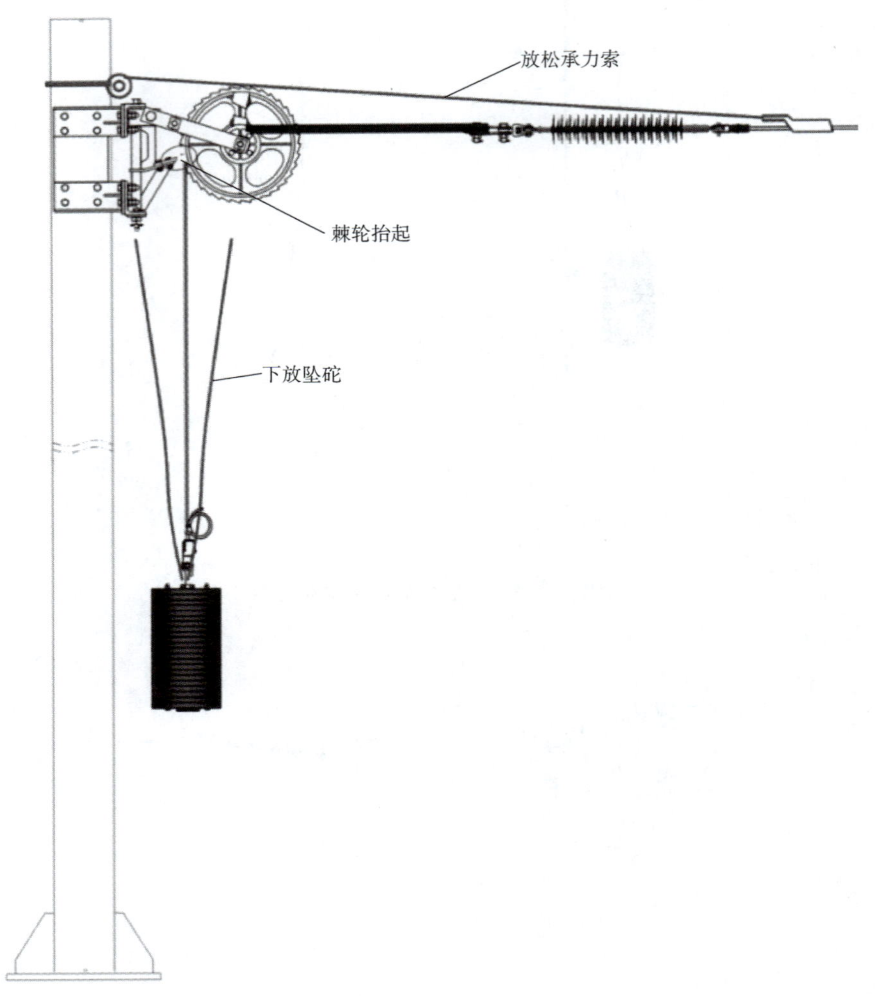

图 2-2-147　落下坠砣

(6)安装坠砣限制架

①安装导管固定槽钢。将上、下固定槽钢分别安装在支柱相应的位置上，如图 2-2-148 所示。注意，在安装坠砣限制架之前，应先检查坠砣杆是否平直，若有弯折现象应加以调直。因为在使用辅助装置起吊坠砣串时，往往会造成坠砣杆弯折，弯折的坠砣杆会使坠砣串倾斜，从而导致坠砣抱箍与坠砣限制导管之间产生较大的摩擦，影响坠砣串的上下运动。

②安装限制导管。以自然下垂坠砣串为基准，将坠砣限制导管安装在固定槽钢上，如图 2-2-149所示。注意，在安装限制导管时，应先将坠砣抱箍套在限制导管上，限制导管应处于铅垂状态，并且与坠砣串圆心相距为 200 ~ 250 mm。

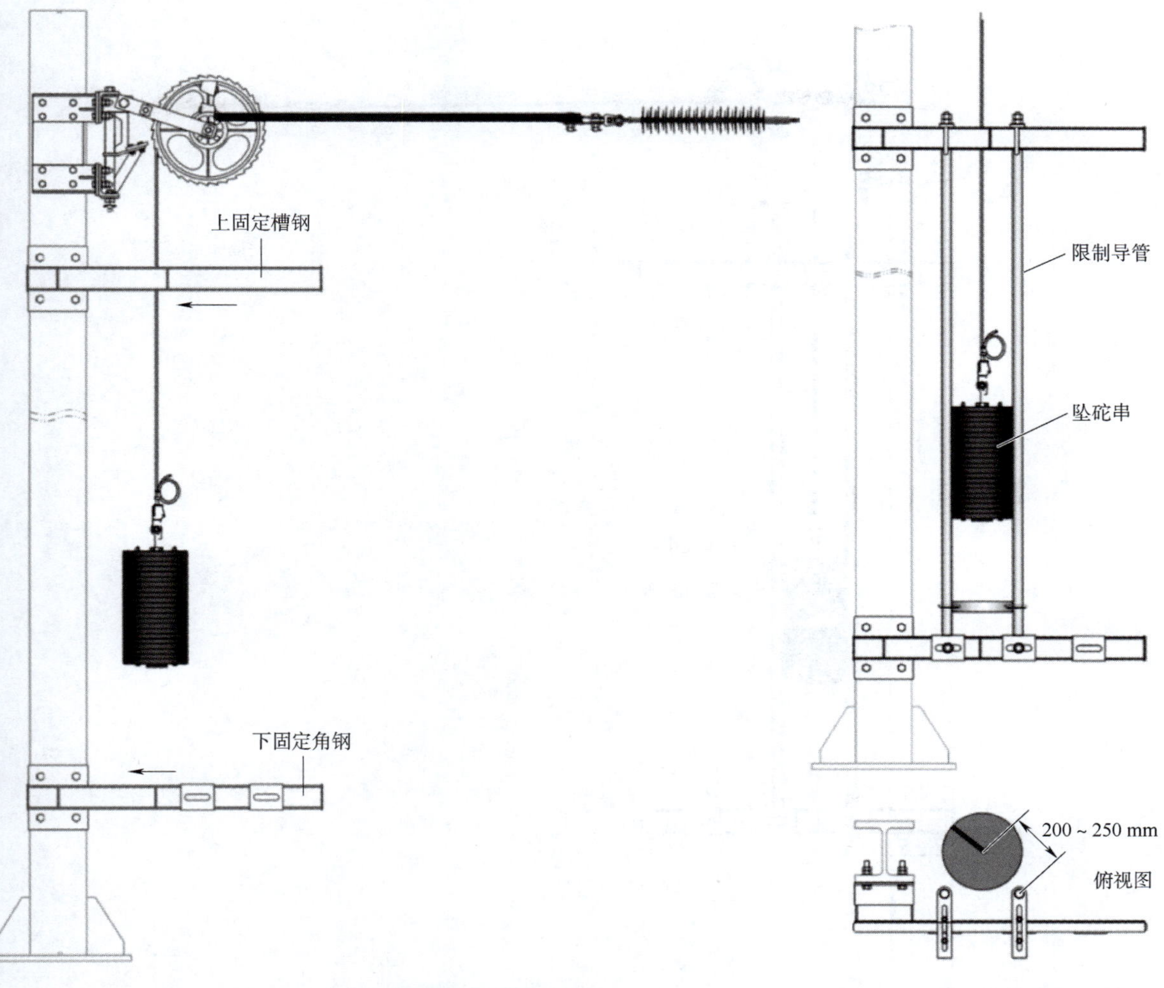

图 2-2-148 安装导管固定槽钢

图 2-2-149 安装限制导管

③固定抱箍。将抱箍由坠砣串底部套在坠砣上并移至中部加以固定，如图 2-2-150 所示。

(7)最终调整

①调整调节板使棘轮上、下轮边垂直偏斜不大于 5 mm，如图 2-2-151 所示。

②调整制动卡板与轮齿间距在 15～20 mm 之间，而且与两侧轮沿距离相等，如图 2-2-152 所示。

③再次调整坠砣限制导管的位置及铅垂度，确保坠砣上下运动顺畅，如图 2-2-153 所示。

注意，每个部位调整结束后，都必须按力矩要求将螺栓紧固。

4. 安装后检查

(1)检查棘轮上、下连接底座内侧间距，不得大于 510 mm。

(2)顺线路方向观测，棘轮应处于铅垂状态，上、下轮边垂直偏差不得超过 5 mm，如图 2-2-154 所示。

(3)检查坠砣限制导管，应处铅垂状态，并且与坠砣串的距离要适当。严禁出现如图 2-2-155 所示情况。

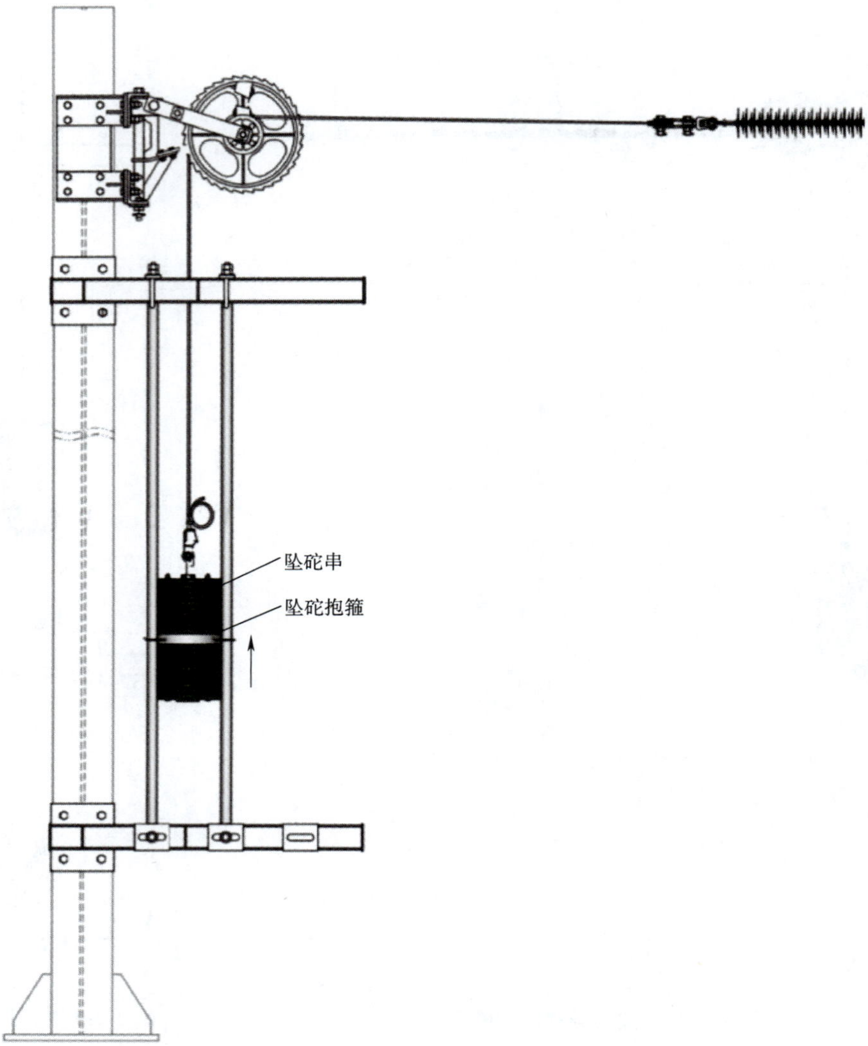

图 2-2-150　固定抱箍

图 2-2-151　调整调节板

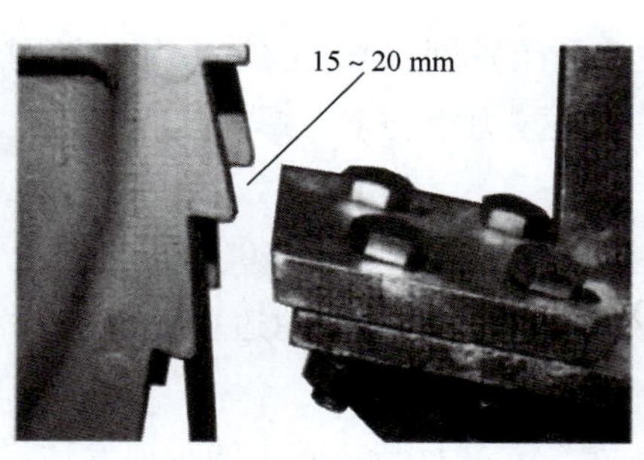

图 2-2-152　调整制动卡板与轮齿间距

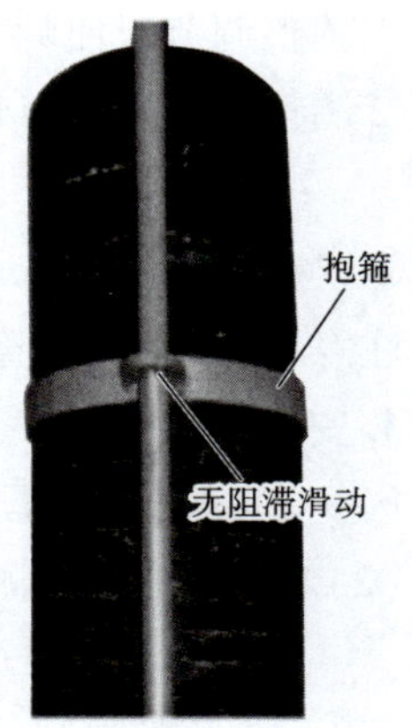

图 2-2-153　调整坠砣限制导管

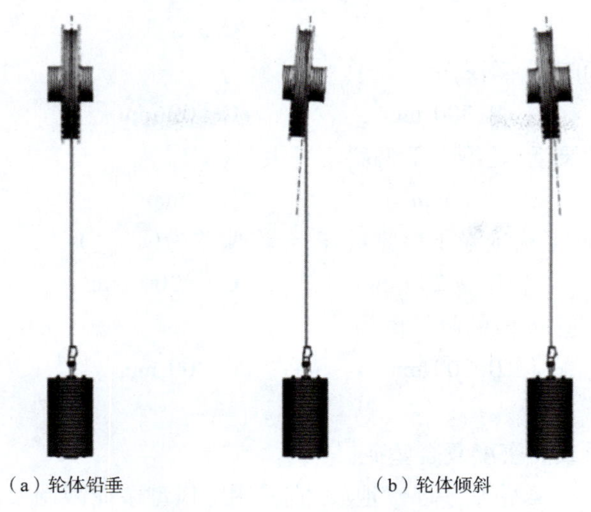

（a）轮体铅垂　（b）轮体倾斜

图 2-2-154　棘轮状态

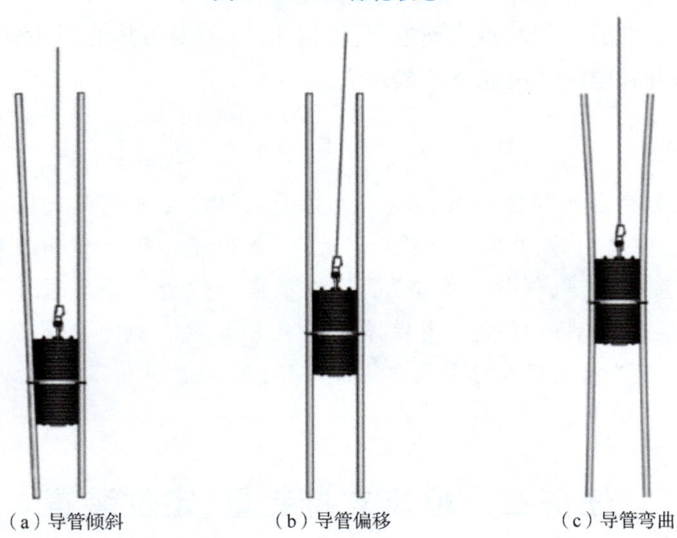

（a）导管倾斜　（b）导管偏移　（c）导管弯曲

图 2-2-155　坠砣限制导管状态

(4)检查制动卡板与棘轮齿尖的距离应为 15～20 mm。

(5)检查补偿绳，与各零件之间不得出现偏磨和挤压现象。

(6)检查补偿绳缠绕圈数及坠砣串高度是否与温度补偿曲线中的数据相符。

(7)检查平衡轮轮面应处于水平位置，其偏斜角度不应大于 15°。

(8)检查所有紧固螺栓是否符合规定的力矩值。

(9)坠砣杆是否有弯折现象。

巩固练习

一、单选题

1. 对需要加注润滑油的棘偿滑轮，应按产品规定的期限加注润滑油，没有规定者至少(　　)年一次。

A. 1　　B. 2　　C. 3　　D. 4

2. 平衡轮与棘轮的间距不小于(　　)。

A. 200 mm　　B. 300 mm　　C. 500 mm　　D. 700 mm

3. 棘轮大小轮转动灵活,轮槽上下偏斜不得大于(　　)。

A. 5 mm　　B. 7 mm　　C. 8 mm　　D. 10 mm

4. 承力索、接触线两下锚绝缘子串应对齐,允许偏差为(　　)。

A. ±100 mm　　B. ±200 mm　　C. ±300 mm　　D. ±400 mm

5. 棘轮补偿装置 a 值、b 值的限界值为(　　)。

A. 100 mm　　B. 200 mm　　C. 300 mm　　D. 400 mm

二、判断题

1. 坠砣宜采用铁质或高密度复合坠砣。(　　)

2. 山谷口、高路堤、高架桥等"风口"地段,宜采用防风型坠砣限制架。(　　)

3. 作业人员不得站在补偿绳上,以防止补偿绳脱槽。(　　)

4. 补偿绳不得有散股、断股、接头现象,且不得扭绞、不得与其他部件线索相摩擦。(　　)

5. 坠砣受力卸开补偿绳后坠砣下严禁站人。(　　)

知识拓展

通化工务段通化桥隧车间第一维修小组成立于1990年,现有职工13人,平均年龄40岁。小组13名职工中有7名党员、9名退役军人,"红色"始终是他们的精神底色。三十多年来,组员们忠实践行"心系桥隧涵、创优保安全"的铮铮誓言,把"列车安全通过"视为一切工作的底线和神圣职责,用实际行动展现新时代铁路人的良好形象。该小组曾获得2022年度"通化好人集体"、2023年度"吉林好人标兵团体"等荣誉,多次被通化工务段评为"先进班组""文明班组"。

任务三　检修支持装置、定位装置

学习情境一　支持装置检修作业

学习情境描述

因长期失检失修,腕臂支撑装置棒式绝缘子滴水孔排水不畅,棒式绝缘子钢帽内长期积水,腕臂严重锈蚀、腐烂,导致2278#、2286#支柱腕臂机械强度不足,斜腕臂从绝缘子带电侧根部拉弯折断、抽脱。曾建立设备一杆一档时斜腕臂已出现严重锈蚀情况,但未引起重视,未及时处置安全隐患,最终导致事故的发生。此次故障暴露供电设备日常维护管理不到位,"重正线,轻支线"问题突出,对线路使用率低的供电设备,检修作业计划安排上逐渐忽视,降低了检修质量标准。

想一想: 作为接触网工,你应该如何顺利完成本次检修作业?

学习目标

通过本情境的学习，掌握支持装置检修作业标准和流程，并能配合作业组成员完成支持装置的检修作业。

任务书

支持装置检修作业任务书见表 2-3-1。

表 2-3-1　支持装置检修作业任务书

作业任务		日　期	
班　组		计划作业时间	
组　长		计划完成时间	
作业地点			
作业内容			
安全风险点			
防控措施			
作业过程督查意见			

任务分组

学生任务分配见表 2-3-2。

表 2-3-2　学生任务分配表

班　级			日　期	
班　组			组　长	
班组成员	姓　名	任务角色	任务分工	

工作实施

支持装置检修作业工作实施过程见表 2-3-3。

表 2-3-3　支持装置检修作业工作实施过程表

安全风险点及防控措施	作业步骤	作业内容及检修标准	任务完成(检修方法)
①高处作业人员严禁踩踏定位器、接触线,不得踩踏绝缘瓷瓶; ②高处作业人员必须将安全带系在安全可靠的地方才可开展作业,严禁将安全带系在弹性吊索上; ③作业人员跨越绝缘子作业时,要采取等电位措施; ④作业人员在腕臂作业时,要事先检查平腕臂铁锚压板或穿钉状态,以防平腕臂抽脱伤人; ⑤承力索底座下端的挂钩开口朝向应与定位管斜拉线斜拉方向相反,否则有可能会导致斜拉线脱出挂钩; ⑥止动垫片和调整螺栓上固定卡块的止动耳均应在安装完毕后折弯,使之与相应的侧面、螺母侧面密贴,保证防松效果;	检修前准备	到达作业现场,确认作业范围,检查作业所需工具、材料是否齐全,安全用具状态是否良好,在田野侧(安全地带)集中待命,接到工作领导人“安全措施采取完毕,可以开始作业”命令即可开始检修作业	填写工具、耗材和备品清单,见表 2-3-4
	检查测量	腕臂底座→平(斜)腕臂状态→结构高度→腕臂偏移→各部件螺栓状态	填写检查(测量)数据记录单,见表 2-3-5
	腕臂底座检修	检修标准: 腕臂底座应与支柱密贴,呈水平状态,两端高差不大于 10 mm。安装高度符合设计要求,允许偏差 ±50 mm。多线路腕臂底座及连接件安装高度应满足最高轨面至横梁下缘的设计高度,允许偏差 ±50 mm。双腕臂底座间距应满足要求。极限温度时,两支悬挂及零部件间距不得小于 60 mm	检修方法: ①调整上底座时可稍松动紧固螺栓,用手锤敲击,调整上底座水平和扭转状态; ②调整下底座时可在上下底座间搭 1.5 t 手扳葫芦拉住下底座,稍松动紧固螺栓,用手锤敲击,调整下底座水平和扭转状态; ③紧固底座螺栓
	平(斜)腕臂检修	检修标准: 腕臂不得明显弯曲且无永久性变形。平腕臂端部余长为 200 mm,双线路腕臂应保持水平状态,其允许仰高不超过 100 mm,无永久性变形。平腕臂抬头时和斜腕臂应安装管帽,水平或低头时不宜安装管帽	检修方法: 当腕臂管弯曲、变形时,测量原平、斜腕臂长度,按照测量长度预制腕臂;卸载线索张力;更换斜腕臂时卸载接触线、拆除定位装置后,拆除斜腕臂,更换新腕臂;更换平腕臂时卸载承力索,摘下平腕臂,更换新腕臂。若腕臂管锈蚀可用砂纸打磨除锈后涂防腐漆、银粉漆
	结构高度检修	检修标准: 平腕臂安装位置满足承力索悬挂点(或支撑点)距线路中心的水平距离规定;距轨面距离(即导线高度加结构高度)满足下述要求。 标准值:设计值。 标准状态:标准值 ±50 mm。 警示值:标准值 ±200 mm。 限界值:(以跨距中最短吊弦长度为依据界定)最短吊弦长度不小于 300 mm	检修方法: 对结构高度不符合要求的腕臂进行调整,可以通过调整上下腕臂底座高度和双套管连接器位置的方式调整结构高度,结构高度调整达标后必须对定位器限位间隙和坡度进行检查,避免结构高度调整导致定位器限位间隙超标
	腕臂偏移检修	检修标准: 标准值:符合安装曲线要求。 标准状态:标准值 ±50 mm。 警示值:标准值 ±100 mm。 限界值:任何情况下不得超过腕臂垂直投影长度的 1/3	检修方法: ①查阅腕臂安装曲线图,根据现场温度,确定腕臂偏移或通过腕臂偏移计算公式进行计算,确定腕臂偏移值; ②对腕臂偏移值不符合要求的进行调整,调整前先卸载承力索。查看现场温度,对照腕臂偏移对照表将腕臂调整到标准位置,随后将承力索导入到承力索座中,调整完成后必须对定位点及相邻吊弦点进行高度检查,如高差超标(定位点及相邻吊弦点高差超过 10 mm),则需对相应吊弦进行更换

续表

安全风险点及防控措施	作业步骤	作业内容及检修标准	任务完成(检修方法)
⑦在小曲线半径区段及线岔处更换支持装置时,要使用调整顶杆并对承力索和接触线采取固定措施,防止脱落。并注意线索受力状态,防止线索弹出伤人; ⑧安装更换支持装置时,应避免上下层同时作业,上下部作业人员应分别位于支柱的两侧,杆上作业时必须系好安全带	各部件检修	检修标准: 支持装置各部件组装正确。腕臂上的各部件应与腕臂在同一垂直面内,铰接处转动灵活。 ①定位管吊线钩开口,正定位时朝远离支柱侧,反定位时朝支柱侧; ②腕臂棒式绝缘子排水孔朝下; ③承力索座内的承力索置于受力方向指向轴心的槽内; ④定位管吊线两端均装设心形环,线鼻子采用压接方法固定	检修方法: ①对有弯曲、变形、裂纹,锈蚀的腕臂支持进行更换,对支持方向安装错误的进行调整; ②各零部件有锈蚀、变形、裂纹时,更换零部件,对缺少开口销进行补装,锈蚀开口销进行更换,开口销掰开角度为120°; ③止动垫片长片紧贴本体、短片紧贴螺母侧平面; ④当接地跳线烧蚀、断股时,测量原跳线长度,预制跳线将其更换; ⑤按标准力矩紧固螺栓,除锈涂漆
	检修完毕	确认修后设备质量良好,清点机具、材料齐全后,下作业平台(支柱)撤至安全地带报告工作领导人。等待作业组全体成员列队点名	

表 2-3-4 工具、耗材和备品清单

序号	名称	单位	数量	备注
1				
2				
3				
4				
5				
6				
7				
8				
9				
10				

表 2-3-5 检查(测量)数据记录单

序号	检查项目	测量数据	设计值(状态)	是否需要调整
1	腕臂底座			
2	平(斜)腕臂状态			
3	结构高度			
4	腕臂偏移			
5	螺栓紧固力矩			

评价反馈

支持装置检修作业评价记录见表2-3-6。

表 2-3-6　支持装置检修作业评价记录表

评价项点	评价标准	配分	得分	扣分原因
工具材料准备	检查、挑选工具和材料，缺 1 项扣 2 分	5		
数据测量	结构高度、腕臂偏移、螺栓紧固力矩，1 项数据测量错误扣 3 分	10		
技术要求	腕臂底座调整方法流程正确	10		
	平（斜）腕臂状态调整方法流程正确	10		
	结构高度调整方法流程正确	15		
	腕臂偏移调整方法流程正确	10		
	各部件检修方法流程正确	15		
安全及规范操作	①高处坠物 1 次扣 5 分； ②材料工具上下抛掷，1 次扣 5 分； ③工器具及零部件损坏扣 5 分； ④接触网上或线路上有遗留物件，每件扣 5 分； ⑤作业过程中发生危及人身安全情况，1 次扣 5 分； ⑥劳动保护用品不齐或未按要求使用，每项扣 1 分	25		
合计	作业时间：　　分　　秒	100		

知识链接

一、腕臂偏移计算

腕臂偏移计算公式为

$$E = L\alpha(T_X - T_P)$$

式中，E——腕臂偏移值（负值表示向中锚侧，正值表示偏向下锚侧）；

L——调整腕臂到中锚中心柱的距离；

α——线胀系数；

T_X——现场温度；

T_P——无偏移温度（根据设计值）。

二、腕臂组装

1. 作业人数及要求

作业人数为 1 人，须掌握接触网腕臂组装标准及流程。

2. 工具材料要求

腕臂组装工具材料需求见表 2-3-7。

表 2-3-7　腕臂组装工具材料需求表

序号	工具或物品名称	单位	数量	备注
1	腕臂	套	1	
2	力矩扳手	套	1	含套筒头
3	钢卷尺	个	1	
4	橡胶锤	个	1	
5	克丝钳	把	1	
6	记号笔	支	1	

3. 作业准备工作

（1）检查和取料。

（2）检查水平腕臂管长度是否符合安装要求。

（3）检查斜腕臂管长度是否符合安装要求。

（4）检查定位管长度是否符合安装要求。

（5）检查腕臂零部件的螺栓和螺母是否齐全且转动良好，零件有无损坏。

（6）检查水平腕臂绝缘子和斜腕臂绝缘子是否符合安装要求，并检查其螺栓和螺母是否齐全且转动良好。

4. 现场作业

（1）根据安装图纸，将平腕臂管上需要安装零部件的位置画好标记。

（2）根据安装图纸，将斜腕臂管上需要安装零部件的位置画好标记。

（3）安装各部零部件，（力矩、尺寸）按照安装图纸执行。

5. 注意事项

各部尺寸符合要求，零部件位置安装正确，力矩符合要求。

知识拓展

腕臂安装组装作业项点及标准见表2-3-8。

表2-3-8　腕臂安装组装作业项点及标准

作业项点	作业标准
零部件准备	准备腕臂各个零部件不得缺失
操作流程	按图纸组装，组装零件时不得有误
	压板平整，定位环、套管绞环位置、方向正确
	标注区间、支柱号，擦拭绝缘子
	开口销掰开角度大于120°
	各部分螺栓穿向正确
工具设备的使用与维护	正确使用钳子、扳手，所选用的力矩正确
	绝缘子、零配件无损坏
安全及其他注意事项	不得有有刮伤、碰伤零部件现象
	规定用时15 min

三、腕臂安装

1. 作业人数及要求

作业人数为5人，高空作业人员安全等级不低于三级；地面辅助人员须掌握腕臂安装安装标准及流程。

2. 工具材料需求表(见表 2-3-9)

表 2-3-9　腕臂安装工具材料需求表

序号	工具或物品名称	单位	数量	备注
1	克丝钳	把	1	
2	活口扳手	把	1	
3	钢卷尺	个	1	
4	大绳	根	1	
5	滑轮	个	1	
6	工具袋	个	1	
7	钢丝套子	个	1	
8	预配完腕臂	套	1	
9	铁线	米	若干	

3. 作业准备工作

(1)检查预配腕臂是否符合安装标准。

(2)检查大绳有无散股、断股、接头。

(3)检查零部件的螺栓和螺母是否齐全符合标准,各个零件有无损坏。

(4)检查腕臂绝缘子是否符合安装标准。

4. 现场作业

(1)到达作业地点后,安装人员和监护人共同确认安装杆号及安装位置。

(2)确认工具、材料等准备齐全后,报告工作领导人。

(3)得到工作领导人准许作业后,开始作业。

(4)高处作业人员攀登到作业位置并系好安全带,将滑轮用钢丝套子固定好。

(5)地面辅助人员将水平腕臂绝缘子用大绳绑扎牢固,等待高处作业人员通知。地面辅助人员得到高处作业人员通知后,将平腕臂绝缘子吊至水平腕臂底座位置。上部高处作业人员用螺栓将水平腕臂绝缘子与腕臂底座连接固定。

(6)地面辅助人员在支柱下方用大绳将腕臂绑扎牢固(用铁线将斜腕臂与定位管、定位器绑扎),等待高处作业人员通知。地面辅助人员得到高处作业人员通知后,将腕臂吊至斜腕臂底座位置。后下部高处作业人员用螺栓将斜腕臂绝缘子与腕臂底座固定,将水平腕臂与斜腕臂的绑扎拆除(斜腕臂处大绳确认绑扎牢固),再通知地面辅助人员将水平腕臂拉升到水平腕臂底座。下部高处作业人员攀登至水平腕臂位置作业位置与上部高处作业人员共同将水平腕臂绝缘子与水平腕臂连接。

(7)安装完毕后高处作业人员检查各部件,确认连接良好后将钢丝套子、滑轮及大绳拆除。清点工机具、材料齐全后撤至安全地带,报告工作领导人作业完毕。

5. 注意事项

(1)所有开口销均应掰开至 120°。

(2)作业过程中,高处作业人员严禁高空抛物。

(3)高处作业人员作业时,必须将安全带系在安全牢靠的地方。

(4)腕臂安装完毕后用铁线将腕臂与支柱连接固定,防止因大风造成腕臂折断。

(5)腕臂底座螺栓穿向正确(螺帽朝着来车方向)

(6)吊装腕臂时,腕臂不得挂碰支柱。

(7)地面辅助人员听从高处作业人员指挥,同时注意防止高空坠物砸伤。

知识拓展

腕臂安装作业项点及标准见表 2-3-10。

表 2-3-10　腕臂安装作业项点及标准

作业项点	作业标准
准备工具材料	个人着装:安全帽、工作服、绝缘鞋、手套;作业人员携带《安全合格证》
	工具材料准备:克丝钳、活口扳手、钢卷尺、大绳、滑轮、铁线(钢丝)套子、工具袋、预配腕臂
操作流程	螺栓安装方向正确
	高处作业人员作业时,必须将安全带系在安全牢靠的地方
	腕臂安装完毕后用铁线将腕臂与支柱连接固定
	吊装腕臂时,腕臂挂碰支柱
	检查预配腕臂是否符合安装标准
	钢丝套子安装位置合理
	工具材料准备齐全
	腕臂、定位管、定位器应处于同一铅垂面,偏移不得超过 100 mm
	作业结束后工具材料撤至安全地带
	各部开口销按标准掰开(大于 120°)
安全及其他注意事项	作业过程中不得抛掷传递物品
	作业过程中出现人员受伤或出现重大安全隐患,停止作业

巩固练习

一、单选题

1. 腕臂底座应与支柱密贴,呈水平状态,两端高差不大于(　　)。

A. 5 mm　　B. 10 mm　　C. 15 mm　　D. 20 mm

2. 平腕臂安装位置距轨面距离的标准状态为(　　)。

A. 标准值 ±30 mm

B. 标准值 ±40 mm

C. 标准值 ±50 mm

D. 标准值 ±60 mm

3. 平腕臂安装位置距轨面距的离警示值为(　　)。

A. 标准值 ±100 mm　　B. 标准值 ±200 mm

C. 标准值 ±300 mm　　D. 标准值 ±400 mm

4. 平腕臂安装位置距轨面距离的限界值不小于(　　)。

A. 300 mm　　B. 400 mm　　C. 500 mm　　D. 600 mm

5. 腕臂偏移的标准状态为(　　)。

A. 标准值 ±30 mm　　B. 标准值 ±40 mm

C. 标准值 ±50 mm　　D. 标准值 ±60 mm

6. 腕臂偏移的警示值为(　　)。

A. 标准值 ±50 mm　　B. 标准值 ±100 mm

C. 标准值 ±150 mm　　D. 标准值 ±200 mm

7. 腕臂偏移的限界值为任何情况下不得超过腕臂垂直投影长度的(　　)。

A. 1/2　　B. 1/3　　C. 1/4　　D. 1/5

二、判断题

1. 多线路腕臂底座及连接件安装高度应满足最高轨面至横梁下缘的设计高度,允许偏差 ±50 mm。(　　)

2. 双线路腕臂应保持水平状态,其允许仰高不超过 50 mm,无永久性变形。(　　)

3. 平腕臂抬头时和斜腕臂应安装管帽,水平或低头时不宜安装管帽。(　　)

4. 定位管吊线钩开口,正定位时朝支柱侧,反定位时朝远离支柱侧。(　　)

5. 腕臂棒式绝缘子排水孔朝下。(　　)

学习情境二　定位装置检修作业

学习情境描述

某年某局某站 126#吊柱特型(T 型)定位器定位线夹因安装错误,定位线夹一侧卡槽未卡入接触线线槽,而是卡在接触线线槽以下大面圆弧上,在长期振动及张力作用下,线夹发生松脱,造成定位器脱落,某次动车组发现后,紧急停车于 122#吊柱位置。此次故障处理过程中,根据动车组停车位置、接触网设备损坏等情况,采取某动车组升前弓运行方式(前弓已越过 126#吊柱)驶离故障点,造成 17 列动车组晚点。

想一想: 作为接触网工,你应该如何顺利完成本次检修作业?

学习目标

通过本情境的学习,掌握定位装置检修作业标准和流程,并能配合作业组成员完成定位装置的检修作业。

任务书

定位装置检修作业任务书见表 2-3-11。

表 2-3-11　定位装置检修作业任务书

作业任务		日　期	
班　组		计划作业时间	
组　长		计划完成时间	
作业地点			
作业内容			
安全风险点			
防控措施			
作业过程督查意见			

任务分组

学生任务分配见表 2-3-12。

表 2-3-12　学生任务分配表

班　级			日　期	
班　组			组　长	
班组成员	姓　名	任务角色	任务分工	

工作实施

定位装置检修作业工作实施过程见表 2-3-13。

表 2-3-13　定位装置检修作业工作实施过程表

安全风险点及防控措施	作业步骤	作业内容及检修标准	任务完成(检修方法)
①高处作业人员必须将安全带系在安全可靠的地方，严禁将安全带系在弹性吊索上，要认真确认线索受力方向，防止线索抽脱伤人；	检修前准备	到达作业现场，确认作业范围，检查作业所需工具、材料是否齐全，安全用具状态是否良好，在田野侧(安全地带)集中待命，接到工作领导人“安全措施采取完毕，可以开始作业”命令即可开始检修作业	填写工具、耗材和备品清单，见表 2-3-14
	检查测量	定位器偏移 → 定位器静态角度 → 限位间隙 → 定位线夹 → 电气连接线 → 定位管 → 各部件螺栓状态	填写检查(测量)数据记录单，见表 2-3-15

续表

<table>
<tr><th>安全风险点及防控措施</th><th>作业步骤</th><th>作业内容及检修标准</th><th>任务完成(检修方法)</th></tr>
<tr><td rowspan="5">②如果定位钩与定位环间有电腐蚀痕迹，应当检查附近处主导电回路是否通畅；
③受电弓动态包络线范围内不得有任何影响受电弓运行的障碍；
④检查过程中注意螺母、双耳止动垫片的方向；
⑤检查螺栓和螺母的紧固力矩，若达不到紧固力矩下限可能影响零件功能、性能的实现，高于紧固力矩上限可能会造成零件本体损坏或螺栓螺母卡死；</td><td>定位器偏移检修</td><td>检修标准：
定位器应与腕臂顺线路偏移的方向、角度相一致。
标准值：平均温度时垂直于线路中心线，温度变化时沿接触线纵向偏移与接触线在该点的伸缩量相一致。
标准状态：标准值 ± 偏移量的 10% 。
警示值：同标准状态。
限界值：极限温度时，偏移值不得大于定位器(定位管)长度的 1/3</td><td>检修方法：
当定位器发生偏移，应先检查相邻定位器是否也发生偏移。根据安装曲线确定调整量，松开定位线夹用橡皮锤敲至计算标准位置，按标准力矩紧固螺栓。严禁出现反偏现象</td></tr>
<tr><td>定位器静态角度检修</td><td>检修标准：
定位器应处于受拉状态(拉力 ≥80 N)，定位器静态角度(定位器与轨面连线之间的夹角)标准如下。
标准值：8°。
标准状态：6° ~10°。
警示值：6° ~13°。
限界值：4° ~15°</td><td>检修方法：
①在保证接触线高度和限位定位器限位间隙的前提下，确认调整量和调整方向；
②利用大绳或者手扳葫芦将定位器卸载，松动定位环线夹螺栓、调整定位管高度；
③调整后用激光测量仪或者水平尺复测定位器坡度，直至符合要求；
④所有参数符合要求后，用标准力矩对各部件进行紧固</td></tr>
<tr><td>限位间隙检修</td><td>检修标准：
定位器限位间隙应符合设计要求，允许偏差为 ±1 mm。且应满足受电弓最大动态抬升量的限位要求，在 1.5 倍最大动态抬升量时限位间隙为 0。非限位定位器根部与接触线高差符合设计要求，允许偏差为 ±10 mm</td><td>检修方法：
在接触网高度符合标准的前提下，用塞尺测量限位间隙是否符合标准或用手托定位点处接触线，测量是否满足受电弓最大抬升量。否则应调整限位处止钉螺栓，达到受电弓最大抬升量</td></tr>
<tr><td>定位线夹检修</td><td>检修标准：
定位线夹安装正确，与接触线接触面应涂导电介质。定位线夹或锚支定位卡子受力面符合要求，有环夹板远离定位钩和定位支座侧。U 形销向上弯折 60°</td><td>检修方法：
①定位线夹不得有裂纹或损坏，定位线夹应嵌入接触线燕尾槽，线夹任何部位不得低于接触线；
②定位线夹等受力部件调整和更换时，需要将定位器卸载后进行调整和更换</td></tr>
<tr><td>电气连接线检修</td><td>检修标准：
定位器支座处电气连接线安装符合设计要求，且不应与定位支座限位止钉相互摩擦，铜铝双面垫片安装正确，铝面与定位器和底座接触，铜面与电气连接线鼻子接触</td><td>检修方法：
若发现散股应进行绑扎，断股应进行更换；线鼻子应压接良好，无松动，否则应更换；除固定点外，电连接跳线不得接触其他任何零部件</td></tr>
</table>

续表

安全风险点及防控措施	作业步骤	作业内容及检修标准	任务完成（检修方法）
⑥止动垫片和调整螺栓上固定卡块的止动耳均应在安装完毕后折弯，使之与相应的侧面、螺母侧面密贴，保证防松效果	定位管检修	检修标准： ①转换支柱处两定位器能分别随温度变化自由转动，不得卡滞；非工作支和工作支定位器、管之间的间隙不小于 50 mm； ②定位管应与腕臂在同一垂面内； ③吊钩定位环开口，正定位时朝支柱侧，反定位时朝远离支柱侧。定位环应垂直线路方向安装，避免与旋转平双耳出现剪切力； ④定位管吊线应顺直受力，与弹性吊索间隙大于 50 mm； ⑤定位管水平或抬头时应安装管帽，低头时不宜安装管帽	检修方法： 按照检修标准的要求进行检查和调整
	检修完毕	确认修后设备质量良好，清点机具、材料齐全后，下作业平台（支柱）撤至安全地带报告工作领导人。等待作业组全体成员列队点名	

表 2-3-14　工具、耗材和备品清单

序号	名称	单位	数量	备注
1				
2				
3				
4				
5				
6				
7				
8				
9				
10				

表 2-3-15　检查（测量）数据记录单

序号	检查项目	测量数据	设计值（状态）	是否需要调整
1	定位器偏移			
2	定位器静态角度			
3	限位间隙			
4	定位线夹			
5	电气连接线			
6	定位管			
7	螺栓紧固力矩			

评价反馈

定位装置检修作业评价记录见表 2-3-16。

表 2-3-16 定位装置检修作业评价记录表

评价项点	评价标准	配分	得分	扣分原因
工具材料准备	检查、挑选工具和材料,缺 1 项扣 2 分	5		
数据测量	定位器偏移、定位器静态角度、限位间隙、螺栓紧固力矩,1 项数据测量错误扣 3 分	10		
技术要求	定位器偏移调整方法流程正确	10		
	定位器静态角度调整方法流程正确	10		
	限位间隙调整方法流程正确	10		
	定位线夹调整方法流程正确	5		
	电气连接线调整方法流程正确	10		
	定位管调整方法流程正确	5		
	各部件螺栓、锈蚀等调整方法流程正确	10		
安全及规范操作	①高处坠物 1 次扣 5 分; ②材料工具上下抛掷,1 次扣 5 分; ③工器具及零部件损坏扣 5 分; ④接触网上或线路上有遗留物件,每件扣 5 分; ⑤作业过程中发生危及人身安全情况,1 次扣 5 分; ⑥劳动保护用品不齐或未按要求使用,每项扣 1 分	25		
合计	作业时间: 分 秒	100		

知识链接

一、安装防风拉线、更换防风拉线固定环方法

(1)把拉线固定环套在定位管经过计算的位置上,垂直地调整该固定环的位置。注意:固定环要成水平方向。为了方便维护,固定环应装在面向补偿装置的一侧。

(2)用力矩扳手拧紧 U 形螺栓的 2 个螺母,注意止动垫片与螺母的相对位置。螺母的最大力矩为 35 N·m。对两个螺母的力矩进行检查,力矩应该一致。紧固时注意保持止动垫片的位置,紧固后止动垫片两长支分别指向本体两个侧面,短支位于螺栓端部一个六方侧面。

(3)把防风拉线(见图 2-3-1)套到固定环上,另一端固定在定位器顶端的专用孔里。向上推卡箍,并在末端做一个弯,注意开口方向应背离钩环受力方向。

(4)防风拉线固定环面向下锚侧安装,距定位器端头水平距离为 600 mm,允许误差 $^{+50}_{-100}$ mm,与水平方向呈 45°,短环回头 100 mm,长环回头 250 mm。防风拉线整体应平直,如图 2-3-2 所示。

二、更换定位器方法

(1)将定位器卸载。

(2)松动定位线夹螺母,使定位线夹与接触线脱离,拆除定位器。

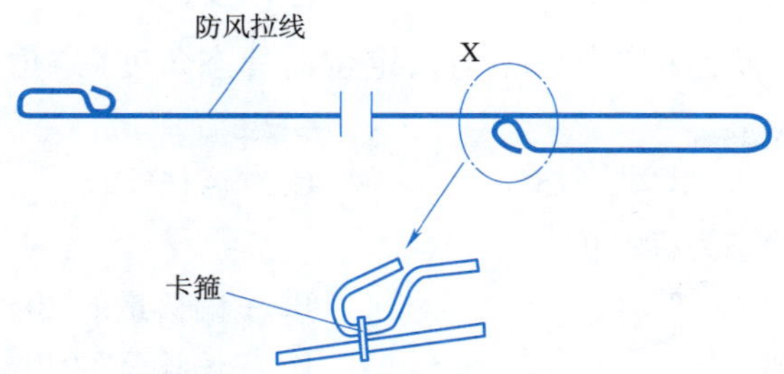

图 2-3-1 防风拉线实物图

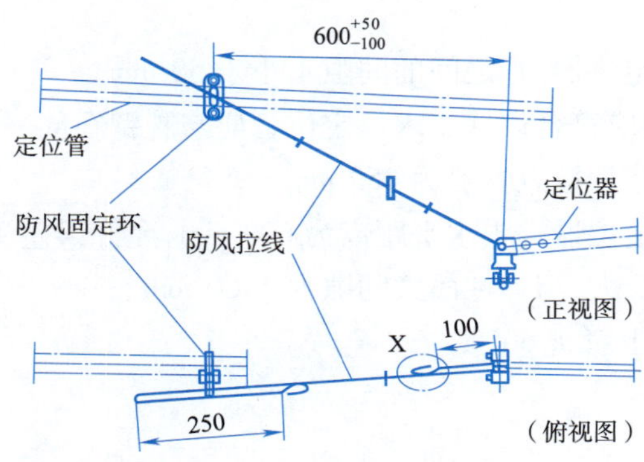

图 2-3-2 防风拉线示意图

(3)用同型号的新定位器(保证坡度和拉出值不变)更换,紧固定位线夹螺母。

(4)拆除大绳或手扳葫芦。

(5)复测调整后的拉出值,直至符合标准为止。

巩固练习

一、单选题

1. 定位器限位间隙应符合设计要求,允许偏差为(　　)。

A. ±1 mm　　B. ±2 mm　　C. ±3 mm　　D. ±4 mm

2. 非限位定位器根部与接触线高差符合设计要求,允许偏差为(　　)。

A. ±10 mm　　B. ±20 mm　　C. ±30 mm　　D. ±40 mm

3. 定位器应处于受拉状态(拉力≥80 N),定位器静态角度(定位器与轨面连线之间的夹角)的标准值为(　　)。

A. 6°　　B. 7°　　C. 8°　　D. 9°

4. 定位器应处于受拉状态(拉力≥80 N),定位器静态角度(定位器与轨面连线之间的夹角)的标准状态为(　　)。

A. 6°~10°　　B. 7°~11°　　C. 8°~12°　　D. 9°~13°

5. 定位器应处于受拉状态(拉力≥80 N),定位器静态角度(定位器与轨面连线之间的夹角)的警示值为(　　)。

A. 4°～11°　　B. 5°～12°　　C. 6°～13°　　D. 7°～14°

6. 定位器应处于受拉状态(拉力≥80 N),定位器静态角度(定位器与轨面连线之间的夹角)的限界值为(　　)。

A. 3°～14°　　B. 4°～15°　　C. 5°～16°　　D. 6°～17°

7. 定位器偏移标准状态为标准值(　　)。

A. ±偏移量的 10%　　B. ±偏移量的 20%

C. ±偏移量的 30%　　D. ±偏移量的 40%

8. 定位器偏移限界值:极限温度时,偏移值不得大于定位器(定位管)长度的(　　)。

A. 1/2　　B. 1/3　　C. 1/4　　D. 1/5

二、判断题

1. 非工作支和工作支定位器、管之间的间隙不小于 50 mm。(　　)
2. 正、反定位管状态均应符合设计要求。定位管应与腕臂在同一垂面内。(　　)
3. 吊钩定位环距接触线悬挂点一般为 450 mm。(　　)
4. 防风拉线固定环距定位器端头水平距离为 600 mm,允许误差 +50～-100 mm。(　　)
5. 定位管吊线应顺直受力,与弹性吊索间隙大于 60 mm。(　　)
6. 定位线夹 U 形销向上弯折 60°。(　　)

知识拓展

那艳玲,中共党员,中国铁路设计集团有限公司城交事业部副总工程师兼国家工程研究中心环境控制实验室主任,入选中国国家铁路集团有限公司"百千万人才"工程专业带头人,曾获中国青年五四奖章、詹天佑铁道科学技术奖青年奖、天津市优秀科技工作者、天津市三八红旗手等荣誉。那艳玲一直深耕轨道交通环境设计领域,创新性地解决了各种复杂的工程技术问题,在打造美好出行环境之路上展现巾帼担当,创造出不平凡的业绩。

任务四　检修支柱

学习情境描述

某局某区间上行公里标 K2060＋800 m 处道床发生路基溜坍,现场导致接触网支柱倾斜、根部断裂。事故主要原因是所在地连日暴雨,水位不断上升而引发路基溜坍。

想一想: 作为接触网工,你应该如何顺利完成本次检修作业?

学习目标

通过本任务的学习,掌握支柱检修作业标准和流程,并能配合作业组成员完成支柱的检修作业。

任务书

支柱检修作业任务书见表 2-4-1。

表 2-4-1　支柱检修作业任务书

作业任务		日　期	
班　组		计划作业时间	
组　长		计划完成时间	
作业地点			
作业内容			
安全风险点			
防控措施			
作业过程督查意见			

任务分组

学生任务分配见表 2-4-2。

表 2-4-2　学生任务分配表

班　级			日　期	
班　组			组　长	
班组成员	姓　名	任务角色	任务分工	

工作实施

支柱检修工作实施过程见表 2-4-3。

表 2-4-3　支柱检修工作实施过程表

安全风险点及防控措施	作业步骤	作业内容及检修标准	任务完成(检修方法)
①高处作业人员登杆前应对支柱、杆塔核查标志、标识,对标志、标识不清的应向工作领导人汇报,确认无误后再攀登;	检修前准备	到达作业现场,确认作业范围,检查作业所需工具、材料是否齐全,安全用具状态是否良好,在田野侧(安全地带)集中待命,接到工作领导人“安全措施采取完毕,可以开始作业”命令即可开始检修作业	填写工具、耗材和备品清单,见表 2-4-4
	检查测量	支柱侧面限界 → 支柱本体 → 支柱倾斜率 → 支柱基础及护坡 → 支柱拉线 → 吊柱	填写检查(测量)数据记录单,见表 2-4-5

续表

安全风险点及防控措施	作业步骤	作业内容及检修标准	任务完成(检修方法)
②攀登支柱前要检查支柱状态,观察支柱上有无其他设备,如悬挂有其他供电单元的供电线、高低压电力线路;选好攀登方向和条件,如系安全带时便于满足与带电设备保持安全距离要求;攀登时要手把牢靠,脚踏稳准,尽量避开设备,并与带电设备保持规定的安全距离。用脚扣和踏板攀登时,要卡牢和系紧,严防滑落;	支柱本体检修	检修标准: ①横腹杆式钢筋混凝土支柱表面应光洁、平整。横腹板破损应及时修补,翼缘破损和露筋不超过两根且长度不超过400 mm应及时修补;露筋达两根以上但不超过4根且长度不超过400 mm可以修补后降级使用;露筋超过4根或者露筋长度超过400 mm应及时更换。支柱翼缘不得有横向、斜向和纵向裂纹。支柱翼缘与横腹板结合处裂纹及横腹板裂纹宽度不超过0.3 mm时,要及时修补,大于0.3 mm时应更换。混凝土支柱破损不露筋者,可以用水泥砂浆修补后使用; ②环形等径预应力混凝土支柱表面应光洁平整。合缝处不得漏浆,不应有混凝土剥落、露筋等缺陷。支柱弯曲度不大于2‰,杆顶封堵良好。支柱应具有防止安装设备扭转及滑动措施。横向裂纹宽度不超过0.2 mm且长度不超过1/3圆周长的支柱要及时修补,否则应更换;纵向裂纹宽度大于0.2 mm但不超过1 mm的支柱要及时修补,纵向裂纹宽度大于1 mm的支柱应更换。修补支柱破损部位的混凝土等级比支柱本身混凝土高一级; ③金属支柱及硬横梁支柱本体不得弯曲、扭转、变形,各焊接部分不得有裂纹、开焊,主角钢不应有扭转现象,弯曲不得超过5‰,副角钢弯曲不得超过2根;表面防腐层剥落面积不得超过5%; ④整正支柱使用的垫片不得超过3块。每块垫片的面积不小于50 mm×100 mm,厚度不大于10 mm	检修方法: ①混凝土支柱裂纹、破损或露筋不符合标准:水泥砂浆修补或更换; a. 修补:制作水泥砂浆;处理支柱破损部位,清除薄弱和风化的混凝土,用钢丝刷清理表面并刷出新茬;清理露筋表面的裂纹、油污和铁锈;用清水冲刷修补部位残渣并使其周围湿透,如有必要,安装模型板;破损面风干到表面无水时,进行修补,浇灌水泥砂浆并用钢钎或其他工具捣实、压平;养护应以表面经常湿润为原则;拆模;修整; b. 更换混凝土支柱:在该支柱顺线路方向2 m处立同型号新支柱,将接触网悬挂倒在新支柱上,悬挂调整,拆除旧支柱; ②支柱弯曲度不符合标准:更换。方法同上; ③环形等径预应力混凝土支柱顶封堵不良,需用水泥砂浆封堵密实; ④金属支柱锈蚀:局部锈蚀砂纸打磨至露出金属本色、刷防锈漆、刷银粉漆;锈蚀超标时应整体除锈、刷漆; ⑤金属支柱副角钢弯曲:弯曲较轻的垫上木头用大锤砸直,弯曲较重的用千斤顶校正; ⑥主角钢弯曲不符合标准:更换钢支柱。支柱卸载,砸开基础帽,用轨道吊吊住支柱,卸下基础螺母,吊下支柱,换上新支柱,新支柱整正,将负载倒到新支柱,做基础帽
	支柱倾斜率检修	检修标准: ①接触网各种支柱顺线路面允许偏差不应大于±0.5%,锚柱顶部向拉线侧倾斜不应大于1%。横向方向曲线外侧和直线上的腕臂柱柱顶应向受力反向倾斜,允许偏差0~0.5%; ②锚段关节中心柱、曲线内侧支柱及转换柱均应直立,柱顶应向受力反向倾斜,允许偏差0~0.5%; ③隔离开关支柱应直立,允许偏差0~0.5%; ④H形钢柱端面应垂直于线路中心线,允许偏差±2°	检修方法: ①混凝土中间柱倾斜率超标: 利用天窗点进行整正。停电前开挖倾斜方向另一侧支柱培土,深度不超过1 m,停电后支柱卸载,继续向下挖并同时安装整杆器或手扳葫芦,至挖深近1.5 m时慢慢进行正杆,正不动时可继续下挖,直至将杆整正符合标准后进行支柱回填,并按要求夯实,撤除整杆器或手扳葫芦; ②支柱顺线路倾斜超标: a. 支柱向拉线反向侧倾斜:天窗点内,将本锚段两端下锚卸载,通过调整下锚拉线进行校正。调整方法为:在支柱上、锚环上安装3 t钢丝套,连接3 t手扳葫芦后紧线,支柱整正后紧固UT线夹螺母,如调整螺母超过UT线夹使用标准时,需要重新作拉线回头; b. 如向拉线方向倾斜过大,逆向操作; ③钢柱倾斜超标:天窗点内,将支柱上负载卸载,砸开基础帽,用撬杠、垫片对支柱进行整正。符合标准后重新将各种负载加上

续表

安全风险点及防控措施	作业步骤	作业内容及检修标准	任务完成(检修方法)
③高处作业人员作业时必须将安全带系在安全可靠的地方,系挂前要仔细检查系挂处所,防止安全带被锋利物损伤; ④高处作业使用的小型工具、材料应放置在工具材料袋内,作业中应使用专门的用具传递工具、零部件和材料,不得抛掷传递;	支柱防撞检修	检修标准: ①道口两侧、经常有机动车辆运行的场所以及装卸货物站台上等易被碰撞的支柱,均应设置强度较高的防护桩。防护高度原则上不小于1.5 m,道口两侧支柱防护桩的高度为2 m; ②支柱防护宜采用混凝土防护墩或钢结构防护,不应采用外围砖砌、内填石渣或砂土的封闭式防护方式。采用混凝土防护墩防护时,厚度不小于0.4 m并采用混凝土灌注基础,基础满足稳固要求,混凝土标号不小于C20并植入钢筋网;采用钢结构防护时,埋设深度应满足稳固要求并采用混凝土灌注基础; ③防护桩内壁与支柱保持0.5 m的距离,且不得侵入铁路建筑限界; ④防护桩外表面应有黄黑相间的警示标识; ⑤需防护支柱装有开关操作机构时,需同时将开关操作支架纳入防护保护范围	检修方法: 防护墩检修: ①防护墩出现破损、基础开裂需进行加固或重新浇灌; ②防护墩安装位置不正确时需重新浇灌。防护墩顺线路方向两侧、垂直线路方向的田野侧外沿超出支柱外沿300 mm;垂直线路方向的线路侧,在限界条件允许时超出支柱内沿300 mm,限界条件不允许时与支柱内沿平齐; ③防护墩顶部防水坡及时清理,保证无水流残留; ④防护墩外侧顶部向下荧光反射功能的警示色不清晰时需按标准重新涂画; 防护桩检修: ①防护桩出现破损、基础开裂或空洞需进行加固或重新浇筑; ②防护桩安装位置不正确时需重新浇筑。防护桩内沿距支柱外沿不小于300 mm,困难情况下不小于200 mm;靠线路方向开口侧与支柱内沿平齐; ③防护桩荧光反射警示色涂画不清晰时需按标准重新涂画; ④定期对防护桩检查维护
	支柱基础及护坡检修	检修标准: 支柱基础: ①金属支柱基础面应高出地面(或站台面)100~200 mm。基础外露400 mm以上者应培土,每边培土宽度为500 mm,培土边坡与水平面呈45°。金属支柱有基础帽时,基础帽应完整无破损、无裂纹; ②支柱根部周围5 m范围内不得取土,1 m范围内应保持清洁,不得有积水和杂物; 支柱护坡: ①填方地段的支柱外缘距路基边坡的距离不小于500 mm,否则应培土或砌石,其坡度应与原路基相同; ②路堑地段的基础外侧与水沟外侧的间距不小于300 mm	检修方法: ①支柱基础附近积水:清除积水,并将水坑填至略高于周围或疏通排水设施; ②基础破损:修补。如破损体积较大,应用木板制模,对基础进行修复; ③基础坑塌陷:回填,并分层夯实; ④边坡不符合标准:培土或砌护坡。高填方地段培土困难、流失严重或土质强度不够者,应采用砂浆砌石护坡加固,片石应挤压紧密、堆砌整齐,砂浆应饱满、标号符合规定。支柱护坡应延伸至地面,并做深度不小于0.6 m护坡基础。上部宽度为支柱中心两侧各不小于1 m,下部宽度为支柱中心两侧各不小于2 m,厚度不小于300 mm。距边坡坡底1 m处应设置100 mm×100 mm的泄水孔
	拉线检修	检修标准: ①接触悬挂、附加导线下锚拉线基础宜采用钢筋混凝土浇筑基础,外形尺寸和位置应符合设计要求。拉线基础距锚柱距离允许偏差±200 mm,轨面处拉线基础距线路中心允许偏差0~100 mm。基础中心线应于线路中心线垂直,偏差不大于2°; ②拉线应绷紧,在同一支柱上的各拉线应受力均衡。与地面夹角一般为45°,最大不得超过60°; ③拉线应采取防腐措施且不得有断股、松股、接头及严重的锈蚀;	检修方法: ①检查拉线受力是否符合标准,若不符合调整UT线夹直至符合。用UT螺栓调节时,UT螺栓外露长度20 mm≤螺栓≤总长/2。如UT线夹不能调整到位,重新做回头:用紧线器、手扳葫芦连接拉线和锚杆,使UT线夹不受力,拆除绑线,卸下楔子,在测量值处重新做回头。之后卸下手扳葫芦和紧线器,观察拉线状态,直至合格;

续表

安全风险点及防控措施	作业步骤	作业内容及检修标准	任务完成(检修方法)
⑤高处作业人员要及时对作业现场或作业平台工具材料、机具进行清理;作业完毕要全部撤至安全地带	拉线检修	④UT楔形线夹螺纹外露长度不小于20 mm且不大于螺纹全长的1/2; ⑤拉线及下锚零部件不得与回流线、保护线、地线间形成环流通路; ⑥基础周围5 m范围内不得取土,1 m范围内应保持清洁,不得有积水和杂物; ⑦对道口两侧、经常有机动车辆运行的场所以及装卸货物站台上等易被碰撞的拉线,应采取防护措施,设置标准及要求与支柱防护相同	②检查拉线有断股、锈蚀,有则需更换。利用手扳葫芦、紧线器、钢丝绳等将拉线卸载,重新预制新拉线更换; ③检查拉线绑线、UT线夹是否锈蚀,有则除锈、涂黄油,严重时需更换
	吊柱检修	检修标准: ①吊柱型号、规格、防腐措施符合设计要求,锈蚀面积不超过20%。当采用圆吊柱时,腕臂底座处应采取防扭转及滑动措施; ②吊柱法兰盘与隧道壁应结合密贴。吊柱固定螺栓应采用双螺母,拧紧螺帽后螺栓外露长度不得小于30 mm;吊柱调整使用的镀锌闭环垫片不超过2片,垫片的面积不小于50 mm×100 mm,厚度不大于10 mm; ③吊柱不得扭曲,宜向受力反方向倾斜不大于1°。限界符合设计要求,允许偏差0~20 mm,但不得侵入邻线基本建筑限界	检修方法: ①检查腕臂底座固定螺栓是否有缺失、松动、锈蚀现象;对缺失、锈蚀的进行补装和更换;对松动螺栓按规定力矩紧固; ②检查隧道吊柱是否处于铅垂状态,可用线坠检查吊柱的竖直度,当其倾斜度超过1°时,对吊柱底板进行调整,松动吊柱倾斜方向同侧的螺栓,插入适量平垫圈、球型垫圈或锥形垫圈,然后按要求紧固螺栓,使其铅垂; ③检查吊柱限界满足要求,允许施工偏差0~20 mm,但不得侵入邻线基本建筑限界,不满足要求时需调整吊柱位置。调整方法如下: a. 用滑轮组将吊柱吊起卸载; b. 调整吊柱位置铅垂,限界满足要求; c. 各连接螺栓按紧固力矩紧固; d. 松开滑轮组和紧线工具,然后拆除各种工具; ④吊柱型号、规格、防腐措施符合设计要求,锈蚀面积不超过20%。当采用圆吊柱时,腕臂底座处应采取防扭转及滑动措施
	检修完毕	确认修后设备质量良好,清点机具、材料齐全后,下作业平台(支柱)撤至安全地带报告工作领导人。等待作业组全体成员列队点名	

表 2-4-4　工具、耗材和备品清单

序号	名称	单位	数量	备注
1				
2				
3				
4				
5				
6				
7				
8				
9				

表 2-4-5　检查(测量)数据记录单

序号	检查(测量)项目	检查(测量)数据	设计值(状态)	是否需要调整
1	支柱侧面限界			
2	支柱本体			
3	支柱倾斜率			
4	支柱基础及护坡			
5	支柱拉线			
6	吊柱			

评价反馈

支柱检修作业评价记录见表 2-4-6。

表 2-4-6　支柱检修作业评价记录表

评价项点	评价标准	配分	得分	扣分原因
工具材料准备	检查、挑选工具和材料,缺 1 项扣 2 分	5		
数据测量	支柱侧面限界、支柱倾斜率、支柱基础及护坡、支柱拉线、吊柱倾斜率,1 项数据测量错误扣 5 分	25		
技术要求	支柱本体检修方法流程正确	15		
	支柱倾斜率检修方法流程正确	10		
	支柱防撞检修方法流程正确	10		
	支柱基础及护坡检修方法流程正确	5		
	拉线检修方法流程正确	5		
	吊柱检修方法流程正确	5		
安全及规范操作	①高处坠物 1 次扣 5 分; ②材料工具上下抛掷,1 次扣 5 分; ③工器具及零部件损坏扣 5 分; ④接触网上或线路上有遗留物件,每件扣 5 分; ⑤作业过程中发生危及人身安全情况,1 次扣 5 分; ⑥劳动保护用品不齐或未按要求使用,每项扣 1 分	20		
合计	作业时间:　　　分　　　秒	100		

知识链接

一、支柱位置的有关规定

(1)支柱的侧面限界应符合设计规定,允许偏差 −60 ~ +100 mm,但最小不得小于《铁路技术管理规程(高速铁路部分)》规定限值。跨距允许偏差 ±500 mm。

(2)每组软横跨两支柱中心连线应垂直于正线,偏角不大于 3°;每组硬横跨两支柱中心连线应垂直于正线,偏角不大于 2°。

(3)支柱应尽量设在侧沟限界以外。若客观条件限制必须设在侧沟中,应留有排水通道,排水通道与排水沟应统一设计,避免对路基防排水系统的影响。支柱根部应用砂浆砌石加固。

(4)支柱埋设深度应符合设计要求,允许偏差 ±100 mm。

二、拉线回头制作标准及流程

1. 作业人数及要求

作业人数 1 人,掌握接触网接触网拉线回头制作标准及流程。

2. 工具材料

拉线回头制作工具材料需求见表 2-4-7。

表 2-4-7　拉线回头制作工具材料需求表

序号	工具或物品名称	单位	数量
1	楔形线夹	个	1
2	拉线	m	若干
3	绑线(铁线)	m	若干
4	钳子	把	1
5	扳手	把	1
6	橡胶锤	个	1
7	卷尺	把	1
8	铁锤	个	1
9	断线剪	把	1
10	记号笔	支	1

3. 作业准备工作

检查工具材料:

(1)检查拉线有无散股、断股、硬弯现象。

(2)检查线夹型号是否和拉线匹配。

(3)检查铁线有无锈蚀。

4. 现场作业

(1)用细铁线在线索上绑扎 2 ~ 3 圈,然后用断线剪切断线索。

(2)根据回头长度,量出回头点。在拉线上用记号笔做标记。

(3)一脚踩住线索,一手抓住线索回头的本线侧,一手抓住回头部分端部的合适位置,相互配合,用力将回头部分与本线交叉,制作回头点。回头部分与本线部分在回头点处的永久性弯曲弧度应与线夹楔子的沟槽相吻合。

(4)将回头部分穿入线夹内(注意本线必须在线夹的受力面侧)。用力将回头点拉倒线夹的合适位置,在回头点处卡入楔子。再用力使回头点与楔子同步进入线夹内。回头部分与本线不得拧劲。

(5)用手锤击打线夹大边,使线索与线夹、楔子挤压密贴。

(6)回头部分与本线绑扎。

5. 注意事项及标准

(1)主线与连接件应在一条直线上。

(2)回头长度(500 ±20) mm。

(3)距断头(50±5) mm 处用细绑线绑扎(100±10) mm。

(4)做回头时应防止绞线回头伤人。

(5)用手锤击打线夹时,必须戴手套。

(6)在工作中不应出现人员受伤,材料、工具损毁。

知识拓展

拉线回头制作作业项点及标准见表 2-4-8。

表 2-4-8　拉线回头制作作业项点及标准

作业项点	作业标准
准备工具材料	个人着装:安全帽、工作服、绝缘鞋、手套;作业人员携带《安全合格证》
	作业工具材料:楔形线夹、拉线、绑线、钳子、扳手、铁锤、记号笔、卷尺,橡胶锤
操作流程	拉线型号应符合要求,不得有断股、松股和硬弯,线夹型号正确
	绑扎完成的回头符合技术标准
	回头绑扎完成后,端头有 50 mm 余量
	回头侧端头有绑扎
	回头和本线的绑扎长度为 100 mm,允许偏差 ±10 mm
	拉线在楔形线夹的回头长度为 500 mm,允许偏差 ±50 mm
	回头绑扎牢固
	工具未遗漏至现场
	双耳楔形线夹的受力面安装正确
	作业过程中正确使用工具敲击零件,不得出现危险动作

巩固练习

一、单选题

1. 支柱的侧面限界应符合设计规定,允许偏差(　　)。

A. +80 mm、-60 mm　　B. +100 mm、-60 mm

C. +100 mm、-80 mm　　D. +80 mm、-80 mm

2. 横腹杆式钢筋混凝土支柱翼缘破损和露筋不超过两根且长度不超过(　　)应及时修补。

A. 100 mm　　B. 200 mm　　C. 300 mm　　D. 400 mm

3. 环形等径预应力混凝土支柱弯曲度不大于(　　),杆顶封堵良好。

A. 2‰　　B. 3‰　　C. 4‰　　D. 5‰

4. 接触网各种支柱顺线路面允许偏差不应大于(　　),锚柱顶部向拉线侧倾斜不应大于1%。

A. ±0.4%　　B. ±0.5%　　C. ±0.6%　　D. ±0.7%

5. 硬横跨支柱横、顺线路方向均应直立,允许偏差(　　)。

A. 0~0.3%　　B. 0~0.4%　　C. 0~0.5%　　D. 0~0.6%

6. 支柱防护采用混凝土防护墩防护时，厚度不小于（　　）并采用混凝土灌注基础，基础满足稳固要求，混凝土标号不小于 C20 并植入钢筋网。

A. 0.4 m　　B. 0.5 m　　C. 0.6 m　　D. 0.7 m

7. 支柱护坡填方地段的支柱外缘距路基边坡的距离不小于（　　），否则应培土或砌石，其坡度应与原路基相同。

A. 400 mm　　B. 450 mm　　C. 500 mm　　D. 550 mm

8. 吊柱固定螺栓应采用双螺母，拧紧螺帽后螺栓外露长度不得小于（　　）。

A. 25 mm　　B. 30 mm　　C. 35 mm　　D. 40 mm

二、判断题

1. 每组软横跨两支柱中心连线应垂直于正线，偏角不大于 3°。（　　）
2. 支柱露筋超过 4 根或者露筋长度超过 300 mm 应及时更换。（　　）
3. 环形等径预应力混凝土支柱横向裂纹宽度不超过 0.2 mm 且长度不超过 1/3 圆周长的支柱要及时修补，否则应更换。（　　）
4. 隔离开关支柱应直立，允许偏差 0 ~ 0.1%。（　　）
5. 支柱护坡应延伸至地面，并做深度不小于 0.6 m 护坡基础。（　　）
6. 吊柱型号、规格、防腐措施符合设计要求，锈蚀面积不超过 10%。（　　）

知识拓展

叶琛琳，中共党员，中国铁路济南局集团有限公司青岛电务段青岛西信号车间副主任，曾获全路优秀共产党员、山东省五一劳动奖章、济南局集团公司十大杰出青年等荣誉。入路 12 年来，叶琛琳立足岗位、苦练硬功，从信号工、工长、技术员到车间副主任，一步一个脚印，用实干和拼搏诠释了一名共产党员的初心使命，用匠心和热忱展现出新时代铁路人的责任担当。

任务五　检修单项设备

学习情境一　绝缘子检修作业

学习情境描述

某区间供电检修天窗结束后，接触网送电失败，在组织抢修没有查到故障点的情况下，组织列车以降弓惰行的方式通过 26 km 接触网无电区，造成多列动车组列车晚点，4 列动车组列车停运，到次日凌晨恢复供电。通过夜间天窗点内排查发现 14 根棒式绝缘子发生闪络，闪络的绝缘子均在隧道洞口附近。动车组高速运行时，激起道床上、隧道壁残留的粉尘，附着在绝缘子表面，在雨、雾天气下，饱和水汽侵入隧道口内，造成大面积雾（污）闪。

想一想：作为接触网工，你应该如何顺利完成本次检修作业？

学习目标

通过本情境的学习，掌握绝缘子检修作业标准和流程，并能配合作业组成员完成绝缘子的检修作业。

任务书

绝缘子检修作业任务书见表2-5-1。

表2-5-1　绝缘子检修作业任务书

作业任务		日　期	
班　组		计划作业时间	
组　长		计划完成时间	
作业地点			
作业内容			
安全风险点			
防控措施			
作业过程督查意见			

任务分组

学生任务分配见表2-5-2。

表2-5-2　学生任务分配表

班　级		日　期	
班　组		组　长	
班组成员	姓　名	任务角色	任务分工

工作实施

绝缘子检修作业工作实施过程见表2-5-3。

表 2-5-3　绝缘子检修作业工作实施过程表

安全风险点及防控措施	作业步骤	作业内容及检修标准	任务完成(检修方法)
①在分相中性区段进行作业时,除在作业区段两端工作支接挂地线外,还应在中性区工作支上加挂一组地线,并对两断口加装短接封线; ②在检修绝缘锚段关节开路作业时,必须用不小于 25 mm^2 的等位线先连接等电位后再进行作业,防止穿越电流伤人;	检修前准备	到达作业现场,确认作业范围,检查作业所需工具、材料是否齐全,安全用具状态是否良好,在田野侧(安全地带)集中待命,接到工作领导人“安全措施采取完毕,可以开始作业”命令即可开始检修作业	填写工具、耗材和备品清单,见表 2-5-4
	检查测量	腕臂棒式绝缘子(瓷质)→腕臂棒式绝缘子(硅橡胶)→悬式瓷质绝缘子→悬式复合绝缘子→针式绝缘子	填写检查(测量)数据记录单,见表 2-5-5
	绝缘子检修	检修标准:①0、Ⅰ、Ⅱ级污秽等级区域,接触网绝缘泄漏距离不小于 1 400 mm;Ⅲ、Ⅳ级污秽等级区域,接触网绝缘泄漏距离不小于 1 600 mm。供电线、正馈线、加强线、电缆终端、接触悬挂下锚、软横跨接地侧、隔离开关绝缘子及分束供电的分段处绝缘子泄漏距离不小于 1 600 mm。在海拔超过 1 000 m 的地区,上述泄漏距离应按规定增大; ②Ⅲ、Ⅳ级污秽等级区域以及高路堑、跨线桥两侧、接触网下锚、分段、分相处宜采用复合绝缘子; ③绝缘部件不得有裂纹和破损。瓷绝缘子的瓷釉剥落面积不大于300 mm^2,连接件不松动; ④在运输装卸和安装绝缘子时应避免发生冲撞,不得锤击与瓷体连接的铁帽和金属件,同时也不得对其进行机械加工和热处理,铁帽和金具无锈蚀;	检修方法: ①绝缘子清扫: a. 绝缘清扫方式可以采取停电人工清扫、绝缘子清洗机冲洗等方式,人工清扫和水冲洗是绝缘清扫的主要手段。有机绝缘部件宜采用水冲洗方式除尘; b. 人工清扫瓷质绝缘子时可采用干净的棉布加清水对绝缘子进行清扫。脏污严重的处所可先采用中性清洗剂清洗,再用干净的棉布加清水对绝缘子进行清扫; c. 复合绝缘子采用清洗机冲洗或人工清水清扫的方式; d. 分段、分相绝缘器、潮湿隧道内绝缘子宜采用人工清水清扫的方式; ②更换平腕臂绝缘子(腕臂棒式绝缘子): a. 作业车平台升起至接触悬挂下方,用支撑顶杆顶起承力索,使承力索不受力,必要时将承力索从承力索座中移出; b. 松开平腕臂上棒式绝缘子零件,抽开平腕臂,卸掉棒式绝缘子,装上新的棒式绝缘子(滴水孔朝下)并拧紧各部螺栓; c. 缓缓降下作业车平台,承力索恢复原位并检查各部件安装牢固、受力良好,移开支撑顶杆,作业结束; ③更换斜腕臂绝缘子(腕臂棒式绝缘子): a. 作业车平台升起至接触悬挂下方,用支撑顶杆顶起承力索,使接触悬挂不受力;必要时将承力索从承力索座中移出; b. 松开斜腕臂上棒式绝缘子 U 形螺栓等零件,从棒式绝缘子中抽出斜腕臂,将棒式绝缘子从腕臂底座上卸掉,放到作业车平台上; c. 新棒式绝缘子先与腕臂底座相连(滴水孔朝下),再将斜腕臂插入棒式绝缘子的钢帽内,扣上铁锚压板,紧固 U 形螺栓及其他各部螺栓; d. 缓缓降下作业车平台,接触悬挂恢复原位并检查各部件安装牢固、受力良好,移开支撑顶杆,作业结束; ④更换附加导线绝缘子(悬式绝缘子): a. 一人上支柱,将单滑子通过短钢丝套子挂在附加导线肩架上,并将大绳通过单滑子后,一端绑在附加导线上,另一端送至地面;

续表

安全风险点及防控措施	作业步骤	作业内容及检修标准	任务完成(检修方法)
③绝缘子检修时,要先将绝缘子两端短接,再进行擦拭等作业,防止感应电伤人; ④在分相区域内需对AF线绝缘子进行检修时,需在电分相两端对AF线装设接地线,如存在中性区段,则应该在AF线中性区段增设接地线	绝缘子检修	⑤25 kV带电绝缘子接地侧裙边距接地体间隙在正常情况下最小值为100 mm; ⑥绝缘部件的机械强度安全系数应不小于: a. 瓷及钢化玻璃悬式绝缘子(受机电联合负载时抗拉)2.0; b. 瓷棒式绝缘子(抗弯)2.5; c. 针式绝缘子(抗弯)2.5; d. 合成材料绝缘元件(抗弯)5.0; ⑦腕臂用棒式绝缘子滴水孔朝下; ⑧绝缘清扫周期: Ⅰ、Ⅱ级污秽等级区段:3年。Ⅲ级及以上污秽等级区段:1年。分段、分相绝缘器:6个月。特殊处所应缩短周期,适时安排清扫。潮湿隧道的绝缘部件参照Ⅲ级及以上污秽等级管理	b. 地面人员用力拉大绳,使附加导线绝缘子充分卸载,肩架上高空人员拔掉悬式绝缘子弹簧销,将悬式绝缘子从肩架处卸掉; c. 利用另一组大绳和单滑子将新绝缘子吊至肩架处,并安装在肩架上,安装后检查弹簧销是否插好; d. 在肩架上安装好新绝缘子后,将大绳从新绝缘子上解开,系上旧悬式绝缘子,从附加导线上卸掉旧悬式绝缘子,并将其通过单滑子放到地面上; e. 地面人员拉动绑在附加导线上的大绳,将新绝缘子与附加导线连接,连接后检查各部连接是否良好; f. 地面上人员松开单滑子及大绳,使部件受力,确认各部件受力状态良好,取下单滑子及钢丝套子,结束作业; ⑤更换下锚及软横跨绝缘子(悬式绝缘子): a. 作业车平台升起并旋转至接触悬挂下方,在绝缘子两端打上紧线器和手扳葫芦,摇动手扳葫芦,使线索上绝缘子充分卸载; b. 卸掉旧绝缘子并放到作业车平台上,安装上新的绝缘子并紧固各部螺栓; c. 松开手扳葫芦,线索恢复原位并检查各部件安装牢固、受力良好,作业结束; ⑥更换PW线绝缘子(针式绝缘子): a. 在腕臂上底座安装一个滑轮; b. 打开绝缘子上的预绞丝绑线或普通绑线; c. 用电工绳绑住PW线,通过滑轮由辅助人员拉电工绳,将PW线从绝缘子顶槽卸下置于肩架上; d. 卸下需更换的绝缘子,用大绳吊下,吊上新绝缘子进行安装; e. 辅助人员拉电工绳,将绝缘子放回绝缘子顶槽内,按原技术状态进行绑扎
	检修完毕	确认修后设备质量良好,清点机具、材料齐全后,下作业平台(支柱)撤至安全地带报告工作领导人。等待作业组全体成员列队点名	

表2-5-4　工具、耗材和备品清单

序号	名称	单位	数量	备注
1				
2				
3				
4				
5				

续表

序号	名称	单位	数量	备注
6				
7				
8				
9				

表 2-5-5　检查(测量)数据记录单

序号	检查项目	检查(测量)数据	设计值(状态)	是否需要调整
1	腕臂瓷质棒式绝缘子			
2	腕臂硅橡胶棒式绝缘子			
3	悬式瓷质绝缘子			
4	悬式复合绝缘子			
5	针式绝缘子			
6	螺栓紧固力矩			

评价反馈

绝缘子检修作业评价记录见表 2-5-6。

表 2-5-6　绝缘子检修作业评价记录表

评价项点	评价标准	配分	得分	扣分原因
工具材料准备	检查、挑选工具和材料,缺 1 项扣 2 分	5		
数据测量	腕臂棒式绝缘子、悬式绝缘子、针式绝缘子、螺栓紧固力矩,1 项数据测量错误扣 3 分	25		
技术要求	腕臂棒式绝缘子更换方法流程正确	15		
	悬式绝缘子更换方法流程正确	15		
	针式绝缘子更换方法流程正确	15		
安全及规范操作	①高处坠物 1 次扣 5 分; ②材料工具上下抛掷,1 次扣 5 分; ③工器具及零部件损坏扣 5 分; ④接触网上或线路上有遗留物件,每件扣 5 分; ⑤作业过程中发生危及人身安全情况,1 次扣 5 分; ⑥劳动保护用品不齐或未按要求使用,每项扣 1 分	25		
合计	作业时间:　　分　　秒	100		

知识链接

绝缘污秽等级划分见表 2-5-7。

表 2-5-7　绝缘污秽等级划分表

污秽等级	污湿特征	盐密 W_0 (mg/cm^2)
0	大气清洁地区及离海岸盐场 50 km 以上无明显污染地区	$W_0 \leqslant 0.03$

续表

污秽等级	污湿特征	盐密 W_0(mg/cm²)
Ⅰ	大气轻度污染地区,工业区和人口低密集区,离海岸盐场10 km～50 km地区。在污闪季节中干燥少雾(含毛毛雨)或雨量较多时	$0.03<W_0\leq 0.06$
Ⅱ	大气中等污染地区,轻盐碱和炉烟污秽地区,离海岸盐场3 km～10 km地区,在污闪季节中潮湿多雾(含毛毛雨)但雨量较少时	$0.06<W_0\leq 0.10$
Ⅲ	大气污染较严重地区,重雾和重盐碱地区,近海岸盐场1 km～3 km地区,工业与人口密度较大地区,离化学污染源和炉烟污秽300 m～1 500 m的较严重污秽地区	$0.10<W_0\leq 0.25$
Ⅳ	大气特别严重污染地区,离海岸盐场1 km以内,离化学污染源和炉烟污秽300 m以内的地区	$W_0>0.25$
注:划分污秽等级的盐密值应是以1～3年的连续积污盐密为准		

巩固练习

一、单选题

1. Ⅰ、Ⅱ级污秽等级区域,接触网绝缘泄漏距离不小于(　　)。

A. 1 200 mm　　B. 1 300 mm　　C. 1 400 mm　　D. 1 500 mm

2. Ⅲ、Ⅳ级污秽等级区域,接触网绝缘泄漏距离不小于(　　)。

A. 1 200 mm　　B. 1 400 mm　　C. 1 600 mm　　D. 1 800 mm

3. 瓷绝缘子的瓷釉剥落面积不大于(　　)。

A. 300 mm²　　B. 400 mm²　　C. 500 mm²　　D. 600 mm²

4. 25 kV带电绝缘子接地侧裙边距接地体间隙在正常情况下最小值为(　　)。

A. 100 mm　　B. 200 mm　　C. 300 mm　　D. 400 mm

5. 瓷及钢化玻璃悬式绝缘子机械强度安全系数应不小于(受机电联合负载时抗拉)(　　)。

A. 1.0　　B. 2.0　　C. 3.0　　D. 4.0

6. Ⅰ、Ⅱ级污秽等级区段绝缘清扫周期:(　　)年。

A. 1　　B. 2　　C. 3　　D. 4

7. Ⅲ级及以上污秽等级区段绝缘清扫周期:(　　)年。

A. 1　　B. 2　　C. 3　　D. 4

8. 分段、分相绝缘器绝缘清扫周期:(　　)。

A. 3个月　　B. 4个月　　C. 5个月　　D. 6个月

二、判断题

1. 隔离开关绝缘子及分束供电的分段处绝缘子泄漏距离不小于1 600 mm。(　　)

2. Ⅲ、Ⅳ级污秽等级区域以及高路堑、跨线桥两侧、接触网下锚、分段、分相处宜采用复合绝缘子。(　　)

3. 瓷棒式绝缘子机械强度安全系数应不小于(抗弯)2.0。(　　)

4. 潮湿隧道的绝缘部件参照Ⅲ级及以上污秽等级管理。(　　)

学习情境二　隔离(负荷)开关检修作业

学习情境描述

某局某分区所304#开关,开关引线从上部接线端子中抽脱,停电79 min。脱落的引线在距离引线头部 7 m 处与钢轨搭接放电并且有断股，同时端头与电缆盖板及挡墙放电。经分析隔离开关引线脱落原因为引线线鼻子压接不到位，现场检查发现引线线鼻子压痕较浅，压接后的线鼻子内径无变化，并且引线在线鼻子内部压接深度不够，造成线索偏移弛度不足，引线从线鼻子内抽脱。

想一想：作为接触网工，你应该如何顺利完成本次检修作业？

学习目标

通过本情境的学习，掌握隔离（负荷）开关检修作业标准和流程，并能配合作业组成员完成隔离（负荷）开关的检修作业。

任务书

隔离（负荷）开关检修作业任务书见表 2-5-8。

表 2-5-8　隔离（负荷）开关检修作业任务书

作业任务		日　　期	
班　　组		计划作业时间	
组　　长		计划完成时间	
作业地点			
作业内容			
安全风险点			
防控措施			
作业过程督查意见			

任务分组

学生任务分配见表 2-5-9。

表 2-5-9　学生任务分配表

班　　级			日　　期	
班　　组			组　　长	
班组成员	姓　　名	任务角色	任务分工	

工作实施

隔离(负荷)开关检修工作实施过程见表 2-5-10。

表 2-5-10　隔离(负荷)开关检修工作实施过程表

安全风险点及防控措施	作业步骤	作业内容及检修标准	任务完成(检修方法)
①上部作业人员上杆作业前需将开关状态旋钮旋转至非远动位置,现场禁止操作隔离负荷开关。避免出现调度端误操作或就地端操作造成人身伤害; ②高处作业人员在上部检查、调整前应接挂短接等位线,确认安全措施采取完毕后,方可进行作业;	检修前准备	到达作业现场,确认作业范围,检查作业所需工具、材料是否齐全,安全用具状态是否良好,在田野侧(安全地带)集中待命,接到工作领导人"安全措施采取完毕,可以开始作业"命令即可开始检修作业	填写工具、耗材和备品清单,见表 2-5-11
	检查测量	开关托架水平缺陷检查 → 操作机构状态不良检查 → 开关触头状态不良检查 → 开关分、合闸角度不合适检查 → 开关引线状态不良检查 → 接地线缺陷检查 → 隔离负荷开关本体绝缘子、翻转绝缘子损坏检查	填写检查(测量)数据记录单,见表 2-5-12
	开关托架水平缺陷检修	检修标准: 隔离开关操作机构箱应密封良好,箱体及托架等无锈蚀并可靠接地	检修方法: 将水平尺放在托架上观察,调整斜撑角钢与水平角钢连接处的位置,直至托架水平,将螺栓按照标准力矩重新进行紧固
	操作机构状态不良检修	检修标准: ①隔离开关操作机构应完好无损并加锁。操作时平稳正确无卡阻和冲击,联锁、限位器作用良好可靠。操作机构箱应密封良好,箱体及托架等无锈蚀并可靠接地; ②具有远动操作功能的隔离开关,应能保证当地位及远动位的正常操作; ③电动隔离开关操作机构的分合闸电机、接触器等部件状态良好,接线紧固,限位开关位置正确,操作灵活可靠; ④驱动装置的电机转向正确,机械系统润滑良好,分、合闸指示器与开关实际位置相符合。驱动装置的电机和传动器的滑动离合器应符合技术要求	检修方法: ①操作机构转动时有卡滞或冲击现象时,对转动部分注入润滑油; ②手动操作机构分合闸与标识不一致时,调整标识,重新安装; ③传动杆与操作机构连接松动时,按照标准紧固法兰盘连接螺栓; ④传动杆安装不垂直时,调整操作机构安装位置,直至其垂直
	开关触头状态不良检修	检修标准: 隔离(负荷)开关触头接触面应平整、光洁无损伤,并涂以导电介质。触头间接触紧密,接触压力均匀,用 0.05 mm×10 mm 的塞尺检查,线接触为 0 mm,面接触不大于 4 mm	检修方法: ①触头闭合时以 0. 05 mm×10 mm 的塞尺检查,若其插入深度超过 4 mm,则调整刀闸的顶紧螺栓,增加弹簧片的接触压力,使两者密贴,但应保证其开合灵活; ②触头表面有锈蚀、烧损痕迹时,对其进行打磨,涂中性凡士林;出现烧损时进行更换;对触头表面有特殊镀层的按照产品说明书处理

续表

安全风险点及防控措施	作业步骤	作业内容及检修标准	任务完成(检修方法)
③下部开关分合人员应听从上部作业人员指挥;上部作业人员在开关分合时应集中注意力,与刀闸、拐臂等旋转运动零部件保持安全距离,避免造成人身伤害; ④调试结束后隔离负荷开关应恢复原始分合状态,并将开关状态旋钮旋转至远动位置; ⑤用接地极与接地引线断开方式进行接地电阻测量时,需要采取旁路措施	开关分、合闸角度不合适检修	检修标准: 隔离(负荷)开关应动作可靠、转动灵活,转动部分应注以适合当地气候的润滑油。分闸角度及合闸状态应符合产品技术要求,止钉间隙符合规定	检修方法: ①分闸角度不合适时,将开关倒至分闸位置后,先调整交叉连杆的长度,直至分闸角度符合要求,最后调分闸止钉的间隙1~3 mm; ②合闸不呈直线时,先将开关倒至合闸的位置,调交叉连杆,使刀片合闸呈直线,然后调整合闸止钉间隙
	开关引线状态不良检修	检修标准: 引线和连接线的截面与开关额定电流及所连接接触网当量截面相适应,引线连接良好且不得有接头。引线及连接线应连接牢固接触良好,无破损和烧伤。当接触悬挂受温度变化偏移时,引线的长度应保证有一定的活动余量并不得侵入限界,引线摆动到极限位置对接地体的距离不小于350 mm	检修方法: ①开关引线弛度过小,将引线与承力索和接触线的连接点向靠近开关方向移动;开关引线弛度过大,将引线与承力索和接触线的连接点向远离开关方向移动;引线距接地部分距离小于350 mm或钢轨相交处与接触线高差小于300 mm时,可将引线与承力索相连处顺着承力索绑扎一段,减小引线弛度,增大其距离; ②开关引线有轻微烧伤或断股时,进行绑扎处理,较为严重时,按照原有长度进行预制更换,不得接头
	接地线缺陷处理	检修标准: 开关接地电阻值不应大于10 Ω	检修方法: ①接地线锈蚀:用砂纸对其除锈,直至露出金属本色,然后涂防腐漆; ②接地电阻超标:对接地端子、接地线线夹进行除锈和螺栓紧固,重新测量接地电阻,若电阻值仍超标,重新选择综合接地端子进行连接处理
	隔离负荷开关本体绝缘子、翻转绝缘子损坏更换	检修标准: 支持绝缘子应清洁无破损和放电痕迹,瓷釉剥落面积不超过300 mm^2	检修方法: ①松动开关本体绝缘子或翻转绝缘子的相关连接螺栓; ②将损坏的绝缘子从开关上拆除,更换新绝缘子,检查更换后的绝缘子安装状态符合要求; ③检查开关开、合闸状态,动触头动作灵活,合闸时刀闸接触是否密贴,分闸时刀闸角度或分闸间隙是否符合产品说明书相关规定
	检修完毕	确认修后设备质量良好,清点机具、材料齐全后,下作业平台(支柱)撤至安全地带报告工作领导人。等待作业组全体成员列队点名	

表 2-5-11　工具、耗材和备品清单

序号	名称	单位	数量	备注
1				
2				
3				
4				
5				
6				
7				
8				
9				

表 2-5-12　检查(测量)数据记录单

序号	检查项目	检查(测量)数据	设计值(状态)	是否需要调整
1	开关托架水平缺陷			
2	操作机构状态			
3	开关触头状态			
4	开关分、合闸角度			
5	开关引线状态			
6	接地线			
7	绝缘子			

评价反馈

隔离(负荷)开关检修作业评价记录见表 2-5-13。

表 2-5-13　隔离(负荷)开关检修作业评价记录表

评价项点	评价标准	配分	得分	扣分原因
工具材料准备	检查、挑选工具和材料，缺 1 项扣 2 分	5		
数据测量	开关分、合闸角度，接地电阻测量，绝缘距离，1 项数据测量错误扣 5 分	15		
技术要求	开关托架水平缺陷调整方法流程正确	10		
	操作机构状态调整方法流程正确	10		
	开关触头状态调整方法流程正确	10		
	开关分、合闸角度调整方法流程正确	10		
	开关引线状态调整方法流程正确	5		
	接地线调整方法流程正确	5		
	绝缘子调整方法流程正确	5		
安全及规范操作	①高处坠物 1 次扣 5 分； ②材料工具上下抛掷，1 次扣 5 分； ③工器具及零部件损坏扣 5 分； ④接触网上或线路上有遗留物件，每件扣 5 分； ⑤作业过程中发生危及人身安全情况，1 次扣 5 分； ⑥劳动保护用品不齐或未按要求使用，每项扣 1 分	25		
合计	作业时间：　　分　　秒	100		

一、隔离开关整体更换流程

1. 吊架安装

腕臂柱开关临时吊架安装在支柱田野侧，在开关支架上方 2 m 处安装一长约 2 m 的跳线槽钢，槽钢端部用 3 股 ϕ4.0 铁线固定于支柱上。

2. 更换准备

(1)将单滑轮与大绳组成滑轮组挂在临时吊架上。

(2)将开关绑扎好连在单滑轮上。

(3)将开关瓷柱用草袋包扎好。

(4)在开关底座上绑一小绳做晃绳。

3. 拆除原有隔离开关

(1)杆上人员拆下开关与托架间的连接螺栓，然后一人扶稳吊架，地上人员缓慢起吊开关，同时一人拉住晃绳稳定开关。

(2)地上人员松大绳，慢慢放下开关。

(3)吊装新开关。

4. 安装开关

(1)转动开关使开关刀闸开合方向正确。

(2)缓慢松吊绳，同时杆上人员扶稳开关使开关底座螺栓孔对准托架上的安装孔，然后使开关落于托架上。

(3)穿入螺栓，对开关进行初步固定。

(4)调整开关瓷柱绝缘子，达到竖直状态。

(5)转动部分、触头、设备端子涂抹相应润滑剂和电力复合脂。

5. 开关附件安装

(1)地面人员将操纵杆竖起，操动杆轴套筒套入轴内，对准顶丝位置，拧紧顶丝。

(2)在支柱上合适位置安装操作机构箱并按设计要求固定牢固。

6. 开关调试

在安装隔离开关操纵机构后，按照产品说明书进行手动、电动操作的配合调试。

二、隔离开关操作

1. 作业人数及要求

作业人数 2 人，接触网倒闸作业执行一人操作、一人监护制度。作业人员需掌握隔离开关调整标准及流程。

2. 工具材料

隔离开关操作工具材料见表 2-5-14。

表 2-5-14　隔离开关操作工具材料表

序号	工具或物品名称	单位	数量
1	绝缘靴	双	1
2	绝缘手套	副	1
3	开关钥匙	把	1
4	开关手摇把	把	1
5	专用手机	个	1
6	对讲机	个	1
7	隔离开关倒闸命令票	本	1
8	隔离开关完成报告单	本	1

3. 作业准备工作

(1)检查工具材料

(2)准备隔离开关机构钥匙、操作手摇把,根据操作机构型号,准备相匹配的机构钥匙、操作手摇把。

(3)准备绝缘靴、绝缘手套。检查绝缘靴、绝缘手套外观有无破损,绝缘等级是否符合要求;检查绝缘靴、绝缘手套试验安全合格证是否在使用期内。

(4)准备通讯工具。检查通讯装备电量是否充足,测试通讯状态是否良好。准备通讯装备备用电池。

4. 现场作业

(1)到达作业地点后确认作业地点,隔离开关操作人、监护人共同确认开关的所在区间/站场、支柱号、开关编号、开关操作前的状态。

(2)确认隔离开关钥匙是否与机构箱匹配,确认隔离开关手摇把是否与机构箱匹配,不影响正常倒闸作业。

(3)现场情况无异常,具备倒闸条件。报告供电调度。

(4)接受倒闸作业命令。供电调度员发布倒闸命令,监护人受令、复诵确认无误。

(5)填写“隔离开关倒闸命令票”。

(6)倒闸操作流程:

①操作人戴好安全帽、绝缘手套,穿绝缘靴。

②监护人指示操作人将机构箱内旋钮从远方位扭到就地位(当地位)。

③按动分合闸指示按钮。监护人转发倒闸作业命令,命令操作人按动分合闸指示钮,分合开关,操作完毕后操作人确认开关状态。

④当地电动操作故障时,执行手动操作。当地电动操作故障时,监护人命令操作人使用隔离开关手摇把,手摇分合开关,应操作准确迅速,一次开闭到位,中途不得停留和发生冲击,操作完毕后操作人确认开关状态。

(7)报告倒闸作业完成后:

①向供电调度员报告倒闸作业完成。

②填写“隔离开关倒闸完成报告单”。

③开关控制模式恢复“远方”位。

④作业完毕后汇报工作领导人。

(8)隔离开关、负荷开关的机构箱或传动机构须加锁,钥匙应存放于固定地点并由专人保管。冬季施工时,施工结束后,将隔离开关防寒罩恢复原样。

(9)隔离开关操作人、监护人共同清点工具材料,防止遗漏。

5. 注意事项

(1)发现钥匙及手摇把与机构箱不匹配,由监护人向供电调度申请终止作业。作业前,必须在驻站联络员和现场防护员全部到达后,联系彻底后,人员进入线路。

(2)作业人员不得走轨面、枕木头、线路中心,线路封锁前,人员机具不得侵入限界。在铁路防护栅栏内进行当地倒闸作业时,必须在上、下行线路封锁或本线封锁邻线限速 160 km/h 及其以下进行。

(3)带电分合隔离开关时,遇雷、雨、雪、雾、霾等恶劣天气严禁操作。在当地电动操作中,如果机构箱内指示灯异常或开关无法分合、卡滞,应立即按动“停止”指示扭。

(4)隔离开关可以开、合不超过 10 km(延长公里)线路的空载电流。隔离开关带电操作,须检查确认接触网需停电区段内所有电力机车已全部降弓,方准操作。

(5)隔离开关操作前,操作人必须按规定穿戴好绝缘靴和绝缘手套,确认开关及其操作机构正常、接地良好、接触网无异常,方准按程序操作。除遇有危及人身或设备安全的紧急情况,供电调度员发布的倒闸命令可以没有命令编号和批准时间外,接触网作业人员进行隔离开关倒闸时,必须有供电调度的命令

(6)操作时,操作人员的身体各部位不得与支柱及周围任何物体或人员接触,准确迅速地操作到位。禁止未穿戴绝缘靴、绝缘手套进行操作。

(7)不得在无监护人的情况下,单人独自操作隔离开关。隔离开关倒闸作业时,人员机具不得侵入限界。检查分合闸指示按钮显示是否正常。

(8)操作人、监护人共同注意观察机构箱内分合闸指示钮显示是否正常,操作人、监护人共同观察隔离开关动静触头是否分合到位。

知识拓展

隔离开关操作作业项点及标准见表 2-5-15。

表 2-5-15　隔离开关操作作业项点及标准

作业项点	作业标准
准备工具材料	个人着装:安全帽、工作服、绝缘鞋、手套;作业人员携带《安全合格证》
	工具材料准备:绝缘靴、绝缘手套、开关钥匙、开关摇把、专用手机、对讲机、隔离开关倒闸命令票、隔离开关完成报告单
操作标准	接到作业命令后,操作人和监护人共同确认作业位置、开关操作前状态及隔离开关整体状态
	按要求复诵、填写隔离开关倒闸命令票并正确填写
	按要求将控制模式打至当地位;分、合闸后核对机构箱指示灯

续表

作业项点	作业标准
操作流程	操作人、监护人共同观察隔离开关动静触头是否到位
	操作完毕后将控制模式恢复至远动位
	向供电调度报告完工
	填写隔离开关完成报告单
	按要求锁闭机构箱或传动机构
	机具不得遗漏至现场
	操作隔离开关分合闸时，应一次分合到位，中间不得出现停滞
安全及其他注意事项	按规定穿着绝缘靴、佩戴绝缘手套操作
	手摇分合开关，应操作准确迅速，一次开闭到位，中途不得停留和发生冲击

巩固练习

一、单选题

1. 支持绝缘子应清洁无破损和放电痕迹，瓷釉剥落面积不超过(　　)。

A. 100 mm^2　　B. 200 mm^2　　C. 300 mm^2　　D. 400 mm^2

2. 隔离开关的触头间接触紧密，接触压力均匀，用塞尺检查，线接触为 0 mm，面接触不大于(　　)。

A. 1 mm　　B. 2 mm　　C. 3 mm　　D. 4 mm

3. 触头间接触紧密，接触压力均匀，用 0.05 mm × (　　)的塞尺检查。

A. 10 mm　　B. 20 mm　　C. 30 mm　　D. 40 mm

4. 引线摆动到极限位置对接地体的距离不小于(　　)。

A. 350 mm　　B. 400 mm　　C. 500 mm　　D. 600 mm

5. 具有远动操作功能的隔离开关，应能保证当地位及(　　)的正常操作。

A. 远动位　　B. 近动位　　C. 屏控位　　D. 以上都不对

二、判断题

1. 下部开关分合人员应听从上部作业人员指挥；上部作业人员在开关分合时应集中注意力，与刀闸、拐臂等旋转运动零部件保持安全距离，避免造成人身伤害。(　　)

2. 用接地极与接地引线断开方式进行接地电阻测量时，不需要采取旁路措施。(　　)

3. 隔离开关操作机构应完好无损并加锁。操作时平稳正确无卡阻和冲击，联锁、限位器作用良好可靠。(　　)

4. 接地线锈蚀时，用砂纸对其除锈，然后涂防腐漆。(　　)

5. 隔离开关托架各零部件齐全，托架呈水平状态。(　　)

学习情境三　避雷器检修作业

学习情境描述

某局某站正馈线避雷器击穿炸裂，造成供电设备开关跳闸故障。避雷器爆炸是由于避雷器设置参数较低、避雷器频繁动作造成内部发热引起的。

想一想：作为接触网工，你应该如何顺利完成本次检修作业？

学习目标

通过本情境的学习，掌握避雷器检修作业标准和流程，并能配合作业组成员完成避雷器的检修作业。

任务书

避雷器检修作业任务书见表2-5-16。

表2-5-16 避雷器检修作业任务书

作业任务		日　期	
班　组		计划作业时间	
组　长		计划完成时间	
作业地点			
作业内容			
安全风险点			
防控措施			
作业过程督查意见			

任务分组

学生任务分配见表2-5-17。

表2-5-17 学生任务分配表

班　级			日　期	
班　组			组　长	
班组成员	姓　名	任务角色	任务分工	

工作实施

避雷器检修工作实施过程见表2-5-18。

表 2-5-18　避雷器检修工作实施过程表

安全风险点及防控措施	作业步骤	作业内容及检修标准	任务完成(检修方法)
①防感应电风险： 检调、更换避雷器及引线时，必须先采取旁路措施（使用不小于 25 mm^2 铜质短接线先行短接）、可靠接地后才能作业； ②防高处坠落风险： 攀爬支柱时必须手把牢靠、脚踩稳准，安全带系在可靠的位置； ③检修风险项点： a. 紧固时必须使用力矩扳手，按规定力矩进行紧固； b. 避雷器不得任意拆开、破坏密封和损坏元件。禁用硬物体碰击绝缘体表面；	检修前准备	到达作业现场，确认作业范围，检查作业所需工具、材料是否齐全，安全用具状态是否良好，在田野侧（安全地带）集中待命，接到工作领导人“安全措施采取完毕，可以开始作业”命令即可开始检修作业	填写工具、耗材和备品清单，见表 2-5-19
	检查测量	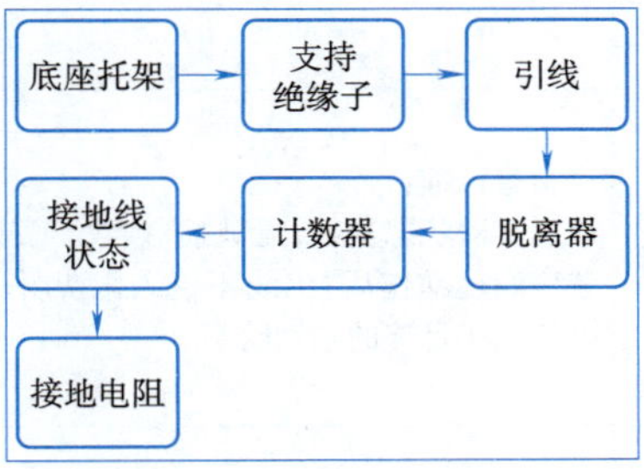 底座托架→支持绝缘子→引线→脱离器→计数器→接地线状态→接地电阻	填写检查（测量）数据记录单，见表 2-5-20
	底座托架检修	检修标准： 避雷器托架安装水平，无锈蚀，各部螺栓连接紧固	检修方法： 用水平尺检查托架横、纵向是否水平，否则将水平尺放在托架上观察，调整角钢连接螺栓，直至托架水平；托架角钢不得锈蚀、变形，各部螺栓必须按标准力矩进行紧固
	支持绝缘子检修	检修标准： 避雷器及支持绝缘子应呈竖直状态，倾斜角度不超过2°。表面清洁，安装牢固，无裂纹、破损及放电痕迹	检修方法： ①避雷器支持绝缘子按照绝缘子检修标准进行检查；应使用清水或中性洗涤剂进行擦洗，严禁使用酸碱溶剂擦洗；有破损和有明显放电痕迹，伞形裙边有电腐蚀现象要及时更换； ②避雷器绝缘子要保持垂直状态，其倾斜度不得超过2°，超过时松开绝缘子底座，添加适量垫片使其垂直
	引线检修	检修标准： 避雷器引线无烧伤、断股。至高压侧引线的张力应适宜，不应使连接端子受到超出允许的外加应力。极限条件下，高压侧引线对接地体之间的距离大于 350 mm	检修方法： ①引线及连接线应连接牢固接触良好，无破损和烧伤，引线距接地体的距离应不小于 350 mm，引线的长度应能保证当接触悬挂受温度变化偏移时有一定的活动余量并不得侵入限界，引线在其垂直投影与线路钢轨交叉处，应高于工作支接触线 300 mm 以上； ②引线弛度过小：根据安装曲线，将引线与承力索和接触线的连接点向靠近开关方向移动。引线弛度过大：根据安装曲线，将引线与承力索和接触线的连接点向远离开关方向移动；

续表

安全风险点及防控措施	作业步骤	作业内容及检修标准	任务完成(检修方法)
c. 避雷器检修后应检查避雷器上是否有遗留物品以免短接避雷器； d. 在环境污染严重或重雷区段应适当增加避雷器检修次数； e. 严格按照说明书要求安装脱离器、防止脱离器承受过大扭矩而损坏； f. 禁止使用有机溶剂和粗糙物擦洗复合外套避雷器的硅橡胶外套； g. 雷电时禁止避雷器相关作业； h. 测量接地电阻时，要将地线断开，同时做好旁路措施	引线检修	检修标准： 避雷器引线无烧伤、断股。至高压侧引线的张力应适宜，不应使连接端子受到超出允许的外加应力。极限条件下，高压侧引线对接地体之间的距离大于350 mm	③引线距接地体的距离小于350 mm时，将引线与承力索和接触线的连接点向远离开关方向移动，必要时增加绑扎； ④设备线夹不得有裂纹、烧伤，否则应进行更换；引线有烧伤或断股时，比照原长度按电连接安装要求进行预制更换
	脱离器检修	检修标准： 脱离器状态良好，无破损、裂纹。安装位置应满足动作后，引线不侵入限界并与带电体保持足够的绝缘间距	检修方法： 当脱离器本体损坏时，对避雷器本体进行检测，确保避雷器状态合格后，方可更换该脱离器。若避雷器检测不合格，则更换避雷器及脱离器
	计数器检修	检修标准： 动作计数器完好，具备在线泄漏电流监测功能	检修方法： ①避雷器监测(动作)计数器是否完好、牢固，监测(动作)准确，否则应进行紧固或更换； ②记录避雷器动作次数
	接地线状态检修	检修标准： 避雷器引下线应直接从避雷线(避雷器)连续、完整、最短距离的引下并可靠接地。引下线的材质、结构和最小截面应满足雷电流强度检算并不小于避雷线的铜当量载流截面。 接地装置应状态良好，接地极、接地线的敷设和焊接应满足设计要求	检修方法： ①接地线与螺栓连接处松动时，按标准紧固螺栓； ②接地线锈蚀时，用砂纸对其除锈，直至露出金属本色，然后涂防腐漆； ③地线并沟线夹处地线打磨至露出金属本色，涂电力复合脂，力矩紧固到位； ④钢绞线地线连接处螺栓紧固，不得有散股、断股，有断股的要立即更换
	接地电阻检修	检修标准： ①避雷装置接地电阻超标时，应分析原因并采取措施，必要时进行开挖检查。雷电活动强烈的地区，应增加避雷装置的检查次数； ②避雷器接地电阻值不应大于10 Ω	检修方法： ①接地电阻不合格时，使用接地电阻测试仪测量接地电阻，不得大于10 Ω，接地电阻超标时应分析原因并采取措施(添加降阻剂或增加接地极)，必要时进行开挖检查； ②测量接地电阻时，将接地极与接地引线断开，同时在附近打入接地针，将设备的接地引线进行旁路，再用接地电阻测量仪对该接地极进行测量
	检修完毕	确认修后设备质量良好，清点机具、材料齐全后，下作业平台(支柱)撤至安全地带报告工作领导人。等待作业组全体成员列队点名	

表 2-5-19　工具、耗材和备品清单

序号	名称	单位	数量	备注
1				
2				
3				
4				
5				
6				
7				
8				
9				

表 2-5-20　检查(测量)数据记录单

序号	检查项目	检查(测量)数据	设计值(状态)	是否需要调整
1	底座托架			
2	支持绝缘子			
3	引线			
4	脱离器			
5	计数器			
6	接地线			
7	接地电阻			

评价反馈

避雷器检修作业评价记录见表 2-5-21。

表 2-5-21　避雷器检修作业评价记录表

评价项点	评价标准	配分	得分	扣分原因
工具材料准备	检查、挑选工具和材料,缺 1 项扣 2 分	5		
数据测量	接地电阻数值,计数器数值,支持绝缘子倾斜角度,高压侧引线对接地体之间的距离,1 项数据测量错误扣 5 分	25		
技术要求	底座托架调整方法流程正确	10		
	支持绝缘子调整方法流程正确	10		
	引线调整方法流程正确	10		
	脱离器调整方法流程正确	10		
	计数器调整方法流程正确	5		
	接地线调整方法流程正确	5		
	接地电阻调整方法流程正确	5		

续表

评价项点	评价标准	配分	得分	扣分原因
安全及规范操作	①高处坠物1次扣5分; ②材料工具上下抛掷,1次扣5分; ③工器具及零部件损坏扣5分; ④接触网上或线路上有遗留物件,每件扣5分; ⑤作业过程中发生危及人身安全情况,1次扣5分; ⑥劳动保护用品不齐或未按要求使用,每项扣1分	15		
合计	作业时间:　　分　　秒	100		

知识链接

避雷器结构如图2-5-1所示。

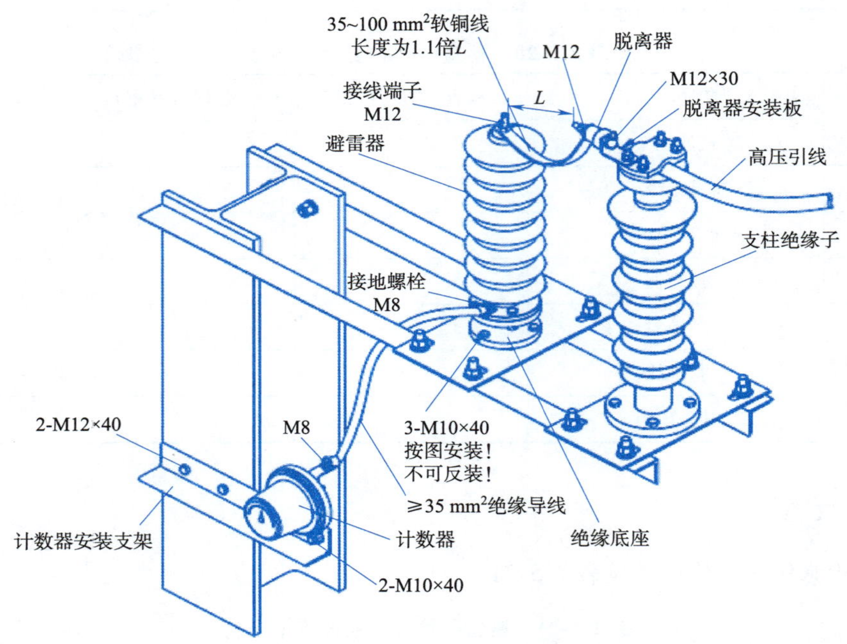

图2-5-1　避雷器结构

巩固练习

一、单选题

1. 避雷器及支持绝缘子应呈竖直状态,倾斜角度不超过(　　)。

A. 1°　　B. 2°　　C. 3°　　D. 4°

2. 极限条件下,高压侧引线对接地体之间的距离大于(　　)。

A. 150 mm　　B. 250 mm　　C. 350 mm　　D. 450 mm

3. 用接地电阻测试仪测量接地极接地电阻不得大于(　　)。

A. 10 Ω　　B. 20 Ω　　C. 30 Ω　　D. 40 Ω

4. 为预防感应电风险，检调、更换避雷器及引线时，必须先采取旁路措施，使用不小于(　　)铜质短接线先行短接、可靠接地后才能作业。

A. 15 mm　　B. 25 mm　　C. 35 mm　　D. 45 mm

5. 在环境污染严重或重雷区段应(　　)避雷器检修次数。

A. 适当增加　　B. 适当减少　　C. 不改变　　D. 以上都不对

二、判断题

1. 避雷器托架应安装水平，无锈蚀，各部螺栓连接紧固。(　　)

2. 脱离器状态良好，无破损、裂纹。安装位置应满足动作后，引线不侵入限界并与带电体保持足够的绝缘间距。(　　)

3. 接地线锈蚀时用砂纸对其除锈，涂防腐漆。(　　)

4. 避雷器及支持绝缘子倾斜度超过2°时松开绝缘子底座，减少适量垫片使其垂直。(　　)

5. 若测量接地电阻超标，则应对该处添加降阻剂或增加接地极。(　　)

学习情境四　分段绝缘器检修作业

学习情境描述

某局某区间上行公里标 K1377 +822 m 处分段绝缘器，因检修调整不到位，接头线夹处过渡不平滑，接触线磨耗超标(此接触线标准高度为 12.34 mm，断线处接触线残余高度为 9.36 mm，磨耗比例达 24.15%)，电力机车通过时，在受电弓冲击力和接触线张力共同作用下造成断线，引发弓网故障。

想一想：作为接触网工，你应该如何顺利完成本次检修作业？

学习目标

通过本情境的学习，掌握分段绝缘器检修作业标准和流程，并能配合作业组成员完成分段绝缘器的检修作业。

任务书

分段绝缘器检修作业任务书见表 2-5-22。

表 2-5-22　分段绝缘器检修作业任务书

作业任务		日　期	
班　组		计划作业时间	
组　长		计划完成时间	
作业地点			
作业内容			
安全风险点			

续表

防控措施	
作业过程督查意见	

任务分组

学生任务分配见表 2-5-23。

表 2-5-23　学生任务分配表

班　　级			日　　期	
班　　组			组　　长	
班组成员	姓　　名	任务角色	任务分工	

工作实施

分段绝缘器检修工作实施过程见表 2-5-24。

表 2-5-24　分段绝缘器检修工作实施过程表

安全风险点及防控措施	作业步骤	作业内容及检修标准	任务完成（检修方法）
①作业时应对分段绝缘器采取等电位措施。地线接挂完毕，封住所有来电方向后，在分段绝缘器及隔断瓷瓶两端安装等位线； ②绝缘元件必须避免碰撞和污染，安装时不得踩踏绝缘器，清扫时尽量避免使用有机溶剂，清扫完后要用干燥、清洁的抹布擦拭干净；	检修前准备	到达作业现场，确认作业范围，检查作业所需工具、材料是否齐全，安全用具状态是否良好，在田野侧（安全地带）集中待命，接到工作领导人“安全措施采取完毕，可以开始作业”命令即可开始检修作业	填写工具、耗材和备品清单，见表 2-5-25
	检查测量	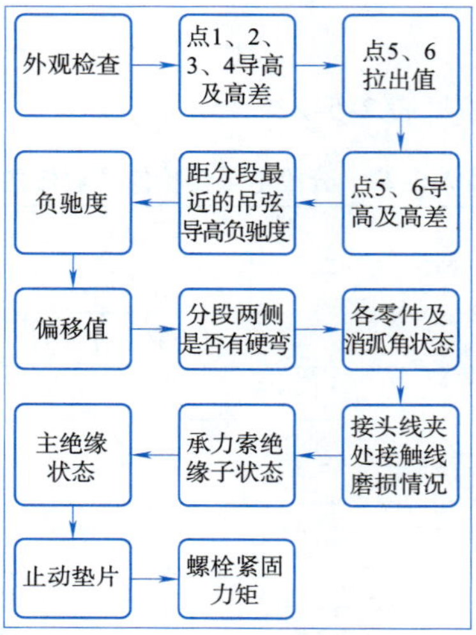 外观检查→点1、2、3、4导高及高差→点5、6拉出值→点5、6导高及高差→距分段最近的吊弦导高负驰度→负驰度→偏移值→分段两侧是否有硬弯→各零件及消弧角状态→接头线夹处接触线磨损情况→承力索绝缘子状态→主绝缘状态→止动垫片→螺栓紧固力矩	根据分段绝缘器“六点标定检查法”如图 2-5-2 所示，进行检查测量，填写检查（测量）数据记录单，见表 2-5-26

续表

安全风险点及防控措施	作业步骤	作业内容及检修标准	任务完成(检修方法)
③分段绝缘器调整花篮螺栓时，应当两组同时操作；花篮螺栓调整完毕，应当拧紧防松螺母； ④分段绝缘器不应长时间处于对地面耐压状态，尤其在雾、雨、雪等恶劣天气时，更应尽量缩短其对地的耐压时间，即当作业结束后，恢复正常运行；	外观缺陷检修	检修标准： ①分段绝缘器通过速度不得超过120 km/h。空气绝缘间隙不小于300 mm； ②绝缘器的主绝缘应完好，其表面放电痕迹应不超过有效绝缘长度的20%。主绝缘严重磨损应及时更换； ③分段绝缘器安装位置符合规定，距离定位点不得小于2 m	检修方法： ①对外观有裂纹、放电现象的零部件进行更换，对开口角度不到位的开口销进行更换并掰开120°，对不受力的吊弦进行调整、更换； ②对有脏污现象的分段绝缘器绝缘子进行清扫，清扫时用棉纱清除绝缘子表面灰尘即可，脏污严重时可用清水清洗(注：采取防止破坏复合绝缘子表面憎水涂层的措施)； ③分段绝缘器发生拉弧、放电的现象时，复测分段绝缘器拉出值、负弛度是否达标，分段绝缘器是否水平，如不符合要求重新调整至标准值。对轻微放电处要用砂纸进行打磨，对放电严重的分段绝缘器要进行更换
	分段绝缘器与轨面连线平行检修	检修标准： 分段绝缘器滑道底面应平行于轨面，最大偏差不超过10 mm	检修方法： ①顺线路方向：根据测量数据，确定调整方向和调整量，调整或更换分段绝缘器两侧吊弦，使分段绝缘器顺线路两端等高，最大误差不超过10 mm； ②垂直线路方向：根据测量数据，确定调整方向和调整量，调整一侧吊弦调节螺栓，再调节另一侧吊弦的调节螺栓，使分段绝缘器平面与其正下方的两轨顶连线平行
	分段绝缘器中心与线路中心横向偏移检修	检修标准： 分段绝缘器应位于受电弓中心，一般情况下偏差不超过100 mm	检修方法： 用接触网激光测量仪测量分段绝缘器两侧接头线夹处相对于线路中心的偏移值，确定调整量，适当增大或减小相邻定位点拉出值，必须保证分段绝缘器位于线路中心，横向偏移不大于100 mm
	负弛度检修	检修标准： 分段绝缘器相对于两侧吊弦点有5～15 mm的负弛度	检修方法： 根据测量数据，确定调整方向和调整量，若调整较小时，可调整吊弦上的调节螺栓进行调整；若调整量较大时，可调整分段绝缘器与两端定位点间吊弦，调整完成必须保证分段绝缘器与两端定位点平滑过渡
	承力索复合绝缘子更换	检修标准： 承力索分段绝缘子应采用重量较轻的有机复合绝缘子	检修方法： 承力索复合绝缘子损坏、闪络时需更换绝缘子，更换方法为在承力索绝缘子两侧用紧线器连接手扳葫芦，适当紧起手扳葫芦，使分段绝缘子卸载，拔出绝缘子与终端锚固线夹连接的销钉，拆下旧绝缘子，更换新绝缘子，松动手扳葫芦，检查受力情况

续表

安全风险点及防控措施	作业步骤	作业内容及检修标准	任务完成(检修方法)
⑤安装(检调)时严禁踩踏接触线或给接触线施加外力,以保证接触线的平直度; ⑥连接螺栓紧固力矩应符合设计要求,必须用力矩扳手检测达标; ⑦检修过程中采取可靠的安全措施,除了在相邻支柱封挂地线外,还需加装等位线防止感应电伤人,确保人身、设备安全	接头线夹处过渡不平滑检修	检修标准: 分段绝缘器导线接头、导流滑道端头处过渡平滑	检修方法: 分段绝缘器与接触线连接处接头线夹过渡不平衡,有硬点时应调整分段绝缘器的调整螺栓,进行微调。从滑板端部向分段中心量取 50 mm,把水平尺放在此处,用扳手调整螺栓直到水平尺处导线与滑板在同一水平面内,随后紧固防松螺母。接触线接头线夹上部辅助接触线与接触线主线型号保持一致
	检修完毕	确认修后设备质量良好,清点机具、材料齐全后,下作业平台(支柱)撤至安全地带报告工作领导人。等待作业组全体成员列队点名	

表 2-5-25　工具、耗材和备品清单

序号	名称	单位	数量	备注
1				
2				
3				
4				
5				
6				
7				
8				
9				

表 2-5-26　检查(测量)数据记录单

序号	检查(测量)项目	检查(测量)数据	设计值(状态)	是否需要调整
1	外观检查			
2	点 1、2、3、4 导高及高差			
3	点 5、6 拉出值			
4	点 5、6 导高及高差			
5	距分段最近的吊弦导高			
6	负弛度			
7	偏移值			
8	分段两侧是否有硬弯			
9	各零件及消弧角状态			
10	接头线夹处接触线磨损情况			
11	承力索绝缘子状态			
12	主绝缘状态			
13	止动垫片			
14	螺栓紧固力矩			

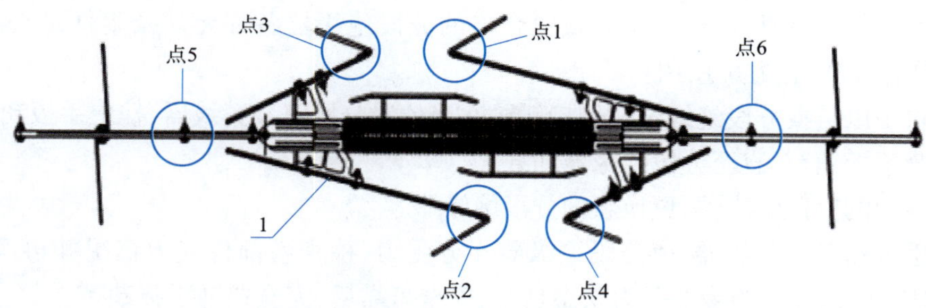

图 2-5-2　分段绝缘器"六点标定检查法"

分段绝缘器检修作业评价记录见表 2-5-27。

表 2-5-27　分段绝缘器检修作业评价记录表

评价项点	评价标准	配分	得分	扣分原因
工具材料准备	检查、挑选工具和材料，缺 1 项扣 2 分	5		
数据测量	点 1、2、3、4 导高及高差，点 5、6 拉出值，点 5、6 导高及高差，距分段最近的吊弦导高，负弛度，偏移值螺栓紧固力矩，1 项数据测量错误扣 5 分	20		
技术要求	外观缺陷检修方法流程正确	10		
	分段绝缘器与轨面连线平行检修方法流程正确	10		
	分段绝缘器中心与线路中心横向偏移检修方法流程正确	10		
	负弛度检修方法流程正确	10		
	承力索复合绝缘子更换方法流程正确	10		
	接头线夹处过渡不平滑检修方法流程正确	10		
安全及规范操作	①高处坠物 1 次扣 5 分； ②材料工具上下抛掷，1 次扣 5 分； ③工器具及零部件损坏扣 5 分； ④接触网上或线路上有遗留物件，每件扣 5 分； ⑤作业过程中发生危及人身安全情况，1 次扣 5 分； ⑥劳动保护用品不齐或未按要求使用，每项扣 1 分	15		
合计	作业时间：　　分　　秒	100		

知识链接

一、分段绝缘器对地耐压状态的规定

分段绝缘器不应长时间处于对地耐压状态。雨、雪、雾、霾、冻雨等恶劣天气下，起电分段作用的隔离开关严禁处于分闸状态。隔离开关应在作业开始前 30 min 内断开，在作业间歇时间大于 30 min 时应闭合，继续作业时再断开，作业结束后应及时闭合。

二、分段绝缘器消弧角断裂处理方法

分段绝缘器消弧角断裂时必须更换分段绝缘器本体。更换方法如下：

(1)在分段绝缘器两侧挂接25 mm^2 裸铜软绞短接线。

(2)更换安装前,先检查经过拉力试验合格的分段绝缘器各部元件及附件是否齐全,有无损伤,确认符合标准后,方可使用。

(3)先将予以更换分段绝缘器两侧接触线适当位置分别安装紧线器,挂上手扳葫芦。

(4)摇紧手扳葫芦,直至分段绝缘器卸载。

(5)拆除旧的分段绝缘器,更换新的分段绝缘器。

(6)松手扳葫芦与紧线器,使分段绝缘器充分受力,检查各部件受力情况并再次按照力矩大小紧固螺栓,确认分段绝缘器受力状态良好,安全可靠后,完全松开手扳葫芦。

(7)通过调整螺栓细调高度,并用水平尺测量滑轨横向连线与轨面连线平行度,调整后,用激光测量仪检测高度。

(8)更换完毕,撤除25 mm^2 裸铜软绞短接线。

(9)检查分段绝缘器与接触线连接是否牢固、过渡是否平滑。

三、分相绝缘器的相关规定

(1)分相绝缘器通过速度不得超过120 km/h。

(2)分相绝缘器主绝缘应完好,其表面放电痕迹应不超过有效绝缘长度的20%。主绝缘严重磨损应及时更换。

(3)分相绝缘器应位于受电弓中心,一般情况下偏差不超过100 mm。双线区段,在列车运行方向为1‰的上升坡度;单线区段,为(50±10) mm的负弛度。

(4)分相绝缘器导线接头处过渡平滑。承力索分段绝缘子应采用重量较轻的有机复合绝缘子。

(5)中性区长度符合《铁路技术管理规程(高速铁路部分)》规定。

巩固练习

一、单选题

1. 分段绝缘器相对于两侧吊弦点有(　　)的负弛度。

A. 5~10 mm　　B. 10~15 mm　　C. 5~15 mm　　D. 5~20 mm

2. 分段绝缘器主绝缘应完好,其表面放电痕迹应不超过有效绝缘长度的(　　)。

A. 10%　　B. 20%　　C. 30%　　D. 40%

3. 分段绝缘器不应长时间处于对地面耐压状态,尤其在(　　)、雨、雪等恶劣天气时,更应尽量缩短其对地的耐压时间。

A. 雾　　B. 雷　　C. 风　　D. 以上都不对

4. 滑道底面应平行于轨面,最大偏差不超过(　　)。

A. 10 mm　　B. 20 mm　　C. 30 mm　　D. 40 mm

5. 分段绝缘器应位于受电弓中心,一般情况下偏差不超过(　　)。

A. 100 mm　　B. 200 mm　　C. 300 mm　　D. 400 mm

二、判断题

1. 分段绝缘器安装位置符合规定,距离定位点不得小于2 m。(　　)

2. 起电分段作用的隔离开关严禁处于分闸状态。(　　)

3. 绝缘元件必须避免碰撞和污染，安装时可以适当踩踏绝缘器。（　　）

4. 承力索分段绝缘子应采用重量较重的有机复合绝缘子。（　　）

5. 分段绝缘器导线接头处过渡平滑。（　　）

学习情境五　27.5 kV 电缆检修作业

学习情境描述

某日某高铁发生突发性停电事故，经查是由于27.5 kV 电缆中间接头击穿导致。分析接头的故障点击穿部位，大部分位于高铁供电电缆接头的外半导电剥切层断口。造成事故的主要原因是施工时违反中间接头安装工艺，使接头中电场应力控制部分失去作用。

想一想： 作为接触网工，你应该如何顺利完成本次检修作业？

学习目标

通过本情境的学习，掌握27.5 kV 电缆检修作业标准和流程，并能配合作业组成员完成27.5 kV 电缆的检修作业。

任务书

27.5 kV 电缆检修作业任务书见表2-5-28。

表2-5-28　27.5 kV 电缆检修作业任务书

作业任务		日　　期	
班　　组		计划作业时间	
组　　长		计划完成时间	
作业地点			
作业内容			
安全风险点			
防控措施			
作业过程督查意见			

任务分组

学生任务分配见表2-5-29。

表 2-5-29 学生任务分配表

<table>
<tr><td>班　级</td><td colspan="2"></td><td>日　期</td></tr>
<tr><td>班　组</td><td colspan="2"></td><td>组　长</td></tr>
<tr><td rowspan="5">班组成员</td><td>姓　名</td><td>任务角色</td><td>任务分工</td></tr>
<tr><td></td><td></td><td></td></tr>
<tr><td></td><td></td><td></td></tr>
<tr><td></td><td></td><td></td></tr>
<tr><td></td><td></td><td></td></tr>
</table>

工作实施

27.5 kV 电缆检修工作实施过程见表 2-5-30。

表 2-5-30 27.5 kV 电缆检修工作实施过程表

<table>
<tr><th>安全风险点及防控措施</th><th>作业步骤</th><th>作业内容及检修标准</th><th>任务完成(检修方法)</th></tr>
<tr><td rowspan="3">①尽量避免在电缆盖板上行走,防止盖板铺设不牢固引发人身伤害;
②供电电缆明沟盖板较为笨重,开启搬移时须防止重物砸伤;</td><td>检修前准备</td><td>到达作业现场,确认作业范围,检查作业所需工具、材料是否齐全,安全用具状态是否良好,在田野侧(安全地带)集中待命,接到工作领导人“安全措施采取完毕,可以开始作业”命令即可开始检修作业</td><td>填写工具、耗材和备品清单,见表 2-5-31</td></tr>
<tr><td>检查测量</td><td>外观检查 → 电气绝缘距离 → 绝缘性能 → 接地电阻 → 螺栓紧固力矩</td><td>填写检查(测量)数据记录单,见表 2-5-32</td></tr>
<tr><td>电缆检修</td><td>检修标准:
①电缆本体各部分无机械损伤,无过热变色、变形、开裂、放电现象;
②电缆及电缆终端的固定处必须采用专用的铝制或非磁性材料抱箍,并加装保护垫;
③电缆固定支架无松动、严重锈蚀或变形,电缆悬挂钢索和挂钩无严重锈蚀或脱落;
④电缆铠装层、屏蔽层及电缆导体之间均应可靠绝缘。测量电缆铠装层、屏蔽层及电缆主绝缘之间的绝缘电阻值与历次数据比较,不应有显著变化;
⑤电缆上网点宜设置隔离开关并纳入远动控制</td><td>检修方法:
①电缆外护套轻微损伤时,用自粘绝缘胶带包扎;
②电缆外护套鼓包、严重损伤时,截断制作电缆中间头;
③电缆与套管之间无防护措施时安装绝缘衬垫;管口未封堵时用防火泥对管口进行封堵;
④电缆套管形成闭合磁路,更换为开槽的电缆套管;
⑤电缆固定卡箍锈蚀时进行更换;
⑥螺栓不齐全、紧固不到位时,补装螺栓并紧固;
⑦电缆固定卡箍形成闭合磁路时,更换为非导磁性的铝质固定卡箍或绝缘螺栓;
⑧电缆位置或电缆弯曲半径不符合标准时,调整电缆位置或电缆弯曲半径,安装绝缘衬垫;
⑨绝缘电阻值与初始值变化较大时,对试验数据异常的进行原因分析判断,立即进行全面排查,找出电缆接地点或破损处所并进行处理</td></tr>
</table>

续表

安全风险点及防控措施	作业步骤	作业内容及检修标准	任务完成(检修方法)
③电缆沟及预留井内长期封闭,开启时或下沟(井)检查中须做好必要的防毒防闷措施; ④高铁区段从牵引变电所内馈出直接上网或改架空线的电缆,上网点处或改架空线处电缆头的停电检修时,牵引变电所内隔离开关需闭合接地刀闸	电缆终端检修	检修标准: ①电缆终端表面干燥、清洁、密封良好,无渗漏水、裂纹、老化、破损等; ②电缆终端应保证竖直向上,不得出现偏转、扭曲变形,伞裙不得挤压变形,最大偏移角度不得大于30°; ③电缆终端母排及零部件应与大地、接地钢构、固定抱箍等保持足够的绝缘距离。顶部端子对地空气绝缘距离不小于450 mm,电缆终端应力锥对地空气绝缘距离不小于35 mm,多个电缆终端并联时,其间空气绝缘距离不小于35 mm; ④电缆终端应固定牢固,金属端子不得承受拉力,应力锥无受力变形。电缆终端固定夹持部位距离冷缩地线管下端大于100 mm,不得夹持在电缆终端椎体表面,并与接地线保证50 mm以上的距离	检修方法: ①电缆头 a.电缆终端头表面脏污,使用棉纱对电缆头绝缘部分进行清扫; b.电缆终端头伞群破损、烧伤痕迹严重,更换电缆终端头; ②电缆固定底座 电缆固定底座锈蚀使用细砂纸进行打磨并涂防锈漆; ③电缆终端托架 电缆终端托架主角钢偏斜将托架连接螺栓松开,将水平尺放置于主角钢,调整至水平状态; ④母排及设备线夹 a.母排: 发现母排锈蚀使用细砂纸进行打磨处理; 母排表面有裂纹时,将缺陷母排拆除,重新安装; 发现母排弯曲变形时,首先检查电缆终端头受力状态,若电缆终端头低于或高于母排,应将电缆终端托架整体降低或提高电缆终端头安装高度进行调整; b.设备线夹: 发现设备线夹有锈蚀,应使用细砂纸进行打磨处理;发现有裂纹应及时进行更换
	护层保护器及接地装置检修	检修标准: ①电缆长度小于100 m时,电缆终端应一端直接接地,另一端可不接地。 长度100 m及以上时,宜隔每400 m(直供方式)或800 m(AT供电方式)划分区段且在每个区段应实施接地绝缘分隔。电缆终端应一端铠装层、屏蔽层直接接地,另一端铠装层、屏蔽层通过护层保护器分开接地; ②电缆终端接地线及端子应采取绝缘包扎并固定在电缆上,不得与金属构架直接接触; ③电缆终端接地线无破损现象,受损股数不得超过总数的20%	检修方法: ①电缆头采用护层保护器接地,铠装层、屏蔽层未全部通过护层保护器接地时,将铠装层、屏蔽层全部通过护层保护器接地; ②多个电缆头接地共用一个护层保护器时,加装护层保护器使每个电缆头接地线分别通过护层保护器接地; ③护层保护器安装不牢固时,紧固螺栓; ④电缆头编织线外护套破损时,用35 kV自粘性绝缘胶带包扎;编织线破损、断裂时,用同材质的线索进行接续,同时用35 kV自粘性绝缘胶带进行包扎; ⑤接地电阻值大于10 Ω时,对接地极采取降阻措施
	检修完毕	确认修后设备质量良好,清点机具、材料齐全后,下作业平台(支柱)撤至安全地带报告工作领导人。等待作业组全体成员列队点名	

表 2-5-31 工具、耗材和备品清单

序号	名称	单位	数量	备注
1				
2				
3				
4				
5				
6				
7				
8				
9				

表 2-5-32 检查(测量)数据记录单

序号	检查(测量)项目	检查(测量)数据	设计值(状态)	是否需要调整
1	外观检查			
2	电气绝缘距离			
3	绝缘性能			
4	接地电阻			
5	螺栓紧固力矩			

评价反馈

电缆检修作业评价记录见表 2-5-33。

表 2-5-33 27.5 kV 电缆检修作业评价记录表

评价项点	评价标准	配分	得分	扣分原因
工具材料准备	检查、挑选工具和材料,缺 1 项扣 2 分	5		
数据测量	外观检查、电气绝缘距离、绝缘性能、接地电阻、螺栓紧固力矩,1 项数据测量错误扣 5 分	25		
技术要求	电缆检修方法流程正确	15		
	电缆终端检修方法流程正确	15		
	护层保护器及接地装置检修方法流程正确	20		
安全及规范操作	①高处坠物 1 次扣 5 分; ②材料工具上下抛掷,1 次扣 5 分; ③工器具及零部件损坏,扣 5 分; ④接触网上或线路上有遗留物件,每件扣 5 分; ⑤作业过程中发生危及人身安全情况,1 次扣 5 分; ⑥劳动保护用品不齐或未按要求使用,每项扣 1 分	20		
合计	作业时间: 分 秒	100		

知识链接

电缆敷设的有关规定如下:

(1)电缆采用地面敷设时须单独设置电缆沟槽,按规定设置地面电缆标识桩。同沟(槽)敷

设 2 根以上电缆时，每隔 30 m 分别标识。

（2）电缆应作波浪形敷设，在敷设过程中，不应出现铠装压扁、电缆绞拧、护套折裂破损等现象，电缆弯曲半径不小于电缆外径的 20 倍。电缆终端（上支柱、上桥等）处，电缆应预留不小于 5 m。

（3）电缆上、下行间敷设应无交叉，供电线、正馈线电缆间无交叉（特殊区段用绝缘板做隔离），并按规定采取隔热及阻燃防护措施。

（4）当电缆穿管敷设时，保护管长度、内径应符合要求；当采用磁性保护管防护时，应顺向切割开缝，防止构成闭合磁路。

（5）当电缆直埋敷设时，电缆表面距地面不应小于 0.7 m，穿越农田时不应小于 1 m；其径路应避开使电缆受到机械损伤、化学或地下电流腐蚀、振动、热影响、虫鼠等危害地段。困难情况下应设置电缆槽、沟，并采取必要的防护措施。电缆过轨时应加装防护套管，埋深低于轨面不少于 1 m。

（6）直埋或以直埋电缆槽方式敷设的电缆，敷设后应及时填埋电缆沟，并采取减振、阻燃、阻断鼠道措施。同路径并排展放的多根电缆，相邻两根之间应有隔离措施。

（7）电缆标桩埋设应清晰显示出路径状态，直线地段每 35 ~ 50 m 设置一根电缆标桩，在出所位置、电缆转弯处以及和其他管、线、路交叉处，可增加标桩数量。电缆标桩上字样由各铁路局自定。

（8）电缆上网处应自地面下 0.8 m 至地面以上 2 m，砌钢筋混凝土电缆槽或砖砌防护墙进行防护。

巩固练习

一、单选题

1. 27.5 kV 高压电缆电缆终端应保证竖直向上，不得出现偏转、扭曲变形，伞裙不得挤压变形，最大偏移角度不得大于（　　）。

A. 10°　　B. 20°　　C. 30°　　D. 40°

2. 27.5 kV 高压电缆终端母排及零部件应与大地、接地钢构、固定抱箍等保持足够的绝缘距离。顶部端子对地空气绝缘距离不小于（　　）。

A. 400 mm　　B. 450 mm　　C. 500 mm　　D. 550 mm

3. 27.5 kV 高压电缆终端应力锥对地空气绝缘距离不小于（　　）。

A. 25 mm　　B. 30 mm　　C. 35 mm　　D. 40 mm

4. 27.5 kV 高压电缆多个电缆终端并联时，其间空气绝缘距离不小于（　　）。

A. 25 mm　　B. 30 mm　　C. 35 mm　　D. 40 mm

5. 27.5 kV 高压电缆终端固定夹持部位距离冷缩地线管下端大于（　　）。

A. 100 mm　　B. 200 mm　　C. 300 mm　　D. 400 mm

6. 27.5 kV 高压电缆终端固定时，固定装置不得夹持在应力锥体表面，并与接地线保证（　　）以上的距离。

A. 30 mm　　B. 40 mm　　C. 50 mm　　D. 60 mm

7. 27.5 kV 高压电缆长度小于（　　）时，电缆终端应一端直接接地，另一端可不接地。

A. 100 mm　　B. 200 mm　　C. 300 mm　　D. 400 mm

二、判断题

1. 电缆及电缆终端的固定处必须采用专用的铝制或非磁性材料抱箍,并加装保护垫。 ( )

2. 电缆上网点宜设置隔离开关并纳入远动控制。 ( )

3. 电缆终端一端应将铠装层、屏蔽层直接接地,另一端铠装层、屏蔽层通过护层保护器分开接地。 ( )

4. 电缆终端接地线及端子应采取绝缘包扎并固定在电缆上,不得与金属构架直接接触。 ( )

5. 电缆终端接地线无破损现象,受损股数不得超过总数的10%。 ( )

知识拓展

曾荣获全国五一劳动奖章、全国劳动模范、火车头奖章、最美铁路人等荣誉的汪伯华,扎根南昆铁路二十余年,人称“神奇工长”。

他守护南昆铁路近三十年,养护150 km铁路无事故。他走过276 000根轨枕,检修联结零件110万组。他能听音辨伤、观线知轨,他用一把道尺、一双火眼,成就了毫厘之间的守护。

他坚持高标作业、严格管理,先后将7个工作较弱的重点工区打造成先进班组。针对南昆铁路地质复杂、维修养护难度大的特点,他带领“伯华创新工作室”总结科学方法,推出一批先进检修成果,保证了线路质量稳定。

任务六　检修吸上线、保安装置及标识

学习情境一　吸上线检修作业

学习情境描述

某局某区间上行公里标K1060+800 m处发生接触网吸上线线夹脱落故障,影响电力传输和列车运行。事故主要原因是列车高速行驶中,因线夹间隙过大、弹簧失效和防震垫老化,导致线夹不能牢固吸附在接触网上。

想一想:作为接触网工,你应该如何顺利完成本次检修作业?

学习目标

通过本情境的学习,掌握吸上线检修作业标准和流程,并能配合作业组成员完成吸上线的检修作业。

任务书

吸上线检修作业任务书见表2-6-1。

表 2-6-1　吸上线检修作业任务书

作业任务		日　期	
班　组		计划作业时间	
组　长		计划完成时间	
作业地点			
作业内容			
安全风险点			
防控措施			
作业过程督查意见			

任务分组

学生任务分配见表 2-6-2。

表 2-6-2　学生任务分配表

班　级			日　期	
班　组			组　长	
班组成员	姓　名	任务角色	任务分工	

工作实施

吸上线检修工作实施过程见表 2-6-3。

表 2-6-3　吸上线检修工作实施过程表

安全风险点及防控措施	作业步骤	作业内容及检修标准	任务完成(检修方法)
①V 形天窗检修吸上线时不得开路，如必须进行断开回路的作业，则必须在断开前使用不小于 25 mm^2 铜质短接线先行短接后，方可进行作业； ②在变电所、分区所处进行吸上线检修时必须利用垂直天窗；	检修前准备	到达作业现场，确认作业范围，检查作业所需工具、材料是否齐全，安全用具状态是否良好，在田野侧(安全地带)集中待命，接到工作领导人“安全措施采取完毕，可以开始作业”命令即可开始检修作业	填写工具、耗材和备品清单，见表 2-6-4
	检查测量	外观检查 → 吸上线电缆 → 吸上线连接处 → 保护管、固定抱箍 → 螺栓紧固力矩	填写检查（测量）数据记录单，见表 2-6-5

续表

安全风险点及防控措施	作业步骤	作业内容及检修标准	任务完成(检修方法)
③吸上线与扼流变压器中性点连接钣的检修,不得进行拆卸,防止造成回流回路开路。确需拆卸处理时,必须采取旁路措施,必要时请电务部门配合; ④吸上线电缆本体良好,符合回流要求,与保护线(回流线)固定良好,并沟线夹连接牢靠,线夹无氧化; ⑤有渣轨道吸上线过钢轨时,埋深大于300 mm,且有安全防护措施; ⑥吸上线电缆沿地面、支柱的敷设密贴、牢固,固定抱箍完好; ⑦吸上线电缆与回流线(保护线)、扼流变压器(或空心线圈 SVAC)连接处应连接牢固、密贴,接触良好,并涂电力复合脂	吸上线电缆检修	检修标准: ①吸上线型号及安装位置应符合设计要求。吸上线电缆截面应满足回流要求,外露部分电缆护管应无损伤且封堵良好; ②在有轨道电路区段,采用截面满足要求的电缆接至扼流变压器中性点连接钣(端子)。吸上线须与支柱密贴连接牢固。无轨道电路区段按设计进行安装; ③吸上线电缆沿地面、支柱的敷设必须密贴、牢固。埋入地下时,埋深不少于300 mm。穿过钢轨、桥台时应采取防护措施	检修方法: 吸上线有放电声或对支柱有放电痕迹以及吸上线电缆断裂、丢失、破损时,应检查外露部分和挖开埋入地下部分,检查有无损伤或开断。若有,则临时拆除,并更换吸上线
	吸上线连接处检修	检修标准: ①吸上线与回流线连接时,与悬挂点的距离应符合设计要求; ②与回流线(保护线)、扼流变压器(或空心线圈)连接处应连接牢固,接触良好,并涂电力复合脂	检修方法: ①电缆与回流线(保护线)连接部位及线夹氧化或烧伤检修 a. 若有氧化时,用砂纸进行打磨电缆头、连接部位回流线(保护线)和并沟线夹的内槽,露出金属本色后,涂电力复合脂紧固; b. 若有烧伤视情况进行打磨或进行更换; ②吸上线与扼流圈中性钣等连接部位及线夹检修 吸上线与扼流变中性钣连接部位有烧伤或烧损、固定螺栓松动及开断、脱落情况,则按与电务部门的分界,对我方所管设备进行除污、打磨后涂电力复合脂紧固,必要时更换有关固定零件
	保护管、固定抱箍损坏、丢失检修	检修标准: 对吸上线进行固定、防护时,其抱箍、套管不得形成闭合磁路	检修方法: 保护管、固定抱箍丢失及时补装,对生锈的固定抱箍进行除锈并涂防锈漆,对损坏或生锈的固定螺栓进行更换
	检修完毕	确认修后设备质量良好,清点机具、材料齐全后,下作业平台(支柱)撤至安全地带报告工作领导人。等待作业组全体成员列队点名	

表 2-6-4 工具、耗材和备品清单

序号	名称	单位	数量	备注
1				
2				
3				
4				
5				
6				

续表

序号	名称	单位	数量	备注
7				
8				
9				

表 2-6-5　检查(测量)数据记录单

序号	检查(测量)项目	检查(测量)数据	设计值(状态)	是否需要调整
1	外观检查			
2	吸上线电缆			
3	吸上线连接处			
4	保护管、固定抱箍			
5	螺栓紧固力矩			

评价反馈

吸上线检修作业评价记录见表 2-6-6。

表 2-6-6　吸上线检修作业评价记录表

评价项点	评价标准	配分	得分	扣分原因
工具材料准备	检查、挑选工具和材料,缺 1 项扣 2 分	5		
数据测量	外观、吸上线电缆、吸上线连接处、保护管、固定抱箍、螺栓紧固力矩,1 项数据测量错误扣 5 分	20		
技术要求	吸上线电缆检修方法流程正确	15		
	吸上线连接处检修方法流程正确	20		
	保护管、固定抱箍检修方法流程正确	20		
安全及规范操作	①高处坠物 1 次扣 5 分; ②材料工具上下抛掷,1 次扣 5 分; ③工器具及零部件损坏扣 5 分; ④接触网上或线路上有遗留物件,每件扣 5 分; ⑤作业过程中发生危及人身安全情况,1 次扣 5 分; ⑥劳动保护用品不齐或未按要求使用,每项扣 1 分	20		
合计	作业时间:　　分　　秒	100		

知识链接

吸上线更换的步骤如下:

(1)现场测量需更换吸上线的长度。

(2)根据测量数据预制吸上线。

(3)V 形天窗检修吸上线时不得开路,如必须进行断开回路的作业,则必须在断开前使用不小于 25 mm^2 铜质短接线先行短接后(或使用接地针式接地线接地),方可进行作业。

(4)吸上线与扼流变中性点连接钣的检修,不得进行拆卸,防止造成回流回路开路。确需拆卸处理时,必须采取旁路措施,必要时请电务部门配合。

(5)先拆除并更换与回流线连接处的并沟线夹的吸上线。

(6)拆除并更换与扼流变中性点连接钣处的设备线夹,拆除时作业人员应穿绝缘靴、戴绝缘手套。

(7)埋设水平部分的吸上线,埋深不少于300 mm。穿过钢轨、桥台时应采取防护措施。

(8)安装垂直部分的固定抱箍。

(9)撤除短接线和旁路措施。

巩固练习

一、单选题

吸上线埋入地下时,埋深不少于(　　)。

A. 100 mm　　B. 200 mm　　C. 300 mm　　D. 400 mm

二、判断题

1. 吸上线电缆截面应满足回流要求,外露部分电缆护管应无损伤且封堵良好。(　　)
2. 吸上线与回流线(保护线)、扼流变压器(或空心线圈)连接处应连接牢固,接触良好,并涂电力复合脂。(　　)
3. 对吸上线进行固定、防护时,其抱箍、套管不得形成闭合磁路。(　　)
4. 吸上线电缆沿地面、支柱的敷设必须密贴、牢固。(　　)

学习情境二　保安装置及标识检修作业

学习情境描述

某局大风天,接触网终点标脱落,侵入限界。事故的主要原因是接触网终点标螺栓严重锈蚀并有脏污,而大风天引发接触网终点标剧烈振动,从而导致终点标脱落侵入限界,威胁行车安全。

想一想:作为接触网工,你应该如何顺利完成本次检修作业?

学习目标

通过本情境的学习,掌握保安装置及标识检修作业标准和流程,并能配合作业组成员完成保安装置及标识的检修作业。

任务书

保安装置及标识检修作业任务书,见表2-6-7。

表2-6-7　保安装置及标识检修作业任务书

作业任务		日　　期	
班　　组		计划作业时间	
组　　长		计划完成时间	
作业地点			

续表

作业内容	
安全风险点	
防控措施	
作业过程督查意见	

任务分组

学生任务分配见表2-6-8。

表2-6-8　学生任务分配表

班　级			日　期	
班　组			组　长	
班组成员	姓　名	任务角色	任务分工	

工作实施

保安装置及标识检修工作实施过程见表2-6-9。

表2-6-9　保安装置及标识检修工作实施过程表

安全风险点及防控措施	作业步骤	作业内容及检修标准	任务完成(检修方法)
高压危险标： ①标志安装的位置要清晰、牢固,不得侵入线路基本限界; ②对于支柱攀登悬挂“高压危险”警示标作业,攀登支柱时要手把牢靠,脚踏稳准,尽量避开设备并与带电设备保持规定的安全距离。用脚扣和踏板攀登时,要卡牢和系紧,严防滑落	检修前准备	到达作业现场,确认作业范围,检查作业所需工具、材料是否齐全,安全用具状态是否良好,在田野侧(安全地带)集中待命,接到工作领导人“安全措施采取完毕,可以开始作业”命令即可开始检修作业	填写工具、耗材和备品清单,见表2-6-10
	检查测量	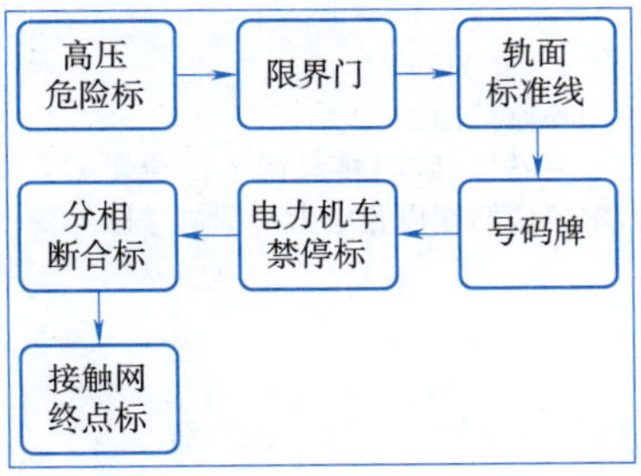 高压危险标→限界门→轨面标准线→号码牌→电力机车禁停标→分相断合标→接触网终点标	填写检查(测量)数据记录单,见表2-6-11

续表

安全风险点及防控措施	作业步骤	作业内容及检修标准	任务完成(检修方法)
限界门: ①标志安装的位置要清晰、牢固,不得侵入线路基本限界; ②检查时设好现场防护,注意道路两端来车; ③对于支柱攀登作业,攀登支柱时要手把牢靠,脚踏稳准,尽量避开设备并与带电设备保持规定的安全距离。用脚扣和踏板攀登时,要卡牢和系紧,严防滑落 轨面标准线: ①轨面标准线涂刷应在封锁点内进行; ②涂刷轨面标准线,必须采取相应安全措施,确保人身、设备安全 号码牌: ①支柱号码牌的检查维护应在停电封锁点内进行; ②对于支柱攀登作业,攀登支柱时要手把牢靠,脚踏稳准。用脚扣和踏板攀登时,要卡牢和系紧,严防滑落	高压危险标检修	检修标准: 在站台接触网支柱上距轨面2.5 m高的处所,以及安全挡板、细孔网栅和跨线桥防护网栅均应设置白底、黑字、红色闪电符号的“高压危险”警示标识。标识应完整无损、安装牢固、字迹清晰	检修方法: ①对状态不良的高压危险标志进行涂刷或更换,对超过周期或字迹不清晰的涂刷标志要及时进行重新涂刷; ②定期对钢柱、上跨桥及人行天桥、渡槽上“高压危险”标志安装情况进行检查,发现缺失要及时补全。发现锈蚀要及时进行更换; ③标志牌脏污用水进行清洗标志牌,标志牌破损、模糊部分用同色油漆进行描画,无法修补的更换
	限界门检修	检修标准: 在机动车辆通过的平交道口处铁路两侧的公路上,应设置限界门。限界门置于在沿公路中心线距最近铁路线路中心不小于12 m的地方。 限界门的宽度不得小于平交道口处公路路面的宽度,限界门的下缘距地面的高度为4.5 m,限界门框柱涂以警示色标。在限界门处应按《电气化铁路有关人员电气安全规则》的规定悬挂揭示牌	检修方法: ①限界门支柱有松动、倾斜时应用水泥砂浆片石加固,支柱涂刷的黑白油漆不清晰要重新涂刷。有加挂地方电缆或线索时要进行拆除; ②防护桩数量、安装距离不符合要求要重新进行安装; ③横梁出现弯曲、标志牌出现脱落或掉落时,要按标准进行紧固和补全; ④安全揭示牌字迹模糊要重新涂写
	轨面标准线检修	检修标准: 接触网支柱上、隧道每个定位点下方隧道边墙上,均要涂刷红色“轨面标准线”。轨面标准线标画依据为正线股道靠近隧道边墙、站台或支柱侧的钢轨顶面的设计高程	检修方法: ①轨面标准线涂刷位置不准确,字体、边框颜色不符合标准,需重新涂刷; ②轨面标准线涂刷不正确,参数不准确的需重新涂刷; ③轨面标准线及参数超周期或字迹不清晰,需重新涂刷
	号码牌检修	检修标准: 每根接触网支柱顺线路两侧及田野侧均应安装反光号码牌。每个区间、车站、隧道均应分别单独编号,上行双号、下行单号,编号方向与线路公里标方向一致	检修方法: ①号码牌脏污要用水进行清洗,破损、模糊部分用同色油漆进行描画,无法修补的更换; ②号码牌位置不符合技术标准的按照技术标准重新安装; ③号码牌零部件若缺失,螺杆、螺帽松动脱落的要及时进行补全紧固。锈蚀的零部件要及时进行更换
	电力机车禁停标检修	检修标准: 在站场、区间接触网不同供电臂间的电分段两端设置电力机车禁停标	检修方法: ①标志牌脏污用水进行清洗标志牌;标志牌破损、模糊部分用同色油漆进行描画,无法修补的更换; ②对倾斜、基础塌陷的标志牌,用铁锹对立柱基础开挖后整正标志牌,并进行培土加固; ③用皮尺测量标志牌的实际装设位置,不符合标准的按照技术标准重新安装; ④螺栓进行紧固、补全,锈蚀的螺栓、螺母进行更换

续表

<table>
<tr><th>安全风险点及防控措施</th><th>作业步骤</th><th>作业内容及检修标准</th><th>任务完成(检修方法)</th></tr>
<tr><td rowspan="3">电力机车禁停标:
①标志牌要字迹清晰、安装牢固,不得侵入线路基本限界;
②"电力机车禁停"标的检查、检修应在封锁点内进行
分相断合标:
①标志牌要字迹清晰、安装牢固,不得侵入线路基本限界;
②对"禁止双弓"、"断(T断)"、"合"、"动车合"标的检查、检修应在封锁点内进行,做好现场防护,确保作业安全
接触网终点:
①"接触网终点"标的检查维护应在天窗点内进行;
②高处作业人员登杆前应对支柱、杆塔核查标志、标识,对标志、标识不清的应向工作领导人汇报、确认无误后再攀登
号码牌、电力机车禁停标、分相断合标、接触网终点标均为白底黑框,黑字黑体</td><td>分相断合标检修</td><td>检修标准:
在接触网电分相前方设断电标,断电标设置在电分相中性区段起始位置前第2根支柱上(该支柱距电分相中性区段起始位置不小于80 m);在接触网电分相后方设合电标,合电标设置在电分相中性区段终止位置后400 m处附近的接触网支柱上(该支柱距电分相中性区段终止位置不小于400 m)。
线路反方向按上述规定设置断电标、合电标。
有电力机车上线的线路,还应在"断"标背面加装"机车合"标</td><td>检修方法:
①标志牌脏污用水进行清洗标志牌,标志牌破损、模糊部分用同色油漆进行描画,无法修补的更换;
②对立柱倾斜、基础蹋陷的分相标,用铁锹对立柱基础开挖后整正标志牌,并进行培土加固;
③用钢卷尺测量标志牌的实际装设位置,不符合技术标准的按照技术标准重新安装;
④螺栓进行紧固、补全,锈蚀的螺栓、螺母进行更换</td></tr>
<tr><td>接触网终点标检修</td><td>检修标准:
在接触网终端应设置接触网终点标,"接触网终点"标应装设于接触网锚支距受电弓中心线不大于400 mm处接触线的上方或线路列车运行方向的左侧地面上</td><td>检修方法:
①标志牌脏污用水进行清洗标志牌,标志牌破损、模糊部分用同色油漆进行描画,无法修补的更换;
②标志牌的实际装设位置,不符合技术标准的按照技术标准重新安装;
③对各部螺栓进行紧固,锈蚀的螺栓、螺母、绑扎线等进行更换</td></tr>
<tr><td>检修完毕</td><td>确认修后设备质量良好,清点机具、材料齐全后,下作业平台(支柱)撤至安全地带报告工作领导人。等待作业组全体成员列队点名</td><td></td></tr>
</table>

表 2-6-10 工具、耗材和备品清单

序号	名称	单位	数量	备注
1				
2				
3				
4				
5				
6				
7				
8				
9				

表 2-6-11 检查(测量)数据记录单

序号	检查(测量)项目	检查(测量)数据	设计值(状态)	是否需要调整
1	高压危险标			
2	限界门			

续表

序号	检查(测量)项目	检查(测量)数据	设计值(状态)	是否需要调整
3	轨面标准线			
4	号码牌			
5	电力机车禁停标			
6	分相断合标			
7	接触网终点标			

评价反馈

保安装置及标识检修作业评价记录见表 2-6-12。

表 2-6-12 保安装置及标识检修作业评价记录表

评价项点	评价标准	配分	得分	扣分原因
工具材料准备	检查、挑选工具和材料,缺 1 项扣 2 分。	5		
数据测量	高压危险标、限界门、轨面标准线、号码牌、电力机车禁停标、分相断合标、接触网终点标,1 项数据测量错误扣 5 分,扣完为止	25		
技术要求	高压危险标检修方法流程正确	10		
	限界门检修方法流程正确	10		
	轨面标准线检修方法流程正确	10		
	号码牌检修方法流程正确	5		
	电力机车禁停标检修方法流程正确	5		
	分相断合标检修方法流程正确	5		
	接触网终点标检修方法流程正确	5		
安全及规范操作	①高处坠物 1 次扣 5 分; ②材料工具上下抛掷,1 次扣 5 分; ③工器具及零部件损坏扣 5 分; ④接触网上或线路上有遗留物件,每件扣 5 分; ⑤作业过程中发生危及人身安全情况,1 次扣 5 分; ⑥劳动保护用品不齐或未按要求使用,每项扣 1 分	20		
合计	作业时间: 分 秒	100		

知识链接

一、高压危险标的有关规定

(1)在站台及未封闭线路的接触网支柱上距轨面 2.5 m 高的处所均应设置白底、黑字、红色闪电符号的“高压危险”警示标识。

(2)混凝土支柱在垂直线路方向上用白色反光漆喷底、黑油漆喷边框,黑字、红色闪电的“高压危险”标志。钢柱悬挂在横线路方向的支柱两侧(见图 2-6-1)。

(3)人行天桥、渡槽上安全挡板或细孔网栅均要设置白底黑字制作的“高压危险,禁止抛物”和用红色画出闪电符号的警告标志。安装位置位于网栅中央,距离地面高度 1.5 m 以上。

(4)货物线、行人密集地等处所的支柱设置“高压危险,禁止攀登”字样的标志牌。

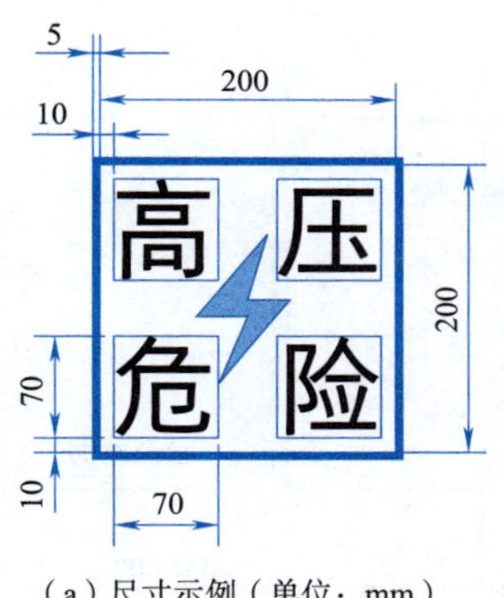

(a) 尺寸示例（单位：mm）

(b) 实物图

图 2-6-1　高压危险标

二、限界门的有关规定

(1)为了防止汽车或其他车辆装载高大货物横过铁路时触及接触网造成短路，损坏货物和危及人身安全，在平交道口的铁路两侧公路上，应装设限界门。限界门应设在沿公路中心线距最近铁路的线路中心不小于 12 m 的地方，特殊情况按设计要求埋设。

(2)在限界门至铁路之间的公路两边各装设不少于 6 根防护桩，桩距不大于 1.4 m，防护桩埋深不小于 0.8 m。限界门支柱埋设时，应分层穷实，并应用水泥砂浆片石加固，支柱受力后应保持直立并应略有外倾；支柱在距路面 1.5 m 的高度开始，涂黑白相间的油漆，间距 200 mm，涂 5 道黑，4 道白，防护桩地上部分亦涂黑白相间油漆，间距为 200 mm。

(3)限界门的宽度不得小于平交道口处公路路面的宽度，格构式限界门的横梁为圆钢管，钢管安装要平齐，钢管下缘距地面的高度为 4.5 m，并悬挂限高标志。

(4)在限界门处应按《电气化铁路有关人员电气安全规则》的规定悬挂安全揭示牌。安全揭示牌设于限界门汽车前进方向右侧的立柱上(距路面高 2.5 m)，规格尺寸为：厚度为 1 ~ 2 mm 钢板制成，规格为 500 mm × 600 mm。

(5)各种车辆和行人通过电气化铁路平交道口必须遵守下列规定：

①通过道口车辆限界及货物装载高度(从地算起)不得超过 4.5 m，超过时，应绕行立交道口或进行货物倒装。

②通过道口车辆上部或其货物装载高度(从地面算起)超过 2 m 通过平交道口时，车辆上部及装载货物上严禁坐人。

③行人持有长大、飘动等物件通过道口时，不得高举挥动，应与牵引供电设备带电部分保持 2 m 以上的距离。

④须使物件保持水平状态走过道口。

⑤要将以上规定内容制成揭示牌，固定在道口两面限界门的右侧门框上。

(6)安装调整后，限界门横梁应呈水平状态，限界门支柱上不得加挂电缆和其他线索，如图 2-6-2 所示。

三、轨面标准线的有关规定

(1)为保持接触网与线路的相对位置，供电段应会同工务(桥工)段在接触网支柱的线路侧或站台侧墙、隧道一侧的边墙上画一横线(轨面标准线)，在其上方标明轨面至接触网导线的高

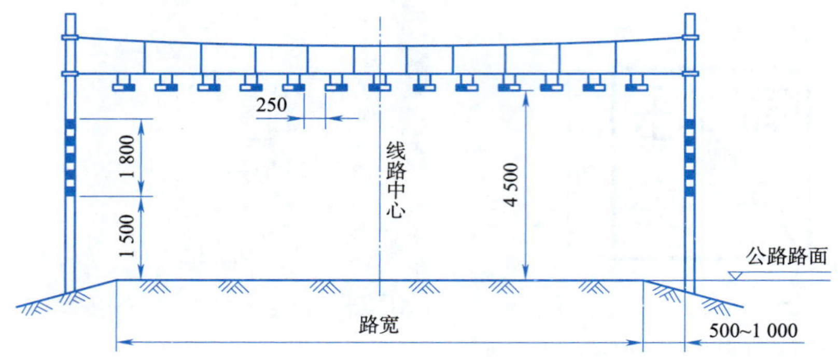

图 2-6-2 格构式限界门安装示意图(单位:mm)

度(单位:mm)和线路超高(单位:mm),红横线下面标明隧道边墙或支柱内侧至线路中心的距离(单位:mm),红横线的高程为钢轨顶面的设计标高。实际轨面标高(包括施工时标高的改变)与轨面标准线高程之差不得大于 30 mm,实际超高和标明的超高之差不得大于 7 mm。红横线作为线路和接触网维修时共同遵守的标准,其作用是限制轨面标高和侧面限界不超过规定,故定义红横线为“轨面标高及侧面限界限制线”,简称“轨面标准线”。

(2)轨面标准线的长度一般为 200 mm,格构式钢柱上不短于 45 mm,宽度为 10 mm。

(3)轨面标准线的高程为以轨面标准线的上缘为准。

①隧道内:外轨顶面的设计标高。

②站线:靠近站台或支柱侧的钢轨顶面设计标高。

③其他情况下,靠近支柱侧钢轨顶面的设计标高。

(4)轨面标准线和参数标画位置及样式有关规定:

①隧道内:单线隧道标画在曲线外侧的边墙上;双线隧道分别标画在所在线路侧边墙上。

②站线:标画在站台或支柱侧面。

③其他情况下:标画在支柱内侧面上;桥上因条件限制可标画在挡墙,无挡墙可标画在护栏上。

④钢筋混凝土支柱、H 形钢柱、隧道边墙、高站台侧面:绘制 200 mm(高)×240 mm(宽)白底黑框,轨面标准线为红色,参数为红色黑体字,字体高 40 mm,参数左侧对齐红线,如图 2-6-3 所示。当轨面标准线对应位置无法标画参数时,参数框可上提或下移标画在适当位置处。

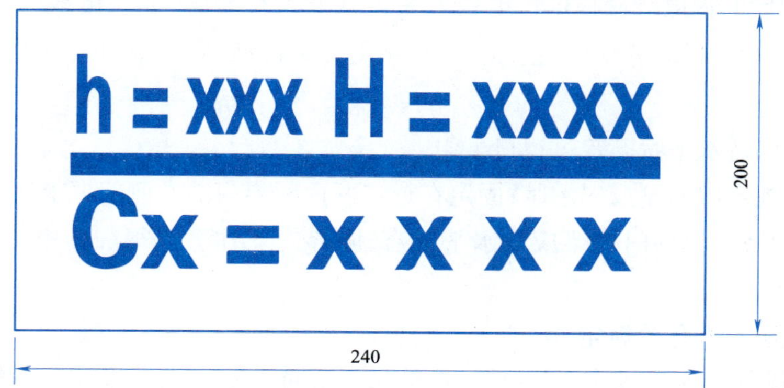

图 2-6-3 轨面标准线及接触网参数标画样式(单位:mm)

注:外轨超高根据具体情况填 1 位、2 位或 3 位数字(h < 10 mm 填 1 位数,100 mm > h ≥ 10 mm 填 2 位数,前面不加 0 补位)。“h”表示外轨超高、“H”表示接触网导线高度、“Cx”表示侧面限界。

⑤格构式钢柱:同一区段的轨面标准线绘制在靠线路面左侧的主角钢上,参数牌标画在基础帽上或侧面,如图 2-6-4 所示。

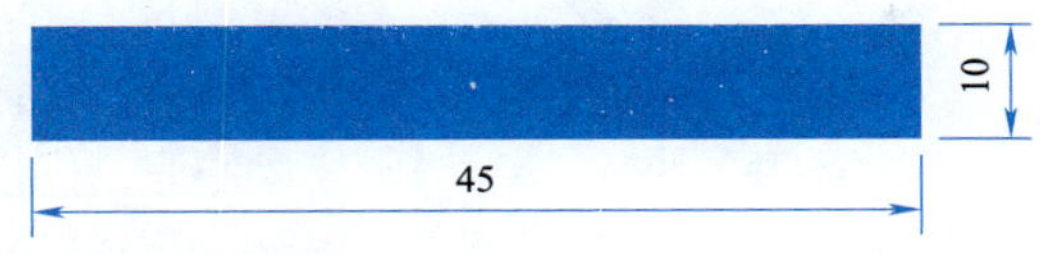

图 2-6-4　格构式钢柱轨面标准线及接触网参数标画样式(单位:mm)

四、号码牌编号的有关规定

(1)按线路公里标的方向站场和区间支柱号码分别编号,车站两端锚段关节处支柱应编入车站。如果车站两头锚段关节距车站信号机超过 500 m,按区间号编号。双线区段上、下行分别排列,上行为双数,下行为单数。对于大型枢纽、编组场在杆号前加Ⅰ、Ⅱ、Ⅲ等能显示该编组场信息的序号。

(2)所有杆号牌上的号码,均需清晰、准确,号码前位空缺时,用“0”补齐,号码端正、清晰,便于瞭望。号码一律采用白底、黑色仿宋体、阿拉伯数字,杆号牌均采用反光标。

(3)号码牌安装方式。杆号牌按设计方式不同,分为支柱粘贴式、支柱螺栓固定式、腕臂螺栓固定式、支柱肩架式等多种杆号牌。

(4)H 形钢柱:号码牌一般为两块,来车方向侧一块,安装在支柱 1.5 m 采用粘贴或螺栓固定方式;田野侧一块,安装在支柱 5 000 mm 处,采用粘贴方式。

(5)隧道内和硬横梁吊柱号码牌固定在吊柱上或隧道壁上,白底尺寸为 250 mm × 140 mm,黑体字为 70 mm × 100 mm,横向排列,硬横梁和隧道内定位或悬挂单独编号,编号前加“S”或“D”字。

(6)供电线杆号牌前应加上该供电臂的名称,自出所开始由小到大依次排列,如:双线区段,G 上 × × ×;单线区段,G × × ×;号码牌大小为 250 mm × 280 mm,黑体字为 70 mm × 100 mm,分两行横向排列。

(7)同杆架设的供电线应根据供电线安装方式安装杆号牌,如供电线为支柱两侧安装,则杆号牌分别安装在两侧,供电线的正下方,如同侧安装,则杆号牌也应根据供电线的安装位置上下安装。

五、电力机车禁停标设置的有关规定

(1)禁停标设置标准。禁停标设于电气化铁路绝缘锚段关节作为接触网电分段使用处,列车运行方向的左侧,位于转换柱与锚柱之间;禁停标内侧距转换柱内侧距离为 1 m,距线路中心距离应不小于 3.5 m。

(2)禁停标式样。禁停标样式、大小、颜色、字体同电分相断电标,如图 2-6-5 所示。其中:× × × m 表示从禁停标起前方 × × × m 范围(至该电分段反向端设置的禁停标)内禁止电力机车、动车组停车)。

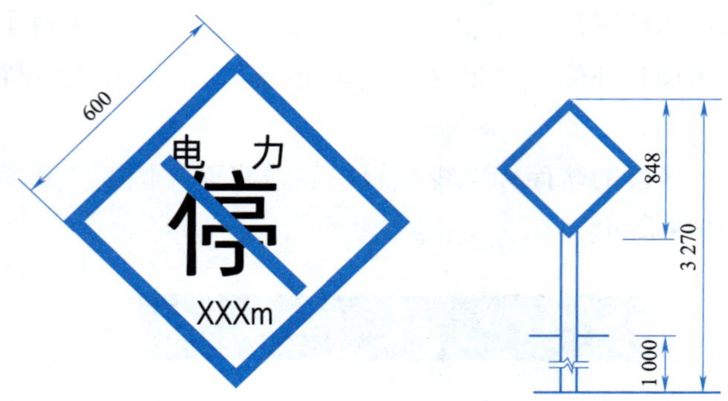

图 2-6-5　电力机车禁停标示牌(单位:mm)

(3)禁停标设 100 m 牌、150 m 牌两种规格。四跨绝缘锚段关节使用 100 m 牌,五跨绝缘锚段关节使用 150 m 牌。

六、分相断合标设置的有关规定

(1)断电标设置在分相中性区起始位置前第二根支柱上,该支柱距离分相中性区不小于 80 m。合电标设置在分相中性区终止位置后 400 m 附近的支柱上,该支柱距分相中性区不小于 400 m,如图 2-6-6 所示。

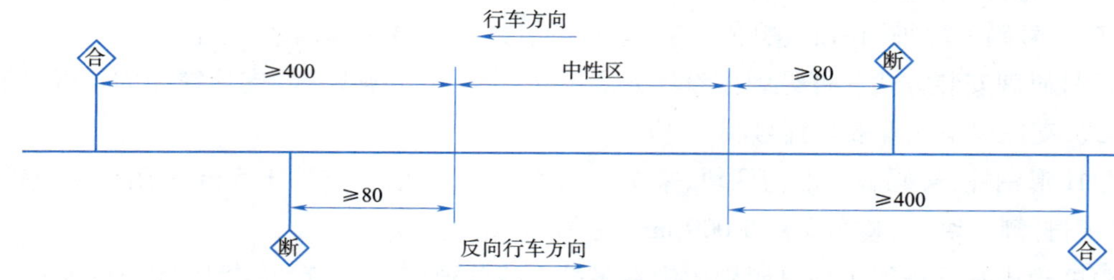

图 2-6-6　断合标平面布置图(单位:m)

(2)在电气化区段接触网分相处应分别装设“断”“合”等标志。在“合”、“断”电标背面,可分别加装“断”、“合”字标,作为反向行车的“断”、“合”电标使用。

(3)断、合标均为白底、黑仿宋字,黑框(宽 30 mm)。断、合字样尺寸为 320 mm×400 mm。

(4)断、合标尺寸为 600 mm×600 mm,对角线安装,如图 2-6-7 所示。

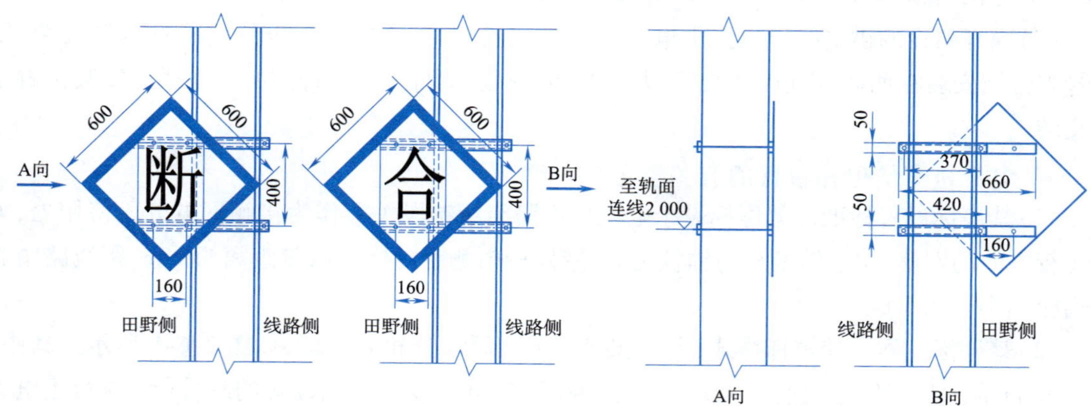

图 2-6-7　“断”“合”标安装尺寸图(单位:mm)

(5)断、合安装在列车运行方向的左侧接触网支柱上,采用双抱箍固定。

(6)标志表面应光滑、整洁,标示牌采用反光标。

(7)"机车合、动车合标识"安装标准如下:

①对 200 ~ 250 km/h 开行电力机车牵引列车的铁路,在反向断电标的背面(列车前进方向)增设"机车合"标识,表示自该标识之后电力机车应合闸。线路反方向按相同原则设置。

②对 200 km/h 以下图定开行动车组列车的铁路,在距电分相中性区终止位置 400 m 处附近(列车前进方向)增设"动车合"标识,表示自该标识之后电力机车应合闸。线路反方向按相同原则设置,如图 2-6-8 所示。

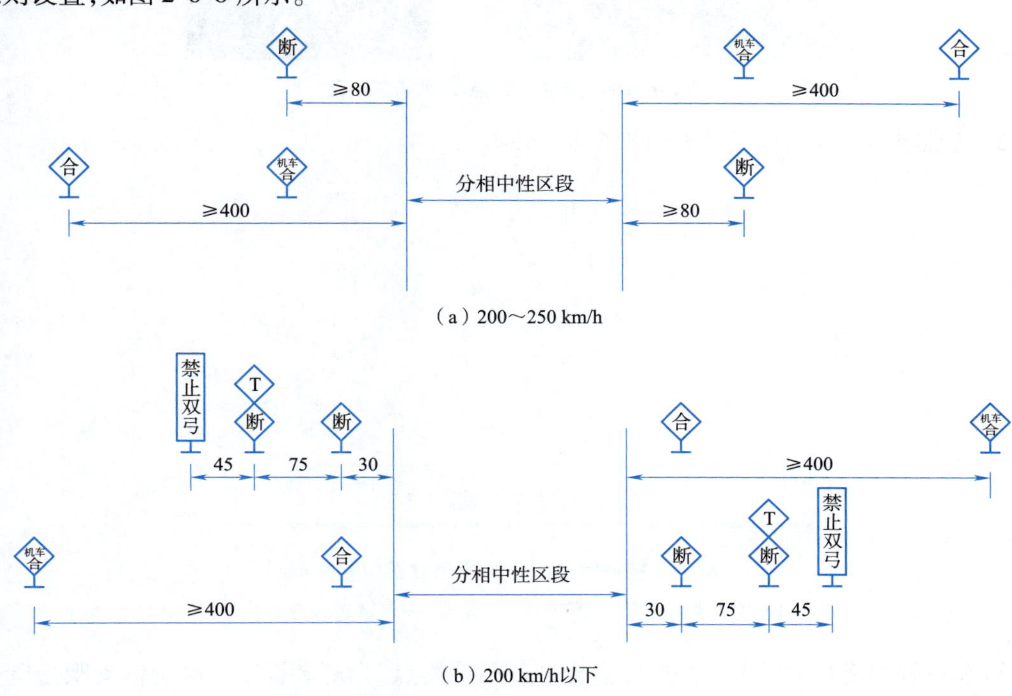

图 2-6-8　"机车合、动车合标识"安装标准(单位:m)

③特殊区段不具备设置条件时,其动车组列车过分相方式由铁路局根据具体情况另行规定。"机车合"、"动车合"标识牌式样如图 2-6-9 所示。

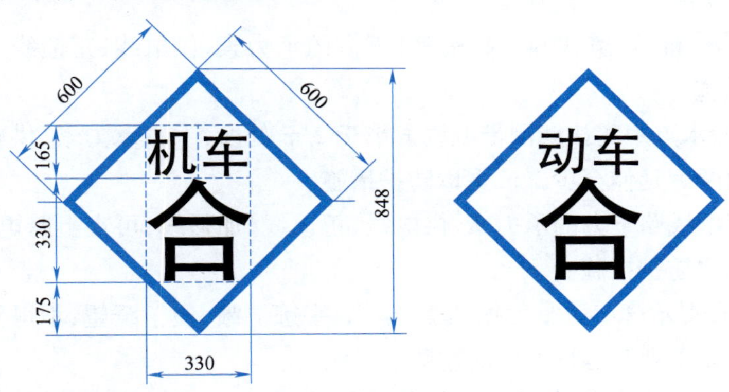

图 2-6-9　"机车合""动车合"标识牌式样(单位:mm)

七、接触网终点标的有关规定

(1)接触网终点标现场安装图如图2-6-10所示。

图2-6-10　接触网终点标现场安装图

(2)接触网终点标结构尺寸如图2-6-11所示。

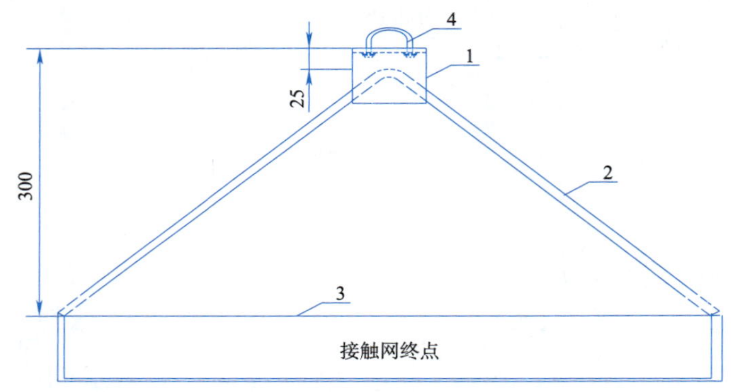

图2-6-11　接触网终点标结构尺寸图(单位:mm)

1—承力索夹板;2—三角架;3—固定架;4—M15改进型卡子

(3)在接触网终端应设置接触网终点标,“接触网终点”标应装设于接触网锚支距受电弓中心线不大于400 mm处接触线的上方或线路列车运行方向的左侧地面上。

(4)标志牌为白底黑框,黑字黑体。标志装设位置及规格符合《铁路技术管理规程》《铁路电力牵引供电设计规范》等有关规定。

八、保安装置及标识的其他规定

(1)上跨构筑物(桥、隧道、明洞、站房等)下方的承力索、供电线、正馈线,应在防断点处至少5 m采取防护措施。

隧道、桥梁内漏水点距离接触网带电线索小于2 m处所,下方承力索、供电线、正馈线等在漏水点垂直投影向两侧延伸至少1 m采取防护措施。

重点处所上跨电线路下方的承力索、供电线、正馈线、加强线,可在上跨电线路垂直投影两侧延伸至少5 m采取防护措施。

(2)各种标识和揭示牌应完整无损、安装牢固、字迹清晰、便于瞭望,不得侵入限界,与行车有关的标识一般应设于列车运行方向的左侧。

(3)各级维护机构的设备分界应以文件或协议明确,一般不在接触网设备上悬挂分界标识。

巩固练习

一、单选题

1. 在站台接触网支柱上距轨面(　　)高的处所,以及安全挡板、细孔网栅和跨线桥防护网栅均应设置白底、黑字、红色闪电符号的"高压危险"警示标识。

A. 2.5 m　　B. 3 m　　C. 3.5 m　　D. 4 m

2. 上跨构筑物(桥、隧道、明洞、站房等)下方的承力索、供电线、正馈线,应在防断点处至少(　　)采取防护措施。

A. 5 m　　B. 6 m　　C. 7 m　　D. 8 m

3. 隧道、桥梁内漏水点距离接触网带电线索小于 2 m 处所,下方承力索、供电线、正馈线等在漏水点垂直投影向两侧延伸至少(　　)采取防护措施。

A. 1 m　　B. 2 m　　C. 3 m　　D. 4 m

4. 重点处所上跨电线路下方的承力索、供电线、正馈线、加强线,可在上跨电线路垂直投影两侧延伸至少于(　　)采取防护措施。

A. 5 m　　B. 6 m　　C. 7 m　　D. 8 m

5. 限界门置于在沿公路中心线距最近铁路线路中心不小于(　　)的地方。

A. 10 m　　B. 11 m　　C. 12 m　　D. 13 m

6. 限界门的宽度不得小于平交道口处公路路面的宽度,限界门的下缘距地面的高度为(　　),限界门框柱涂以警示色标。

A. 4 m　　B. 4.5 m　　C. 5 m　　D. 5.5 m

7. 在接触网终端应设置接触网终点标,"接触网终点"标应装设于接触网锚支距受电弓中心线不大于(　　)处接触线的上方或线路列车运行方向的左侧地面上。

A. 100 mm　　B. 200 mm　　C. 300 mm　　D. 400 mm

二、判断题

1. 在机动车辆通过的平交道口处铁路两侧的公路上,应设置限界门。(　　)

2. 轨面标准线标画依据为正线股道靠近隧道边墙、站台或支柱侧的钢轨顶面的设计高程。(　　)

3. 每根接触网支柱顺线路两侧及田野侧均应安装反光号码牌。(　　)

4. 每个区间、车站、隧道的号码牌均应分别单独编号,上行双号、下行单号,编号方向与线路公里标方向相反。(　　)

5. 各种标识和揭示牌应完整无损、安装牢固、字迹清晰、便于瞭望,不得侵入限界,与行车有关的标识一般应设于列车运行方向的右侧。(　　)

知识拓展

"铁路小巨人"——巨晓林,是中国中铁电气化局一公司高铁分公司技术员、工匠技师,全国创先争优优秀共产党员、全国劳动模范、全国五一劳动奖章、北京市劳动模范、中华技能大奖获得者,先后参加了十几条国家重点电气化铁路工程的施工。其主编的《接触网施工经验和方法》,被配发给数千名接触网工作为工具书。

巨晓林刻苦学习、勇于创新,爱岗敬业、争创一流,淡泊名利、甘于奉献,用忠诚和勤奋赢得了公司内外的一致赞扬,用智慧和汗水谱写出知识型新型工人的精彩华章。

参考文献

[1] 张灵芝,李经智.城市轨道交通接触网维护与检修[M].北京:人民交通出版社股份有限公司,2021.
[2] 中国铁路呼和浩特局集团有限公司.接触网工[M].北京:中国铁道出版社有限公司,2023.
[3] 张万里.接触网工技术问答850题[M].北京:中国铁道出版社,2017.
[4] 李伟.接触网基础知识[M].北京:中国铁道出版社有限公司,2021.
[5] 张灵芝,接触网设备检修与维护[M].成都:西南交通大学出版社,2016.
[6] 中国国家铁路集团有限公司工电部.铁路接触网[M].北京:中国铁道出版社有限公司,2022.
[7] 吉鹏霄.电气化铁路接触网[M].北京:化学工业出版社,2023.